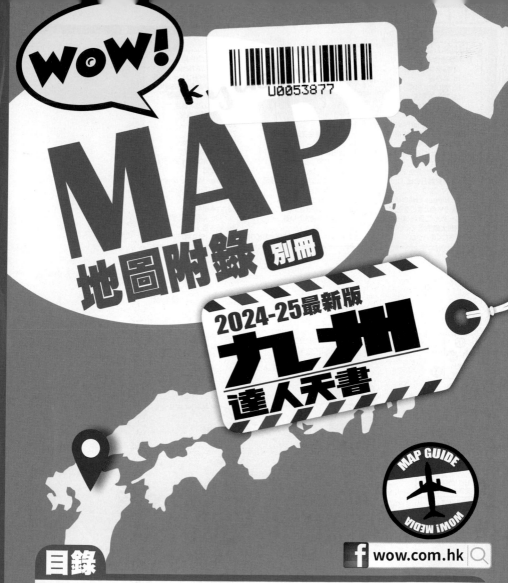

WOW!

MAP
地圖附錄 別冊

2024-25最新版
九州
達人天書

U0053877

MAP GUIDE
WOW! MEDIA

f wow.com.hk

目錄

SPOTS&SHOPS

1. 柳橋連合市場
   1a. 柳橋食堂
   1b. 高島屋
   1c. °F/CONCEPT
   1d. 高山漬物店
   1e. 高松の蒲鉾
2. KITTE
   2a. THE Original PANCAKE HOUSE
   2b. 博多とりかわ大臣
3. JRJP博多ビル
   3a. 博多一口餃子ヤオマン
4. DEITOS
   4a. とんかつ濵かつ
   4b. 海鮮丼日の出
5. 博多マイング
   5a. Nippon CHACHACHA
   5b. うちのたまご直売所
6. らーめん 二男坊 博多本店
7. 昭和大衆酒場 てくてく屋
8. やきにくのバクロ
9. 割烹よし田
10. 博多一番街
    10a. たんやHAKATA
11. BOOKOFF
12. 川端商店街
    12a. 伽哩本舗 本店
    12b. 川端ぜんざい広場
13. てんちか
    13a. 芋屋金次郎 天神店
14. 東長寺
15. 櫛田神社
16. 博多町家ふるさと館
17. Solaria plaza
    17a. ひょうたんの回転寿司
    葫蘆迴轉壽司
18. 中州の屋台小島商店
19. あごだし亭きさいち
20. 元祖博多めんたい重
21. mina天神
22. 極味やハンバーグ 福岡 PARCO店
23. 赤煉瓦文化館
24. IZAKAYA New Style
25. ベイサイドプレイス博多
26. 博多炉端魚男FISHMAN
27. 長浜鮮魚市場會館
    27a. おきよ食堂
    27b. 福魚食堂
28. 大濠公園
29. 大濠テラス
    29a. &LOCALS
30. 福岡市美術館
    30a. AQUAM アクアム
31. 福岡塔
32. Aeon Marina Town
    32a. Bou Jeloud
    32b. アカチャリホリポ
33. 六本松421
    33a. 福岡市科學館
34. 能古島
    34a. ISLAND PARK

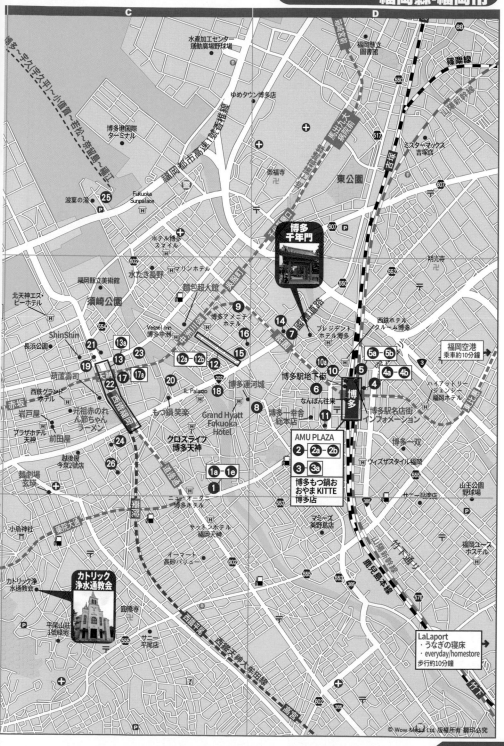

太宰府

0 200 400m
3分鐘 6分鐘

SPOTS&SHOPS
1. 太宰府天滿宮
2. 天滿宮表參道
   2a. starbucks
   2b. 梅ヶ枝餅 かさの家
   2c. 天山本店
   2d. ふや
3. coba café
4. だざいふ遊園地
5. 九州國立博物館

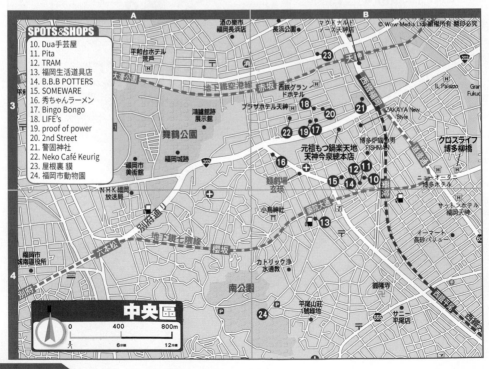

SPOTS&SHOPS
10. Dua手芸屋
11. Pita
12. TRAM
13. 福岡生活道具店
14. B.B.B POTTERS
15. SOMEWARE
16. 秀ちゃんラーメン
17. Bingo Bongo
18. LIFE's
19. proof of power
20. 2nd Street
21. 警固神社
22. Neko Café Keurig
23. 屋根裏 貘
24. 福岡市動物園

中央區

0 400 800m
6分鐘 12分鐘

SPOTS&SHOPS
15. 小倉城
16. 丸和前ラーメン
17. 旦過市場
18. 北九州Riverwalk

小倉

洞海灣　　關門港

八坂神社

© Wow Media Ltd. 版權所有 翻印必究

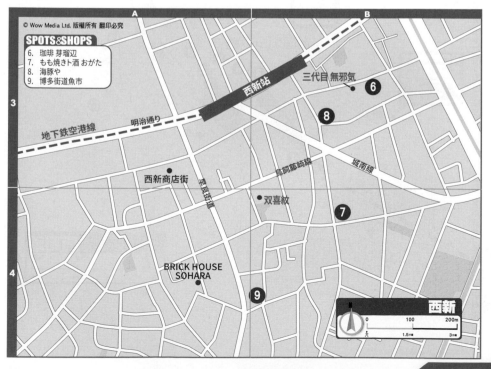

© Wow Media Ltd. 版權所有 翻印必究

SPOTS&SHOPS
6. 珈琲 芽瑠辺
7. もも焼きト酒 おがた
8. 海豚や
9. 博多街道魚市

西新

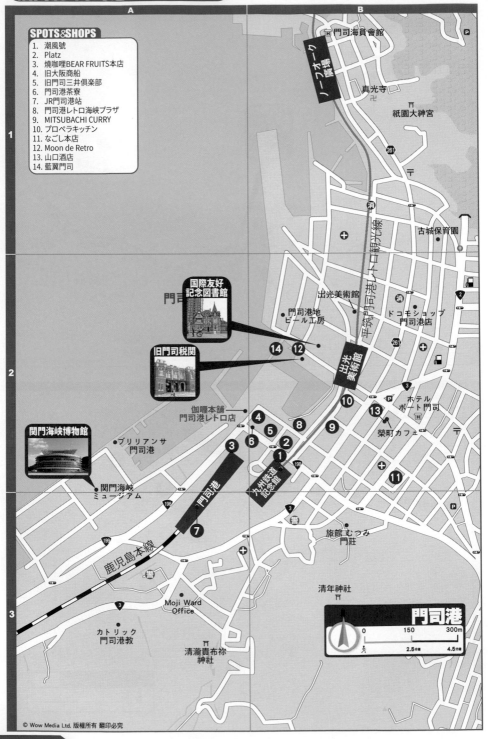

SPOTS & SHOPS

1. 潮風號
2. Platz
3. 燒咖哩BEAR FRUITS本店
4. 旧大阪商船
5. 旧門司三井倶楽部
6. 門司港茶寮
7. JR門司港站
8. 門司港レトロ海峡プラザ
9. MITSUBACHI CURRY
10. プロペラキッチン
11. なごし本店
12. Moon de Retro
13. 山口酒店
14. 藍翼門司

門司海員會館

真光寺

祇園大神宮

ノーフオーク廣場

平城門司港レトロ觀光線

古城保育園

ドコモショップ門司港店

国際友好記念図書館

出光美術館

門司港地ビール工房

門司

旧門司税関

14   12

出光美術館

関門海峡博物館

10   13

ホテルポート門司

ブリリアンサ門司港

伽喱本舗門司港レトロ店

4   8   9   榮町カフェ

5

3   6   2

1

関門海峡ミュージアム

九州鉄道記念館

門司港

7

旅館 むつみ門荘

鹿児島本線

清年神社

Moji Ward Office

門司港

0   150   300m

2.5分钟   4.5分钟

カトリック門司港教

清瀧貴布祢神社

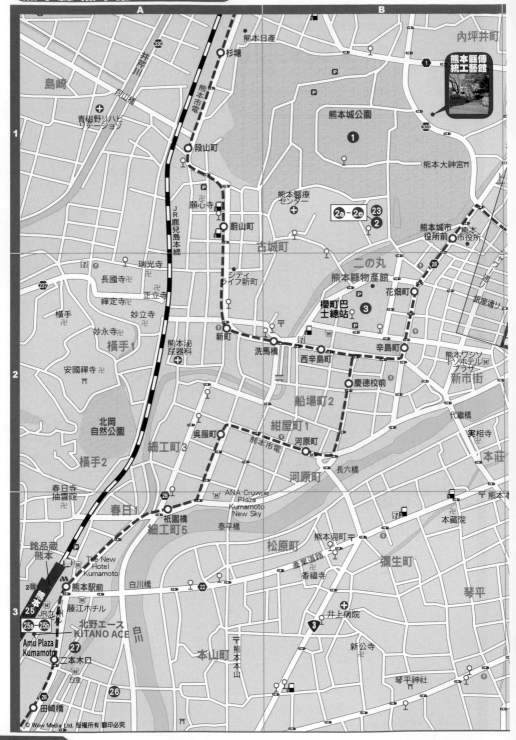

熊本縣傳統工藝館

內坪井町

島崎

熊本日產

杉塘

熊本城公園

1

段山町

熊本大神宮

願心寺

熊本醫療センター

蔚山町

2a – 2e 23
2

熊本城市役所前 熊本市役所

古城町

二の丸

28

瑞光寺

長國寺

シティライフ新町

熊本縣物產館

長國寺

正立寺

花畑町

銀座通り

橫手

禪定寺

妙立寺

新町

櫻町巴士總站 3

妙永寺

橫手1

洗馬橋

西辛島町

辛島町

熊本ワシントンホテルプラザ

安國禪寺

熊本泌尿器科

慶德校前

新市街

代繼橋

實相寺

北岡自然公園

船場町2

本莊

橫手2

細工町3

紺屋町1

河原町

長六橋

熊本市電

吳服町

河原町

春日寺抽雲院

28

ANA Crowne Plaza Kumamoto New Sky

春日1

祇園橋

細工町5

泰平橋

松原町

熊本迎町

本藏院

銘品藏熊本

The New Hotel Kumamoto

香福寺

產業道路

彌生町

琴平

熊本駅前

白川橋

22

JR九州

藤江ホテル

北野エース KITANO ACE

井上病院

3

新公寺

Amu Plaza Kumamoto

25

25a 25b

白川

二本木口

27

熊本本山

本山町

琴平神社

26

28

田崎橋

© Wow Media Ltd. 版權所有 翻印必究

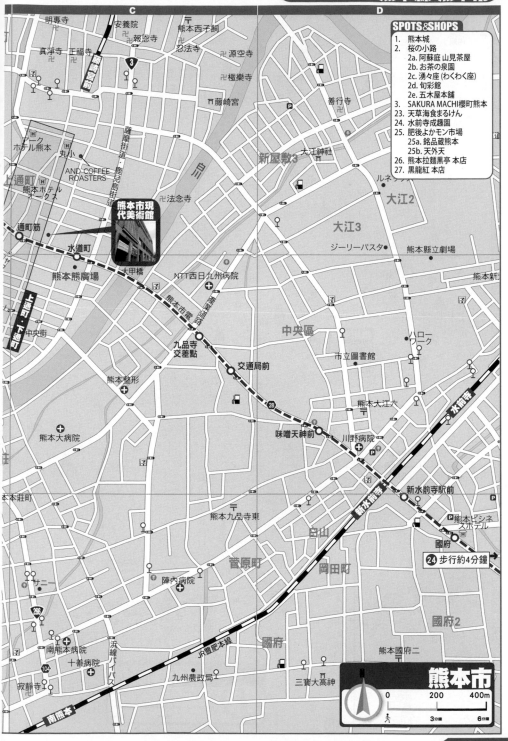

SPOTS&SHOPS
1. 熊本城
2. 桜の小路
   2a. 阿蘇庭 山見茶屋
   2b. お茶の泉園
   2c. 湧々座 (わくわく座)
   2d. 旬彩館
   2e. 五木屋本舗
3. SAKURA MACHI櫻町熊本
23. 天草海食まるけん
24. 水前寺成趣園
25. 肥後よかモン市場
    25a. 銘品蔵熊本
    25b. 天外天
26. 熊本拉麵黒亭 本店
27. 黒龍紅 本店

熊本市

0   200   400m

3分鐘   6分鐘

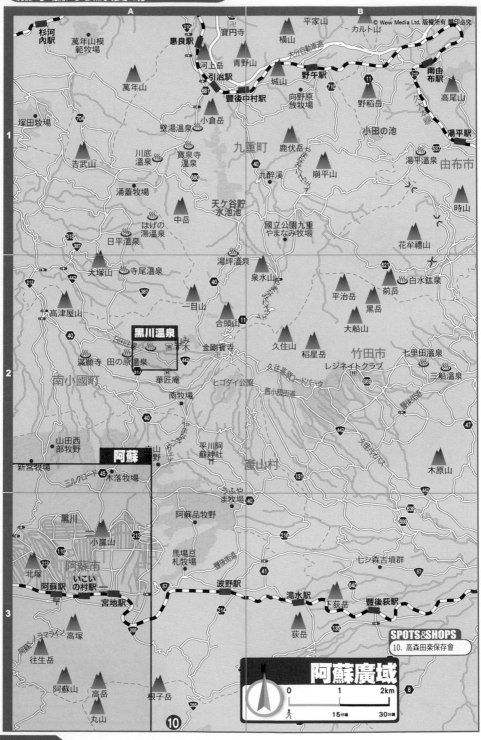

杉河内駅
萬年山模範牧場
惠良駅
寶円寺
平家山
カルト山
横山
南由布駅
引治駅
河上岳
青野山
城山
野午駅
野稲岳
高尾山
萬年山
豐後中村駅
小倉岳
向野原放牧場
湯平駅
塚田牧場
壁湯温泉
九重町
小田の池
由布市
吉武山
川底温泉
寶泉寺温泉
鹿伏岳
時山
涌蓋牧場
丸醉溪
崩平山
湯平温泉
天ケ谷貯水池池
中岳
國立公園九重やまなみ牧場
花牟禮山
はげの湯温泉
日平温泉
湯坪温泉
大塚山
寺尾温泉
泉水山
白水鉱泉
一目山
平治岳
前岳
高津屋山
黒川温泉
合頭山
黒岳
大船山
金剛寶寺
久住山
稲星岳
竹田市
七里田温泉
満願寺
田の原温泉
華匠庵
レジネイトクラブ
三船温泉
南小國町
南牧場
ヒゴタイ公園
久住高原ロードパーク
舊小國街道
阿蘇
山田西部牧野
立山野
平川阿蘇神社
蚕山村
木原山
新宮牧場
ミルクロード
木落牧場
阿蘇品牧野
うふやま牧場
黒川
小嵐山
阿蘇南
馬場豆札牧場
七ツ森古墳群
北塚
阿蘇南
いこいの村駅
波野駅
滝水駅
下荻岳
豐後荻駅
宮地駅
阿蘇パノラマライン
高塚
往生岳
阿蘇山
高岳
荻岳

SPOTS&SHOPS
10. 高森田楽保存會

阿蘇廣域

0　　　1　　　2km
15分鐘　　30分鐘

根子岳
丸山

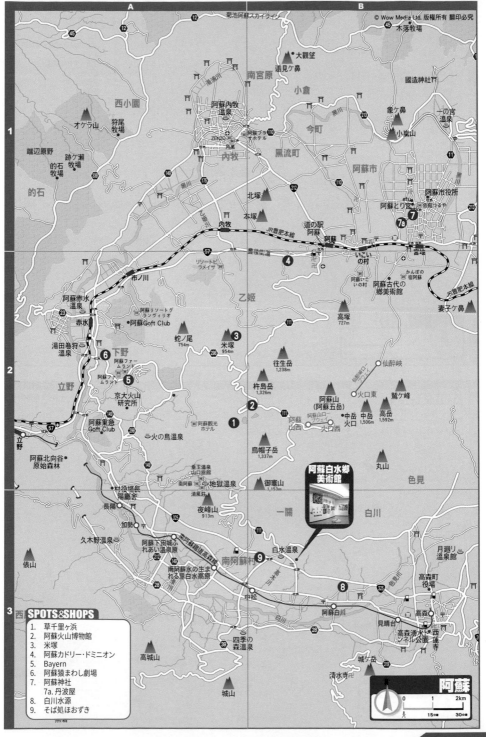

© Wow Media Ltd. 版權所有 翻印必究

SPOTS&SHOPS

1. 草千里ヶ浜
2. 阿蘇火山博物館
3. 米塚
4. 阿蘇カドリー・ドミニオン
5. Bayern
6. 阿蘇猿まわし劇場
7. 阿蘇神社
　7a. 丹波屋
8. 白川水源
9. そば処ほおずき

阿蘇

0　　　　1　　　　2km

© Wow Media Ltd. 版權所有 翻印必究

SPOTS&SHOPS

1. 風之舍
   (黑川溫泉旅館組合事務所)
2. ふくろく
3. 白玉っ子甘味茶屋
4. どらどら
5. 旅館奥の湯
6. 旅館わかば
7. 旅館山河
8. 大朗館

田の原川

黑川保育園

彩乃彩の湯

こうの湯

黑川莊

8 乘車約3分鐘
7 乘車約1分鐘

旅館雲の井

美里

末べぇのし湯

湯本莊

2 4

1

ふきと旅館

舊小國街道

やまびこ旅館

新明館

やまの湯

御客屋

穴湯

黑川溫泉

旅館にしむら

5

ふじ屋 いこい 旅館

3

優彩

旅館わかば

6

瀨の本館 夢龍膽

花泊まり

黑川

平野商店

舊小國街道

黑川溫泉

0   100   200m

1.5分鐘   3分鐘

442

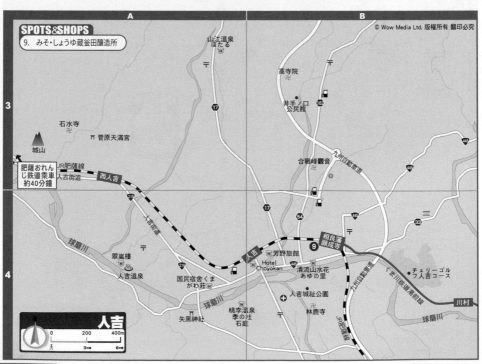

SPOTS&SHOPS

9. みそ・しょうゆ蔵釜田醸造所

© Wow Media Ltd. 版權所有 翻印必究

山江溫泉
ほたる

高寺院

石水寺

菅原天滿宮

井手ノ口
公民館

182

城山

合戰峰觀音

肥薩おれん
じ鐵道乘車
約40分鐘

JR肥薩線

大吉街道

西人吉

17

九州自動車道

442

17

54

相良藩
願成寺

翠嵐樓

球磨川

人吉溫泉

國民宿舍くま
がわ荘

芳野旅館

Hotel
Choyokan

清流山水花
あゆの里

チェリーゴル
フ人吉コース

33

人吉城祉公園

林鹿寺

くま川鐵道湯前線

川村

矢黑神社

桃李溫泉
李の杜
石厰

JR肥薩線

球磨川

人吉

0   200   400m

3分鐘   6分鐘

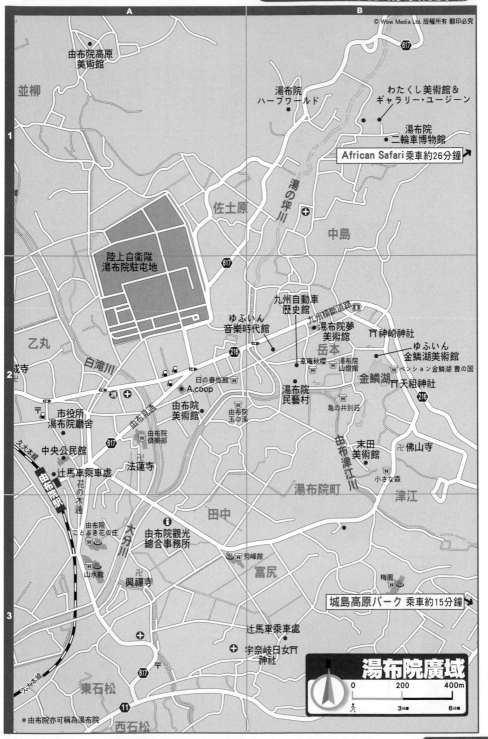

A　B

由布院高原
美術館

並柳

湯布院
ハーブワールド

わたくし美術館＆
ギャラリー・ユージーン

湯布院
二輪車博物館

African Safari 乘車約26分鐘

湯の坪川

佐土原

中島

陸上自衛隊
湯布院駐屯地

乙丸

九州自動車
歴史館

九州横斷道路

湯布院夢
美術館

神崎神社

白滝川

城寺

ゆふいん
音樂時代館

草庵秋櫻

岳本

湯布院
山燈館

ゆふいん
金鱗湖美術館

ペンション金鱗湖 豊の国

金鱗湖

天祖神社

日の春旅館

A.coop

由布院
美術館

由布院
倶樂部

湯布院
民藝村

亀の井別荘

湯布院
玉の湯

市役所
湯布院廳舍

中央公民館

法蓮寺

辻馬車乗車處

末田
美術館

佛山寺

由布津江

小さな森

由布院駅

花の木通

由布院
ことぶき花の庄

由布院觀光
總合事務所

田中

湯布院町

津江

山水館

興禪寺

勞峰館

富尻

梅園

辻馬車乗車處

城島高原パーク 乘車約15分鐘

宇奈岐日女
神社

湯布院廣域

0　　　200　　　400m

3分鐘　　　6分鐘

久大本線

東石松

西石松

＊由布院亦可稱為湯布院

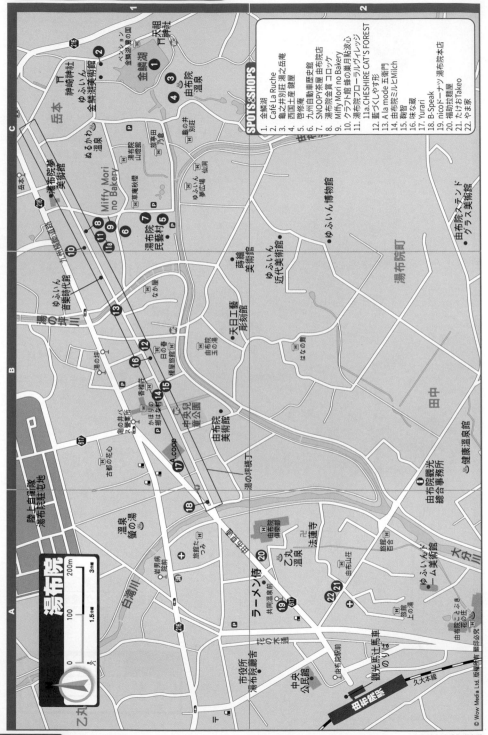

SPOTS&SHOPS

1. 金鱗湖
2. Café La Ruche
3. 龜之井別莊 湯之岳庵
4. 西国土産館 鍵屋
5. 九州自動車歷史館
6. SNOOPY茶屋 由布院店
7. 湯布院金賞 コロッケ
8. Miffy Mori no Bakery
9. クラフト館 蜂の巢月貼波心
10. 湯布院フローラルヴィレッジ
11. CHESHIRE CAT'S FOREST
11a. CHESHIRE CAT'S FOREST
12. 藍づくしや形
13. A la mode 五衛門
14. 由布院ミルヒMilch
15. 鞠智
16. 味な蔵
17. Yurari
18. B-Speak
19. nicoドーナツ湯布院本店
20. 福助拉麵屋
21. たげおTakeo
22. やま家

*由布院亦可稱為湯布院

© Wow Media Ltd. 版權所有 翻印必究

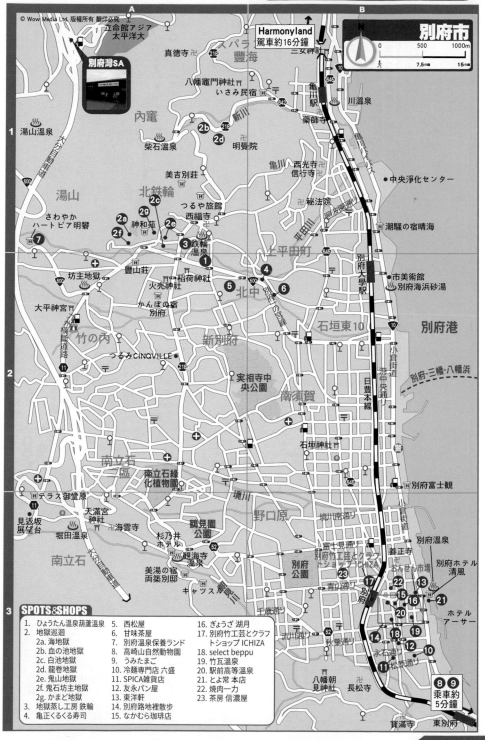

別府市

© Wow Media Ltd. 版權所有 翻印必究

0 500 1000m
7.5分鐘 15分鐘

立命館アジア
太平洋大

別府灣SA

Harmonyland
駕車約16分鐘

真德寺
スパラ
豐海
三女神社

八幡竈門神社
いさみ民宿

亀川駅
川温泉

内竈
新川
薬師寺

柴石温泉
2b
2d
明礬院

亀川
西光寺
信行寺
中央淨化センター

美吉別莊
秘法院

北鉄輪
2c
潮騒の宿晴海

つるや旅館
西福寺

さわやか
ハートピア明礬
2a
2g
神和苑
2e
平田川

7
2f

3 鉄輪温泉

1
豊山莊
稲荷神社
火売神社
別府大學駅

坊主地獄
5
北中
4
6

市美術館
別府海浜砂湯

大平神宮
かんぽの宿
別府
石垣東10
別府港

竹の内
新別府
別府-三幡-八幡浜

11
つるみCINQVILLE
実相寺中
央公園
南須賀

石垣神社

南立石
別府富士観

南立石綠
化植物園

境川
野口原
テラス御堂原

11
天滿宮
神社
海雲寺
鶴見園
公園

見返坂
展望台
堀田温泉
別府温泉
善正寺

杉乃井
ホテル
52
別府竹工芸とクラフ
トショップICHIZA
別府ホテル
清風

南立石
観海寺
温泉
23
別府
公園
17
22
13
別府温泉
あんせん市場
21

美湯の宿
両築別邸
16
15
ホテル
アーサー

キャッス
20
19

千歳町
14
18
12
10

八幡朝
見神社
長松寺
11
8 9
乗車約
5分鐘

SPOTS&SHOPS

1. ひょうたん温泉葫蘆温泉
2. 地獄巡迴
   2a. 海地獄
   2b. 血の池地獄
   2c. 白池地獄
   2d. 龍巻地獄
   2e. 鬼山地獄
   2f. 鬼石坊主地獄
   2g. かまど地獄
3. 地獄蒸し工房 鉄輪
4. 亀正くるくる寿司

5. 西松屋
6. 甘味茶屋
7. 別府温泉保養ランド
8. 高崎山自然動物園
9. うみたまご
10. 冷麺専門店 六盛
11. SPICA雑貨店
12. 友永パン屋
13. 東洋軒
14. 別府路地裡散步
15. なかむら珈琲店

16. ぎょうざ 湖月
17. 別府竹工芸とクラフ
    トショップ ICHIZA
18. select beppu
19. 竹瓦温泉
20. 駅前高等温泉
21. とよ常 本店
22. 焼肉一力
23. 茶房 信濃屋

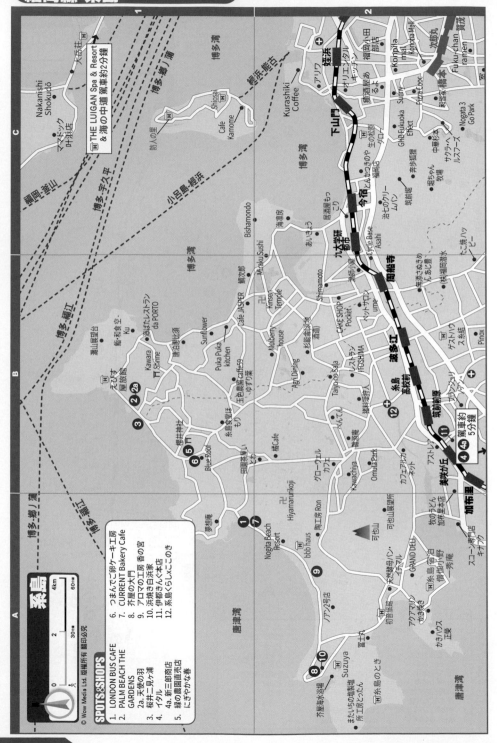

SPOTS&SHOPS
21. 味処湯処 よしちょう
22. 海鮮市場蒸し釜や
23. 小浜温泉足湯
　　ほっとふっと105
24. 山口海産

春陽館

小浜

雲仙道路

雲仙

野岳

雲仙

清水川

有家川

南島原市

小浜溫泉

0　　　2　　　4km

3.5分鐘　　　7分鐘

© Wow Media Ltd. 版權所有·翻印必究

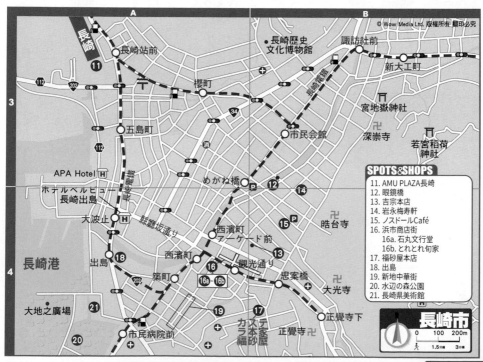

© Wow Media Ltd. 版權所有·翻印必究

長崎

長崎站前

長崎歴史
文化博物館

諏訪社前

新大工町

櫻町

宮地嶽神社

市民会館

深崇寺

若宮稲荷
神社

五島町

APA Hotel

ホテルベルビュー
長崎出島

めがね橋

大波止

縣雁坂通り

西濱町
アーケード前

西濱町

観光通り

思案橋

晧台寺

長崎港

出島

築町

大地之廣場

市民病院前

カステラ本家福砂屋

正覚寺

正覺寺下

大光寺

SPOTS&SHOPS
11. AMU PLAZA長崎
12. 眼鏡橋
13. 吉宗本店
14. 岩永梅寿軒
15. ノスドールCafé
16. 浜市商店街
　　16a. 石丸文行堂
　　16b. とれ旬家
17. 福砂屋本店
18. 出島
19. 新地中華街
20. 水辺の森公園
21. 長崎県美術館

長崎市

0　100　200m

1.5分鐘　　3分鐘

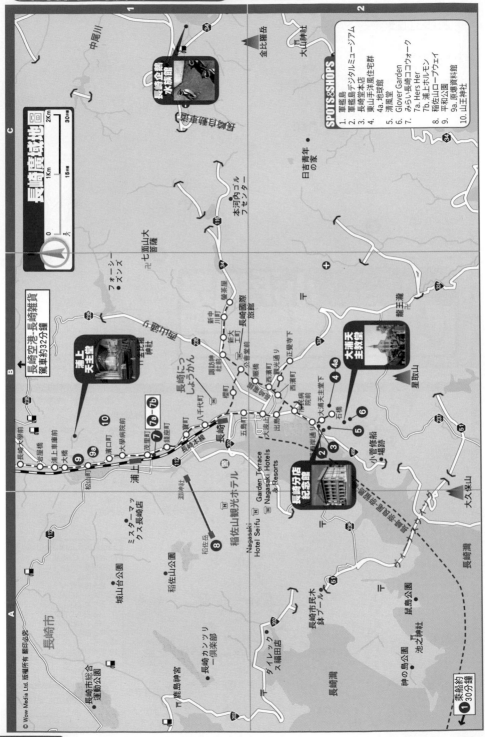

長崎縣-長崎廣域

長崎車廣域地圖

SPOTS&SHOPS

1. 軍艦島
2. 軍艦島デジタルミュージアム
3. 長崎堂本店
4. 東山手洋風住宅群
4a. 地球館
5. 清風堂
6. Glover Garden
7. みらい長崎ココウォーク
7a. Hers Her
7b. 浦上ホルモン
8. 稲佐山ロープウェイ
9. 平和公園
9a. 原爆資料館
10. 山王神社

長崎空港-長崎雜貨
駕車約32分鐘

水族館

浦上天主堂

大浦天主堂

長崎分店紀念館

稲佐山観光ホテル

Nagasaki Hotel Seifu

Gaiden Terrace

Nagasaki Hotels & Resorts

乘船約30分鐘

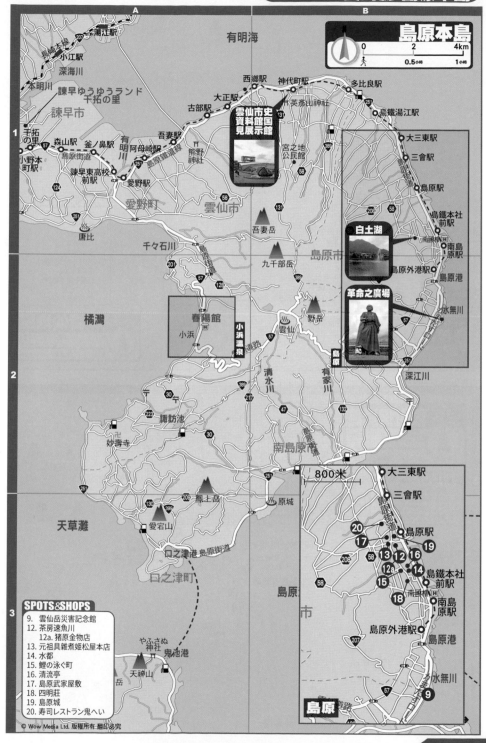

島原本島

0   2   4km
0.5小時   1小時

有明海

湯江駅
小江駅
深海川
長崎本線
本明川
諫早ゆうゆうランド
干拓の里
諫早市
干拓の里
森山駅
釜ノ鼻駅
島原街道
有明川
阿母崎駅
諫早東高校前駅
愛野駅
愛野町
唐比
千々石川
春陽館
小浜
小浜温泉
橘灣
諏訪池
妙壽寺
天草灘
愛宕山
口之津港 島原街道
口之津町
やふさめぬ神社
天神山

西郷駅
神代町駅
大正駅
古部駅
吾妻駅
下英彦山神社
雲仙市史資料館国見展示館
宮之地公民館
熊野神社
吾妻岳
九千部岳
島原市
雲仙
野岳
清水川
有家川
島原市
南島原市

多比良駅
島鐵湯江駅
大三東駅
三會駅
島原駅
島鐵本社前駅
南國橋
南島原駅
島原外港駅
島原港
白土湖
革命之廣場
深江川
水無川

原城
原城

鬼池港

800米

大三東駅
三會駅
島原駅
20
17
13
12
16
19
12a
14
15
島鐵本社前駅
18
南國橋
南島原駅
島原外港駅
島原港
水無川
9

島原

© Wow Media Ltd. 版權所有・翻印必究

石割山

往仁田峠方向

11

雲仙市

鴛鴦ノ池

關莊 東園

ホテル 東洋館

ホテル 山水

雲仙高原 ホテル

池の原園地

雲仙ゴルフ場

溫泉岳

7

湯元ホテル

8

1

雲仙スカイホテル

3 4

2 6 5

雲仙富貴屋

雲仙溫泉

空池

小浜

SPOTS&SHOPS

1. 遠江屋本舗
2. 普賢茶屋
3. 溫泉神社
4. 八万地獄
5. 雲仙地獄
6. グリーンテラス雲仙
7. かせやCafé
8. 駄菓子屋博物館
10. 山カフェカ
11. 仁田峠第二展望所

雲仙九州ホテル

原生沼 かきつばた公園

雲仙地區

0	250	500m
	3.8分鐘	7.5分鐘

白雲の池

雲仙宮崎旅館

雲仙分駐所

10

東洋館別館新湯ホテル

旅亭半水盧

雲仙岳測候所

矢岳

白雲の池

佐世保廣域

0	1km	2km
	15分鐘	30分鐘

SPOTS&SHOPS

7. 船越展望所
8. 石岳展望台
9. マルモ水産
10. 豪斯登堡主題樂園

佐々

松浦西九州線

11

足毛馬

高崎山

真申 棚方

本山中里

皆瀬

野中 左石

泉福寺

金比羅山

八天岳

上柏浦

相浦港

大學

山の田

北佐世保

松浦西九州線

烏帽子岳高原
リゾート スポーツの里

烏帽子岳

木楊山

隱居岳

番岳

高島-黑島

九十九島水族館海きらら
Pearl Sea Resort

九十九島

中佐世保

佐世保中央

佐世保

佐世保市

大塔

三河

佐世保

ペイパー ムーン

7

8

佐世保線

日宇

金山

佐世保-宇久(宇久平)-小值賀-有川

九十九島動植物園森きらら

9

展海峰

金比羅 神社

早岐

佐世保灣

大村線

佐世保-崎戶-江島-平島-友住

虛空藏山

綱ノ浦

南風崎

10

ホテルヨー ロッパ

面高港

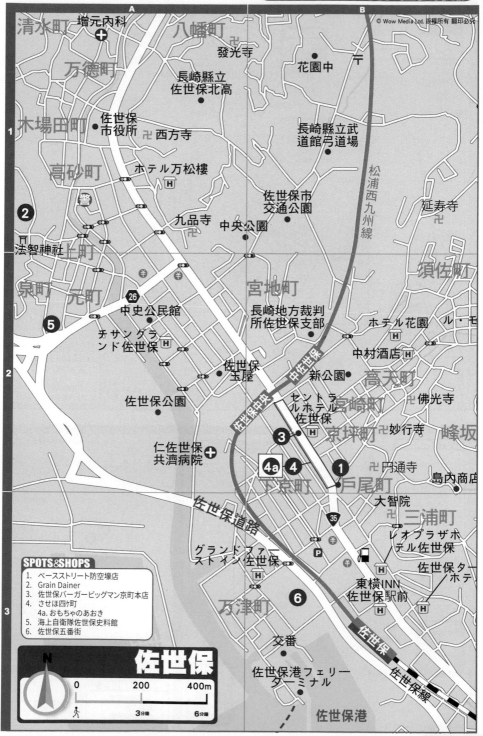

鹿児島市

鶴丸城跡

SPOTS & SHOPS

1. 鹿児島屋台村
   1a. 八木男
3. 平川動物園
5. 城山展望台

③ 乗車約16分鐘

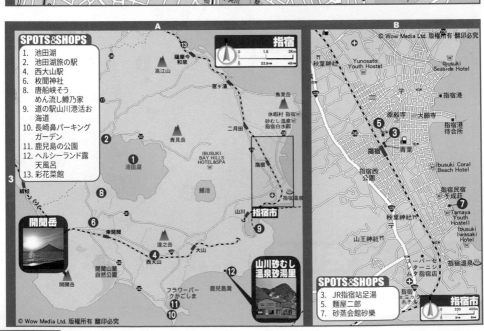

SPOTS & SHOPS

1. 池田湖
2. 池田湖旅の駅
4. 西大山駅
6. 枚聞神社
8. 唐船峡そうめん流し鱒乃家
9. 道の駅山川港活お海道
10. 長崎鼻パーキングガーデン
11. 鹿児島の公園
12. ヘルシーランド露天風呂
13. 彩花菜館

開聞岳

指宿

山川砂むし温泉砂湯里

© Wow Media Ltd. 版権所有 翻印必究

SPOTS & SHOPS

3. JR指宿站足湯
5. 麺屋二郎
7. 砂蒸会館砂樂

指宿市

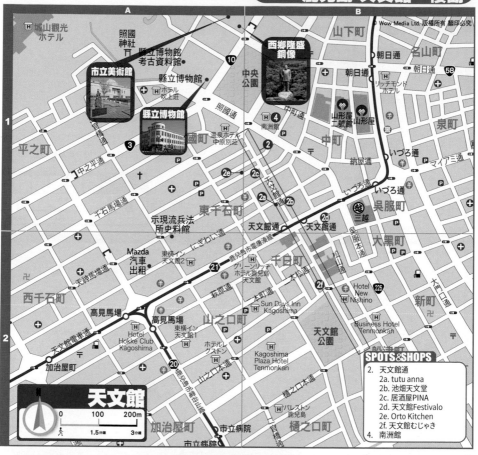

© Wow Media Ltd. 版權所有 翻印必究

天文館

0　100　200m
1.5分鐘　3分鐘

SPOTS&SHOPS

2. 天文館通
2a. tutu anna
2b. 池畑天文堂
2c. 居酒屋PINA
2d. 天文館Festivalo
2e. Orto Kitchen
2f. 天文館むじゃき
4. 南洲館

櫻島

0　1　2km
15分鐘　30分鐘

© Wow Media Ltd. 版權所有 翻印必究

SPOTS&SHOPS

6. 仙巖園
6a. 尚古集成館
6b. 異人館
7. 桜島
8. 溶岩なぎさ公園
9. 道の駅たるみず
10. 道の駅桜島

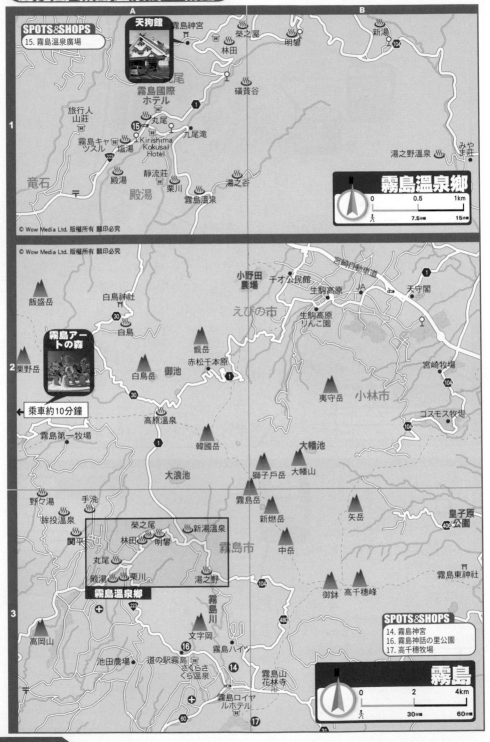

霧島溫泉鄉

SPOTS&SHOPS

15. 霧島溫泉廣場

天狗館

霧島神宮
榮之屋
林田
明礬
新湯
104

霧島國際
ホテル
磺磺谷
1

旅行人
山莊
丸尾
湯之野溫泉
みや
ま荘

15 霧島キャ
ツスル Kirishima
Kokusai
Hotel
丸尾滝

霧島溫泉
殿湯
靜流莊
湯之谷
栗川

竜石
殿湯

| 0 | 0.5 | 1km |
| 7.5分鐘 | | 15分鐘 |

飯盛岳
白鳥神社
30
白鳥
小野田農場
チオ公民館
生駒高原
JA
宮崎自動車道
天守閣
1
えびの市

霧島アートの森
栗野岳
甑岳
赤松千本原
御池
1
生駒高原りんご園
宮崎牧場
104
コスモス牧場

乗車約10分鐘
白鳥岳
30
夷守岳
小林市

高原溫泉
韓國岳
大幡池
104

霧島第一牧場
1
大幡山

大浪池
獅子戸岳

野々湯
鉾投溫泉
手洗
榮之尾
霧島岳
新湯溫泉
新燃岳
矢岳
皇子原公園
406

関平
林田
明礬
霧島市

丸尾
殿湯
栗川
湯之野
中岳
御鉢
高千穂峰
霧島東神社

霧島溫泉鄉
104

高岡山
霧島川
霧島ハイツ
480

文字岡
16
霧島ハイツ
霧島山花林寺

池田農場
道の駅霧島さくらさくら溫泉
14

霧島ロイヤルホテル
60
17

SPOTS&SHOPS

14. 霧島神宮
16. 霧島神話の里公園
17. 高千穂牧場

霧島

| 0 | 2 | 4km |
| 30分鐘 | | 60分鐘 |

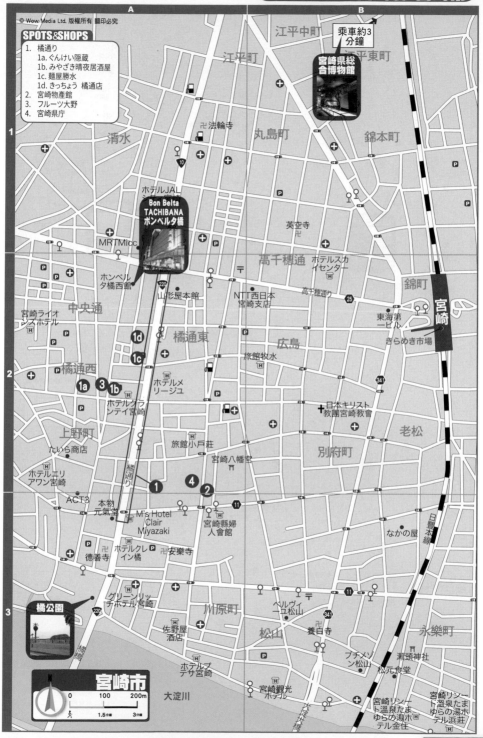

© Wow Media Ltd. 版權所有 翻印必究

SPOTS&SHOPS
1. 橘通り
   1a. ぐんけい隠蔵
   1b. みやざき晴夜居酒屋
   1c. 麺屋勝水
   1d. きっちょう 橘通店
2. 宮崎物産館
3. フルーツ大野
4. 宮崎県庁

江平中町

江平町

江平東町

乗車約3分鐘

宮崎県総合博物館

丸島町

錦本町

清水

洪輪寺

ホテルJAL

Bon Belta TACHIBANA ボンベルタ夕橘

MRTMicc

ホンベルタ夕橘西館

英空寺

萬千穂通

ホテルスカイセンター

山形屋本館

中央通

NTT西日本宮崎支店

高千穂通り

錦町

宮崎ライオンズホテル

宮崎

橘通東

広島

東海第一ビル

きらめき市場

橘通西

旅館牧水

ホテルメリージュ

1a 3 1b

ホテルグランテイ宮崎

上野町

日本キリスト教團宮崎教會

老松

たいら商店

旅館小戸荘

宮崎八幡宮

別府町

ホテルエリアワン宮崎

ACT3

橘通り

本物元氣堂

M's Hotel Clair Miyazaki

1 4 2

宮崎縣婦人會館

11

なかの屋

ホテルクレイン橘

徳善寺

安樂寺

グリーンリッチホテル宮崎

川原町

ベルヴィーユ松山

養白寺

瀬頭神社

永樂町

橘公園

佐野屋酒店

松山

プチメゾン松山

松元食堂

ホテルプレサ宮崎

宮崎市

0　　100　　200m

1.5分鐘　3分鐘

宮崎觀光ホテル

大淀川

宮崎リゾート温泉たまゆらの湯ホテル金住

宮崎リゾート温泉たまゆらの湯ホテル浜荘

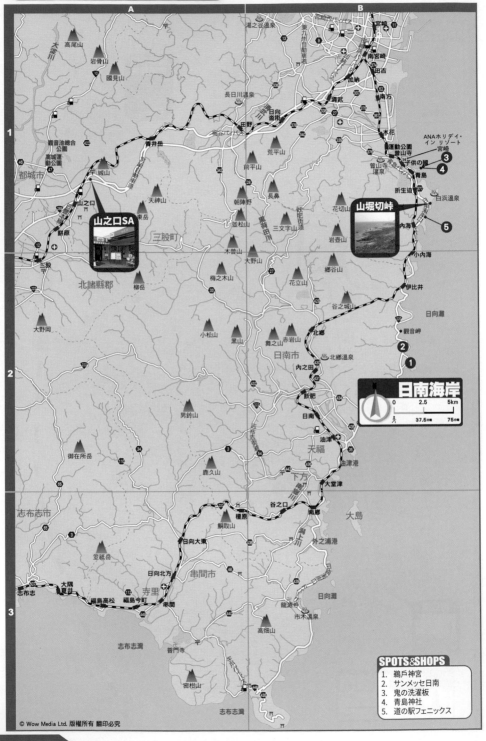

山之口SA

山堀切峠

日南海岸

0　2.5　5km

37.5分鐘　　75分鐘

SPOTS&SHOPS

1. 鵜戸神宮
2. サンメッセ日南
3. 鬼の洗濯板
4. 青島神社
5. 道の駅フェニックス

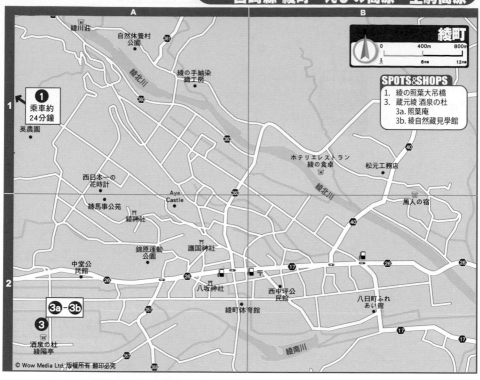

SPOTS&SHOPS
1. 綾の照葉大吊橋
3. 蔵元綾 酒泉の杜
    3a. 照葉庵
    3b. 綾自然蔵見學館

© Wow Media Ltd. 版權所有 翻印必究

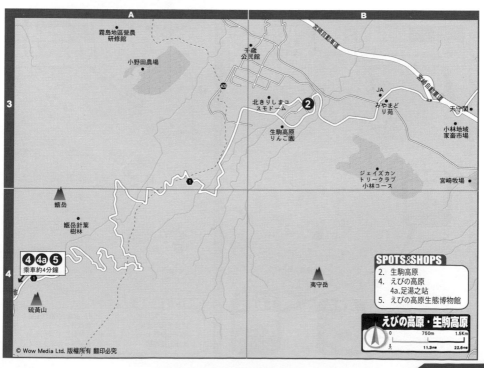

SPOTS&SHOPS
2. 生駒高原
4. えびの高原
    4a. 足湯之站
5. えびの高原生態博物館

えびの高原・生駒高原

© Wow Media Ltd. 版權所有 翻印必究

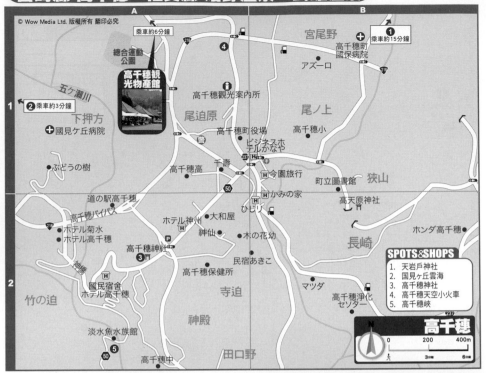

© Wow Media Ltd. 版權所有 翻印必究

乘車約6分鐘

乘車約15分鐘

乘車約3分鐘

SPOTS&SHOPS

1. 天岩戶神社
2. 国見ヶ丘雲海
3. 高千穗神社
4. 高千穗天空小火車
5. 高千穗峽

高千穗

0　200　400m

嬉野溫泉

0　350　700m

SPOTS&SHOPS

8. 豊玉姫神社
9. 湯宿廣場
10. イタリア料理店
　　オステリア ウーヴァ
11. はらぺこ千両

© Wow Media Ltd. 版權所有 翻印必究

武雄溫泉

0　200　400m

元湯溫泉

轟之滝

シーボルトの足湯

SPOTS&SHOPS

1. 大眾浴場 鷺乃湯
2. 武雄溫泉物產館
3. 御船山樂園
4. 武雄市圖書館
4a. 武雄兒童圖書館
5. 武雄神社
6. 佐賀縣立宇宙科學館
7. 佐賀ラーメン喰道樂

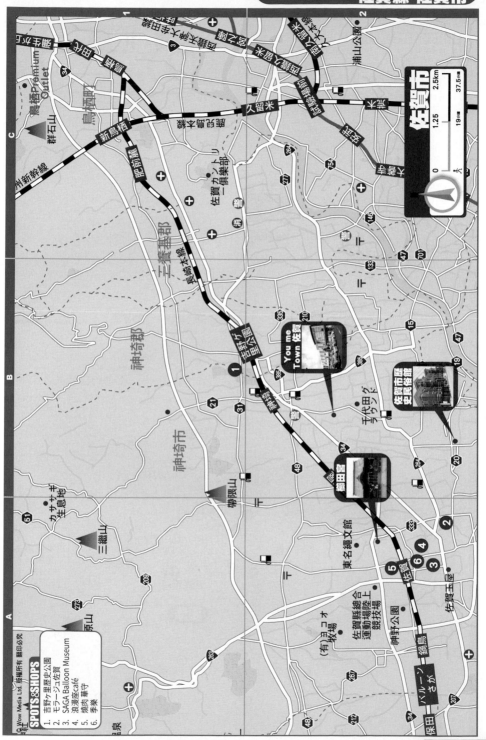

佐賀市

SPOTS&SHOPS
1. 吉野ヶ里歴史公園
2. モラージュ佐賀
3. SAGA Balloon Museum
4. 浪漫座café
5. 焼肉華守
6. 季樂

© Wow Media Ltd. 版權所有 翻印必究

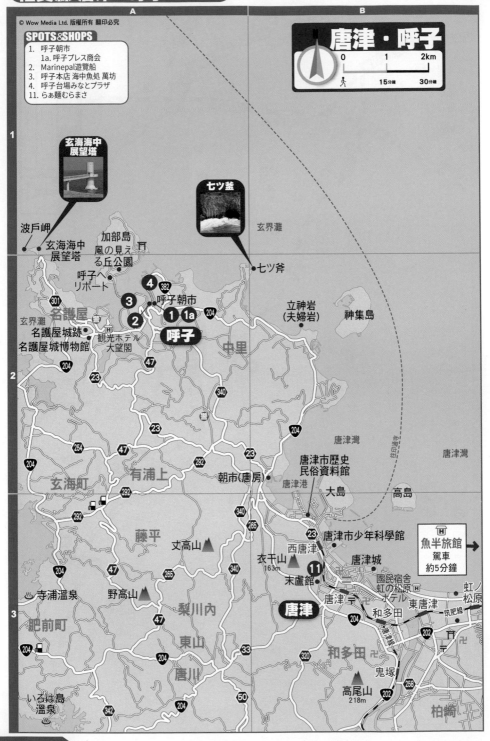

© Wow Media Ltd. 版權所有 翻印必究

SPOTS&SHOPS
1. 呼子朝市
   1a. 呼子プレス商会
2. Marinepal遊覽船
3. 呼子本店 海中魚処 萬坊
4. 呼子台場みなとプラザ
11. らぁ麺むらまさ

唐津・呼子

0　　　1　　　2km

15分鐘　　　30分鐘

玄海海中展望塔

七ツ釜

波戸岬
玄海海中展望塔

加部島風の見える丘公園

玄界灘

七ツ斧

呼子へリポート

4 382

3

呼子朝市

立神岩（夫婦岩）

神集島

名護屋

2

1 1a 204

玄界灘

呼子

中里

名護屋城跡
名護屋城博物館

観光ホテル大望閣

47

23

340

254

47

292

292

唐津灣

204

玄海町

有浦上

朝市（唐房）

唐津市歴史民俗資料館

唐津港

大島

高島

唐津灣

265

340

藤平

丈高山

唐津市少年科學館

魚半旅館
駕車
約5分鐘

野高山

衣干山
163m

末盧館

西唐津

唐津城

寺浦溫泉

梨川内

47

265

11

國民宿舎虹の松原ホテル

虹松原

東唐津

肥前町

東山

唐津

和多田

筑肥線

204

唐川

33

50

和多田

320

いろは島溫泉

342

高尾山
218m

258

202

鬼塚

柏崎

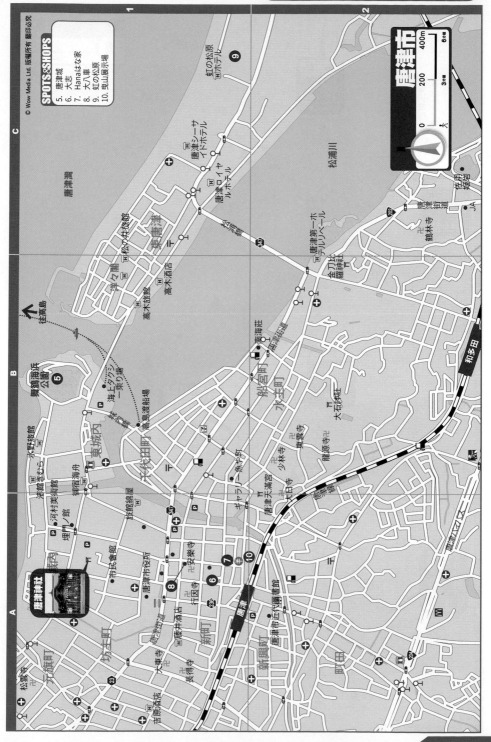

唐津市

SPOTS&SHOPS

5. 唐津城
6. 大志
7. Hanaはな家
8. 大八車
9. 虹の松原
10. 曳山展示場

唐津灣

松浦川

往高島

虹の松原
ホテル ⑨

唐津シーサ
イドホテル

唐津ロイヤ
ルホテル

東唐津

松の井旅館

洋々閣

高木酒店

高木旅館

唐津第一ホ
テルリバベール

金刀比
羅神社

往高島

海上タクシー
一乗り場

高島渡船場

舞鶴唐浜
公園 ⑤

南海莊

南宮町

船宮町

水主町

大石神社

大志田町

菱城内

永野旅館

相知海舟

唐臘売むら
河村美術館

旅館綿屋

埋門

近松寺

少林寺

唐津天満宮

寿雲寺

龍源寺

和多田

ギャラリー魚半や中町

市民會館

唐津市役所

安樂寺

行衣寺

唐津神社

⑧

⑦
⑩
⑥

唐津

唐津市近代圖書館

藤井酒店

松雲寺

坊主町

大東寺

長得寺

新町

新興町

町田

吉島商店

別冊**M31**

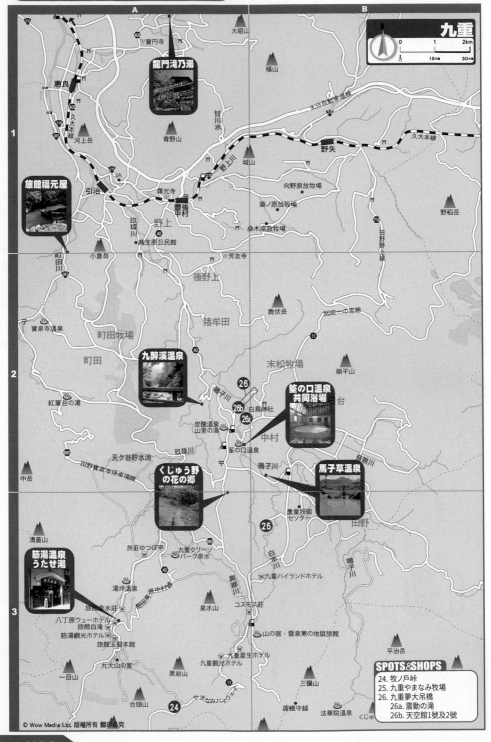

© Wow Media Ltd. 版權所有 翻印必究

SPOTS&SHOPS

24. 牧ノ戸峠
25. 九重やまなみ牧場
26. 九重夢大吊橋
    26a. 震動の滝
    26b. 天空館1號及2號

序

用 去九州！

九州，何止拉麵咁簡單

博多拉麵屬日本三大拉麵之一，來到九州
又怎可不親身品嚐？拉麵之外，還有適合
親子的遊樂設施、最新的大型購物中心和
交通便利的Outlet、充滿歷史韻味的咖啡
館，以及瞬間舒緩身心疲勞的天然溫泉！
跟著WOW旅遊天書，一掀盡知營業詳情、
地圖位置、招牌菜式和店舖品評，不用左
搜右找，一書在手讓你玩勻九州！

點樣可以用盡行程每分每秒？

想用盡玩盡每分每秒九州也不是一件容
易的事。若果懂得安排行程，要玩得盡
興、順利，編排行程是最重要一環。
《WOW達人天書》配合手機APP為各位
自遊行的朋友打開嶄新一頁。

識帶路嘅旅遊天書

看書前，大家先下載我們免費的獨家
「WOW!MAP」APP，然後將書中想去的景
點，用APP對準WOW MAP的QR Code「嘟一
嘟」，就可將景點收藏到你的行程內。更可
使用導航功能，交通工具運用、店舖資訊等
等，十分方便。就算身處當地，都可以隨時
check到最update資訊，十分互動。

一邊睇書，一邊編行程，
超方便！

WOW!編輯部
wowmediabooks@yahoo.com

全港首創 WOW! MAP

全港首創WOW!Map，出發前預先下載，在計劃行程時只要一
掃想去景點的WOW!Map，就可以自動為你收藏景點：交通導
航、店舖資訊一目了然！編排行程從此輕鬆簡單。

 wow.com.hk 🔍
facebook.com/wow.com.hk

 www.wow.com.hk

WOW!

最新内容

九州
達人天書
★★★☆☆
KYUSHU

★★ Kyushu Highlight

福岡市 SP050　特集

LaLaport 福岡
>> 食玩買一Take過，福岡話題新商場

福岡市 SP075　特集

博多らーめんShinShin
>> 老少咸宜的清爽系美味拉麵

福岡 SP062　特集

福岡空港
新裝後的美食集中地

雲仙 P210

海鮮市場蒸し釜や
美味滿分的溫泉烤海鮮

長崎 P184

軍艦島
消失中的歷史

熊本 P249
珈琲アロー
>> 咖啡匠人用心沖泡的珍稀琥珀咖啡

西新 P153
もも焼きト酒 おがた
>> 炭火直烤！招牌火焰雞肉

北九州市 SP082　**特集**
Space LABO
>> 親身體驗大自然奧妙

福岡市 SP057　**特集**
Marinoa City FUKUOKA outlet
>> 超過160間名牌商店任你尋寶

Kyushu Highlight

熊本 P244
熊本城
災後復興！重開的天守閣

別府 P295
ひょうたん温泉
享受百分百天然溫泉水的一站式溫泉砂浴

熊本 SP091
熊本熊廣場　**特集**
親子同樂和熊本熊跳舞

CONTENTS

九州達人天書

KYUSHU

便利標貼

 香港首推 WOW！搜羅第一手「最Like食買玩」！

 親子 WOW！為大家推介適合一家大小前往的好地方。

 好食 編者推介 稱得上美食，物有所值。

櫻花綻放之美地，叫你沉醉粉紅世界下。

紅葉份外美，小紅葉帶你到最佳賞葉處。

 抵食 編者推介 好味又抵食，超值。

 SNAP 要影張沙龍靚相，認住呢個標誌。

 影視 帶你遊遍電影/電視劇熱點。

 LET'S TRY! 親身落手落腳體驗，好玩又夠Fun！

 日語 提供日語導賞

「QR碼」YouTube睇片，點止旅遊書咁簡單。

達人教室
歷史知識，風土習俗，旅遊貼士，慳錢秘技，一網打盡。自遊達人必讀秘笈！

wow! COUPON 優惠
美食、購物、遊樂優惠券！玩到邊、平到邊！

全港首創！

wow! MAP

WOW! MAP

識帶路嘅旅遊天書

全港首創 WOW! MAP，出發前預先下載，在計劃行程時只要一掃想去景點的 WOW! MAP，就可以自動為你收藏景點：交通導航、店鋪資訊一目了然！編排行程從此輕鬆簡單。

WOW! MAP
32

使用方法：
1. 手機下載及打開「WOW! MAP」App，登記成為會員。
2. 掃描頁底的 QR Code 時，即可看到店鋪相片、資訊還有導航功能。

QR MAP
32

Download on the App Store

ANDROID APP ON
Google play

wow! 送：
和服體驗、包車、玩樂優惠券！
玩到邊、平到邊！P.383

WoW! 達人天書 2019
20% off
10% off
Free Gift

*書內所有價錢和酒店訂房，均只作參考之用。

建議行程@九州

Kyushu

福岡向來都是旅遊的熱門地點，就算假期日數不多都可來個三天精華遊，試盡名揚四海的九州拉麵，逛盡大大小小的購物商場！

3日2夜

福岡快閃遊

day 1

上午	福岡機場乘地鐵 ➡ 博多
下午至晚上	博多
住宿	博多一帶

到達福岡後，到博多區的酒店check-in放下行李，稍作梳洗便到**博多運河城**，可以到5樓拉麵專區內的**本田商店**吃拉麵，吃飽再在商場逛大半天，謹記不可錯過九州最大的**無印良品**，晚餐可到附近的**やきにくのバクロ**品嚐鹿兒島黑毛和牛烤肉。

day 2

上午	博多
下午至晚上	西新
住宿	博多一帶

早上可以到**柳橋連合市場**試試地道魚餅和海鮮飯，下午再去天神區的天神地下街、天神周邊的百貨公司，以及到藥院大通一帶逛逛各式生活雜貨店，午餐到**秀ちゃんラーメン**吃地道拉麵，逛夠後晚上到西新區的人氣居酒屋**もも焼き卜酒 おがた**。

day 3

上午	博多
下午至晚上	福岡空港

早餐可到KITTE的**THE Original PANCAKE HOUSE**，接著到旁邊的**AMU PLAZA**、手信街**博多マイング**和**DEITOS**再逛幾圈，逛夠再提早到福岡機場最後衝刺。

建議行程@ 九州
Kyushu

別以為熊本只有熊本城！其實熊本有多間歷史悠久的餐廳，還有超好逛的上下通商店街和個性小商場，把握三天時間，好好探索這個靜中帶旺的城市吧！

3日2夜

玩盡熊本三日遊

---

day 1

上午	福岡縣乘JR新幹線 (40分鐘) ➡ 熊本市
下午至晚上	熊本市
住宿	中央區附近

到埗後到市中心的炸豬扒專門店勝烈亭，吃飽後就到下通商店街逛逛Hab@和Carino等個性小商場，晚餐可以品嚐本地知名的中華料理紅蘭亭或新派人氣拉麵ラーメン赤組。

---

day 2

上午	熊本市
下午至晚上	熊本市
住宿	中央區附近

早上吃過早餐後到熊本城遊覽，接著到城下的桜の小路逛逛，接著到SAKURA MACHI櫻町熊本逛逛，喜歡昭和風咖啡店的可到珈琲アロー或岡田珈琲坐坐，晚上再去天草瓢六或青柳吃晚飯。

---

day 3

上午及中午	BOSS E・ZO FUKUOKA
黃昏	福岡空港check in回港

先到熊本拉麵黑亭品嚐半世紀熊本真味，有時間的話再到肥後よかモン市場一站式購買本地土產手信，之後就乘JR到機場。

3日2夜

南九州美景
溫泉自駕

由鹿兒島機場自駕到指宿，中間可享受霧島溫泉和指宿溫泉的美景、一泊兩食的溫泉旅館，慢活一番。✦✦

day 1	早上	鹿兒島空港 ➡ 霧島神宮
	中午及下午	高千穗牧場 ➡ 霧島溫泉廣場
	晚上	check in霧島溫泉旅館
	住宿	霧島溫泉旅館

於鹿兒島空港拿車後，駕車約35分鐘往霧島神宮參觀，之後駕車往高千穗牧場午餐及遊玩，再駕車往霧島溫泉廣場買手信及享受足湯，黃昏check in霧島溫泉旅館，浸溫泉後於旅館享用晚餐。

day 2	上午	仙巖園
	中午及下午	天文館通 ➡ 鹿兒島平川動物園 ➡ 指宿
	晚上	指宿溫泉旅館check in及晚餐

早餐check out後駕車約1小時到鹿兒島名勝仙巖園，中午到天文館通午餐，再駕車約40分鐘往平川動物園遊玩；黃昏駕車約50分鐘往指宿，check in溫泉旅館，浸溫泉後於旅館享用晚餐。

day 3	上午	砂蒸会館砂樂 ➡ 池田湖旅の駅
	中午及下午	唐船峽そうめん流 鱒乃家 ➡ 道の駅彩花菜館 ➡ 鹿兒島空港

check out後到砂蒸会館砂樂享受熱砂溫泉浴，之後駕車約30分鐘到池田湖旅の駅欣賞美景，午餐於唐船峽そうめん流鱒乃家吃流水麵，駕車約20分鐘到道の駅彩花菜館買手信，最後駕車約1小時20分到鹿兒島機場還車回港。

建議行程 @ 九州
🏯 Kyushu

找個周末快閃行程,來個福岡3天2夜,輕鬆逛街,吃盡地道美食。

day 1

上午	福岡空港 ➡ 地下鐵(6分鐘) ➡ check in福岡市內酒店
中午至晚上	MARK IS 福岡ももち
住宿	福岡市內酒店

落機後先到福岡市內酒店check in放下行李,中午到 **MARK IS 福岡ももち**逛街,可到**Moff animal café**和可愛小動物打卡,午餐和晚餐可到**momochi kitchen**或西新初喜吃烤肉。

day 2

上午及下午	中央區・西新・太宰府 ➡ IZAKAYA New Style
晚上	福岡塔 ➡ 屋台村
住宿	福岡市內酒店

早餐後乘西鐵到警固、赤坂或藥院通逛街,可看二手服飾或生活雜貨,中途可到警固神社泡足湯,中午到**IZAKAYA New Style**吃壽司;黃昏時到福岡塔看夕陽美景,晚上則到屋台村的小島商店晚餐及喝啤酒,感受當地夜生活。

day 3

上午及中午	BOSS E・ZO FUKUOKA
黃昏	福岡空港check in回港

早餐check out後在酒店放下行李,之後到**BOSS E・ZO FUKUOKA**玩樂;中午可預留時間到附近的**PARCO**百貨公司的美食街食極味やハンバーグ;飽嚐美味牛扒後到酒店拿行李到機場。

建議行程＠**九州**
🏯 Kyushu

5日4夜

九州美食
自駕遊

不少遊人都會到九州自駕遊，而以下這個行程很適合喜歡美食的朋友。

---

day 1

上午及中午	福岡空港
下午	曳山展示場 ➡ 唐津城 ➡ 虹の松原
晚上	唐津站前商店街晚餐
住宿	唐津市內酒店

到達福岡空港後，先到拉麵滑走路吃人氣的海鳴拉麵，然後再到手信街買特產。跟著取車後到曳山展示場參觀祭典用的山車，再登上唐津城，黃昏到虹の松原拍照，晚餐可到站前商店街：Hanaはな家或大八車。

---

day 2

上午及中午	呼子朝市 ➡ 呼子台場みなとプラザ
下午	豪斯登堡主題樂園
晚上	長崎新地中華街
住宿	長崎市內酒店

早餐check out後駕車約30分鐘到呼子朝市逛逛，可買一夜干或試試當地特產，午餐到呼子台場みなとプラザ享用海鮮燒烤及新鮮的魷魚刺身，之後駕車約1小時30分鐘到豪斯登堡主題樂園玩樂一個下午，晚餐駕車約1小時到新地中華街，然後入住市內酒店。

day 3		
上午及中午	長崎棧橋 ➡ 軍艦島半天團	
下午	嬉野溫泉	
晚上	嬉野溫泉旅館check in及享用晚餐	
住宿	嬉野溫泉旅館	

早餐check out後駕車到已預約的軍艦島半天團（棧橋集合），下午駕車約45分鐘前往嬉野溫泉，可參觀豐玉姬神社及泡足湯。黃昏後入住溫泉旅館享用晚餐後，泡溫泉休息。

day 4		
上午	川登SA（上）➡ 熊本	
中午及下午	櫻小路 ➡ Kumamon Square	
晚上	COCOSA商場 ➡ 上下通町り	
住宿	熊本市內酒店	

check out自駕到川登SA（上線）買手信，然後到熊本櫻小路午餐；車程約2小時20分鐘之後到熊本熊廣場看熊本熊跳舞；黃昏到COCOSA商場逛街，晚上於MUJI Café 吃個健康晚餐，然後到上下通町り逛街。

day 5		
上午及中午	鳥栖Premium Outlet	
下午	川端商店街 ➡ 福岡空港	

早餐check out後駕車往鳥栖Premium Outlet，車程約1小時21分鐘，在outlet血拼後，下午駕車約35分鐘往川端商店街逛，黃昏駕車前往空港還車，再check in回港。

福岡
SHOPPING攻略

福岡可以說是遊人來九州旅行必到之處！

繁華的市區除了交通方便、酒店多選擇，

更多的是不時有嶄新的商場、美味的餐廳、

新型的玩樂場所登場，令大家樂而忘返。

人氣運河商場
博多運河城

博多運河城的中央有一條運河，將河畔旁五顏六色、色彩鮮豔的區域劃分開太陽廣場、月之散步道、星星庭園、海之中庭及地球散步道；營造出和大自然融合的購物空間，讓大家可在悠閒的氣氛中shopping。

商場1樓設有櫃檯可辦理免稅，請留意櫃台會收取商品1.5%價格為手續費。

商場每到整點都有噴水表演

MAP 別冊 **M03 C-2**

地址 福岡県福岡市博多区住吉1-2
時間 10:00-21:00（餐廳11:00-23:00）
網址 canalcity.co.jp
交通 地下鐵祇園站步行7分鐘；
　　　地下鐵中洲川端站步行約10分鐘。

WOW! MAP
1

HAKATA Kirbycafe (B1F. 070) 1a

戴上廚師帽的卡比公仔
¥3,200

「星之卡比」是任天堂遊戲《星之卡比》的角色圓，滾滾的粉紅色小球瞬間俘虜大人和小朋友的心！在這間位於運河城的星之卡比主題咖啡館及商店，有多款以卡比世界為藍本的餐點，包括3層高的奇異世界下午茶、放在卡比口裡的烤牛肉飯、製成「車之卡比」的可愛蛋糕等。此外店內更設有專門店，售賣星之卡比限定商品，粉絲來到定必大滿足！

Kirby and the Forgotten Land ¥2,178
以卡比的異世界為主題，碟上的裝飾會隨季節改變。

由於Café太受歡迎，建議提早網上預約。

時 11:00-23:00 (L.O.22:00)
網 kirbycafe.jp/hakata
電 (81)092-710-4279

Green Greens ¥913
以藍天和綠樹為主題的梳打，星形蘋果非常搶眼，另附送卡比杯墊一個。

卡比漢堡飾物盒
¥3,800

戴上廚師帽的卡比和瓦魯迪會在門口歡迎大家前來。

1b

THE GUNDAM BASE FUKUOKA (1F. 101)

繼東京旗艦店後第一間高達模型旗艦店，亦是九州區內第一間門市。店內擁有齊全的高達商品，包括THE GUNDAM BASE限定發售的商品，亦設有展示專業模型師創作的場景。

GUNDAM Birthday Keychain ¥1,100
刻有誕生日期的高達鎖匙扣。

店內特別設有可讓客人坐下即席組裝高達模型的空間。

展出1979年《機動戰士高達》至2022年《水星的魔女》的高達模型及海報。

時 10:00-21:00
網 www.gundam-base.net
電 (81)092-409-3528

1c

ウルトラマンワールド M78 (B1, 035)

奧特曼
ZERO鴨舌帽
¥3,850

售賣日本超人《奧特曼系列》的週邊商品，限定手辦模型、玩具擺設、服飾雜貨，到學童背包和文具用品等種類齊全，琳瑯滿目，從大人到小朋友的需要都一一照顧得到。

歷代超人和怪獸的搪膠公仔，價錢¥275/件。

限定商品　限定商品

店內有多款獨家限定商品。

奧特曼毛毯 ¥3,960
只要披在身上扣上紐扣就可以變身超人！

時 10:00-21:00
網 benelic.com /ultraman_shop/
電 (81)092-263-2368

1d Right-on (2F, 251)

以牛仔褲服飾為核心的選物店，在全國擁有逾370家門市。店內除了可找到各個如Champion、Edwin、G-Star RAW、Lee、FILA等耳熟能詳的國際品牌外，更可找到Right-on自家品牌「BACK NUMBER」，品牌以美式休閒與復古風格為基礎，推出多款重視剪裁和生活感的牛仔布服飾，價錢豐儉由人，極受日本年輕一代歡迎。

DRY-X直筒牛仔褲 ¥6,990
DRY-X布料質地輕盈有彈性。

時 10:00-21:00
網 right-on.co.jp
電 (81)092-262-6151

大型遊樂購物區

BANDAI NAMCO Cross Store 萬代南夢宮 (B1F, 001)

Bandai旗下的遊樂設施，集合購物和娛樂於一身，擁有遊戲機中心、動漫精品專賣店、貼紙相區和模型店等，當中的最駐目是置有逾千部扭蛋機的Capsule Station，由最新的偶像應援、動漫和電影電玩扭蛋，以至怪趣可愛的食物、動物扭蛋都應有盡有。

店內設有不同風格的背景予客人為模型留影。

フースで撮影しよう！

太鼓達人仍然是最受歡迎的遊戲。

時 10:00-21:00
網 bandainamco-am.co.jp/crossstore
電 (81)0570-076-562

異國風情民族店

チャイハネ CAYHANE (4F, 415)

民族Smart Pouch ¥2,090

印度塔香薰衣草味 ¥165、玫瑰味 ¥275

取名為土耳其語的「茶屋」，這間連鎖民族雜貨店在日本非常有人氣，進入散發著印度香味的店舖，到處都是充滿波希米亞風格的麻質毛毯和服飾、家居用品、擺設，當然還有標誌性的印度香和香枝。

麻質手挽袋 ¥3,740

時 10:00-21:00
網 www.cayhane.jp
電 (81)092-283-5148

4樓傢具專區除了有現成傢品外，還可訂製不同質料的窗簾。

日本の布1
Japanese textiles
須藤玲子

日本の布 ¥1,100
收錄須藤玲子為日本各個製作布料的地區的文化與歷史記錄。

1g 全九州最大 無印良品 (3F, 332)

喜歡無印簡約風的朋友有福了！這間位於運河城3及4樓的無印良品堪稱九州最大規格，店內囊括了品牌旗下的咖啡店、衣飾家品、文具雜貨、化妝品和護膚品、旅行用品、書籍，4樓更有傢具專區，售賣床上用品、盆栽、桌椅等。值得留意的是無印的商品設退稅優惠，謹記保留單據到商場一樓辦理。

ココ＆甘夏 ¥190
SNS上人氣超高的飲品，清爽香甜，椰果口感十足。

時 10:00-21:00
網 www.muji.com
電 (81)092-282-2711

ホンダラーメン
1号(純味) ¥950
拉麵濃香而不過
鹹,麵條可自選
硬度。

久留米拉麵

本田商店 (5F. 507)

1h

保留福岡縣久留米的傳統拉麵風味,拉麵的湯底以國產豬骨持續熬製,配搭彈性十足的自家製麵條,再加入用精選五花肉以豬骨湯和特製醬汁滷足3日製成的叉燒、糸島產筍乾、有明海產海苔,及用以豚骨為肥料的蔥,食材非常講究,令到整碗拉麵味道特別濃鬱美味。

時 11:00-21:00 (L.O.20:30);
　星期五六 11:00-23:00 (L.O.22:30)
網 honda-shouten.com
電 (81)092-263-6171

喜好濃味的朋友不妨加入蒜頭醬油。

1i

廣島名物御好燒

電光石火 (B1F. 078)

廣島知名的御好燒餐廳在九州開設的第一分店,使用來自西日本瀨戶內地區食材,重現廣島原汁原味的御好燒風味。人氣御好燒有加入紫蘇葉的「電光火石」、以荷包蛋為夢幻之眼的「夢」,以及加入大量芝士的「たっぷりチーズ」。

夢 ¥1,530
御好燒內有豬肉、蛋、魷魚天婦羅、蝦和蔥等豐富配料,另可選蕎麥麵或烏龍。味道香甜帶微鹹,飽足感十足。

御好燒現點現叫是基本,最興奮的是可以坐在吧檯近距離欣賞一塊御好燒的誕生。

時 11:00-23:00 (L.O. 22:30)
網 okonomiyaki-denko-sekka.com
電 (81)092-409-3277

2 LaLaport

1:1高達坐鎮

著名的福岡土產店都可在此找到。

原址為福岡博多青果市場，2022年改建成結合購物、餐廳美食、遊樂及運動設施的福岡LaLaport購物中心，門口屹立一座原型來自1988年的《機動戰士鋼彈 逆襲的夏亞》RX-93ffv實物大高達，場內設有多達220間店舖，包括可接觸小動物的咖啡廳Moff animal café、讓小朋友親身體驗各種職業的KidZania、老牌藥妝店松本清，及高達旗下的體感遊戲中心VS PARK WITH G等，非常適合一家大小到訪。

除了常見的廉價日本連鎖時裝品牌GU和UNIQLO外，WEGO也進駐於此。

高達RX-93ffv身高167.3米，由早上10時開始到下午6時每小時均有特別演出。

MAP 別冊 **M03 D-3**

地 福岡県福岡市博多区那珂6-23-1
時 11:00-22:00
網 mitsui-shopping-park.com/lalaport/fukuoka/
電 (81)092-707-9820
交 JR竹下站步行約11分鐘

2a everyday/homestore (1F)

生活的藝術

品牌宗旨是向所有性別、年齡的客人提供適合各種生活方式的日常用品，寬敞的店面放滿服飾、家品、生活雜貨，還有蒐集自日本各縣的民間手作藝術和各地的職人品牌，例如以棕櫚纖維製作毛刷的髙田耕造商店，和製作傳傳統漆器和鄉土民藝品的遠藤正商店等，種類十分豐富。

DECO by Shinkougei干支ぽち袋(馬)¥1,887
飛驒高山出品的手染十二生肖公仔。

福だるま¥330
源自200多年前的民間藝術，被視為保祐生意興隆、家宅平安的幸運物。

時 10:00-21:00
網 www.everyday-homestore.com
電 (81)092-558-6464

WOW! MAP

以蹺蹺板控制滾動達成目標的動作遊戲，考驗玩家的平衡力！

以體感為主題的室內遊樂中心，不僅提供高達主題的遊戲，包括可以抱住高達手指體驗戰鬥的「高達VR台場突襲」、騎上迷你渣古的乘騎遊戲等，還有其他遊戲機如體感障礙賽、巨型保齡球場、石春地足球等有趣的遊樂設施，無論甚麼年齡都可以盡情享樂。

面對步步進逼的野獸，人類可不可以安全避開呢？

時 10:00-21:00
金 成人 ¥2,900/120分鐘、
　 中學生 ¥2,500/120分鐘、
　 小學生 ¥2,000/120分鐘
網 bandainamco-am.co.jp/en/
　 others/vspark/fukuoka
電 (81)092-558-4347

2c

在巨型屏幕上的影像予人身處太空旅行的感覺。

主要售賣RX-93ffv高達周邊產品，亦提供有關高達的模型展覽和活動。整間店的設計以漂浮在宇宙中的太空殖民地為藍本，配合一道10米闊的巨大顯示器模擬在殖民地情況，予人沉浸式太空體驗。

時 10:00-21:00
網 www.gundam-side-f.net
電 (81)092-710-0430

2d

うなぎの寝床 (1F)

2012年在福岡八女市創業的家品店，以九州為中心，集結來自200多間來自各地的特色本土商品，包括民俗工藝、餐具、服飾和其他生活用品，透過售賣和介紹這些來自不同地方的商品，讓物品產地的文化背景得以「被看見」。

店內一面牆放滿日本各地的手作工藝。

Good Dog
¥3,300
融合3D科技打印模具，創作成的日式手工和紙擺設。

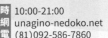

時 10:00-21:00
網 unagino-nedoko.net
電 (81)092-586-7860

2e

アカチャンホンポah (3F)

「ah」是一間於大阪扎根近百年的嬰兒用品的連鎖店，提供從孕婦到12個月左右嬰兒的所需用品，重點推介採用日本產大米製作的「Rice Resin」，系列推出多款高品質又安全的嬰兒玩具、非常齊全的麵包超人用品和精緻可愛的迪士尼嬰幼兒系列。

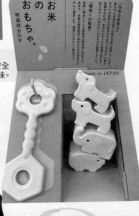

米製嬰兒玩具 ¥8,800
以米為原材料的玩具，符合安全標準之餘更散發淡淡大米香味。

Miffy嬰兒圍兜
¥1,408/2件

時 10:00-21:00
網 www.akachan.jp
電 (81)092-501-0100

小熊維尼掛頸圍兜 ¥1,210

羅臼昆布 ¥529/30g
茶褐色的北海道昆布，
是製作美味日式高湯的
必備之物。

百年烘焙食材店
TOMIZ 富澤商店 (1F)

來自東京，於1919年作為零售食材店而
創立的富澤商店，至今在日本已有逾80間
直營店，多年來提供優質而種類豐富的和
菓子、糕餅和麵包原料，也有香料、朱古
力、乾果以至烘焙用具等，普通家庭到專
業烘焙師都可在此找到所需。

極上桜あん
¥537/5g
加入櫻花的紅豆
蓉，粉嫩的顏色可
以加入任何甜點。

時 10:00-21:00
網 tomiz.com
電 (81)092-558-8464

日本製的天然食用色素
色澤均勻，¥281/5g。

豐富繪本童書
くまざわ書店 (1F)

日本知名的連鎖書店，寬敞的環境排
列著琳瑯滿目的書籍，從新書和專題
書籍到暢銷書外，有畫功精緻可愛、
又富教育意義的童書和繪本，放心放
心，繪本名副其實圖多過字，就算不
諳日文也不妨來打打書釘。

はくぶつかん ¥1,200
繪本設計刻意穿洞，讓讀者
可把書當作頭套之用！

近年極受歡迎的
「麵包小偷」系
列，講述偷麵包
的老鼠改邪歸正
的故事，惹笑又
趣緻。

時 10:00-21:00
網 www.kumabook.com
電 (81)092-588-5711

3 AMU PLAZA

來九州遊玩的朋友一定對Amu Plaza不陌生吧！這間位於站旁的Amu Plaza共有11層，有二百多間的商店，當中有八層都是售賣生活雜貨。其中有樓高五層的TOKYU HANDS、奈良創業的中川政七商店、無印良品、KIDDY LAND、niko and…等等，喜歡日系家品和小雜貨的遊人，定必在這耗上一整天！

MAP 別冊 M03 D-2

地 福岡市博多区博多駅中央街1-1（博多站直達）
時 10:00-21:00、11:00-24:00（各店不同）
網 www.jrhakatacity.com/amu
電 (81)092-431-8484
泊 有
交 西鐵天神站步行即到

特色雜貨

HANDS (1F)

店內有數不盡便利有趣的生活小智慧、令人愛不惜手的文具、DIY手作材料、講究精緻日本製作的商品等等，這間佔了五層高的 HANDS 按貨品的種類來排列，令人逛得很舒服。

3a

各式賀卡應有盡有，種類非常豐富。

日本傳統工藝土鈴，每件均由人手上色，價錢¥1,485起。

時 10:00-20:00
網 hakata.hands.net
電 (81)092-481-3109

WOW! MAP
3

犬張子嬰兒玩具 ¥1,980
用江戶時代孩童守護神「犬張
子」為藍本創作的麻質玩具。

3b

中川政七商店 (1F)

在日本擁有逾300年歷史的中川政七以麻織品起家，後來發展成匯聚日本傳統工藝的生活雜貨品牌。店內提供多款融合傳統與創新設計的商品，例如加入奈良鹿角的麻質御守、優質和紙製造的紙鐘，以及刺上奈良鹿刺繡的嬰兒用品等。

鹿紋毛織襪 ¥1,320

粉色櫻花不倒翁
¥495

時 10:00-20:00
網 www.nakagawa-masashichi.jp
電 (81)092-409-6807

KUTANISEAL箸置 ¥4,950
12生肖筷子架分為兩套發售，
每套6件。

3c

つばめの杜ひろば (RF)

如果和小朋友同來的話，大可以到這個位於頂樓的空中森林廣場，場內有一個鳥居和鐵道神社，最有趣的是有一架由水戶岡銳治設計的可愛迷你列車，繞著廣場行兩圈，很是可愛。

大人小朋友都可坐
的小火車

遊人可從 60 米高的
列車展望台觀看博多
站出入的列車。

廣場上有間專賣駄
菓子的小屋台

時 10:00-22:00
網 (1月4日至2月至21:00)
註 www.jrhakatacity.com/tsubame
　 つばめ電車11:00- 18:00
　 （13:40- 15:00休息）、
　 星期六日及假期10:00- 18:00

不同世代的小精靈都一一齊備，
你又能認得出幾個呢？

九州唯一官方店

POKEMON (8F)

風靡男女老幼、跨越國界和語言
的寵物小精靈POKEMON一直深受
大眾歡迎，官方店為粉絲提供超
過 2,500種商品，包括布偶、遊戲
卡、T-shirt、模型、文具、零食和
朱古力等，店內更特別設有多個打
卡位，粉絲們萬勿錯過。

3d

コイキング最中
椀 ¥1,296
超惹笑金鯉魚王
造型湯料，一盒
有3件。

森のアスレチック帕
奇利茲盒玩 ¥1,100

時 10:00-20:00
網 www.pokemon.co.jp
電 (81)092-413-5185

除了上班款式，亦
有較休閒的選擇

長青女裝

mysty woman (AMU EST B1F)

3e

漆皮銀灰皮鞋
¥6,000

這個日系品牌是走中價
路線的衣飾，較適合上
班一族的風格，碎花絲
質長裙、吊帶絲絨連
身裙、淨色的乾濕褸
等，大多是永恆長青款
式，就算穿數年也不會
out，推介各位逛逛！

吊帶絨裙
¥2,900

時 10:00-20:00
網 www.dot-st.com/mystywoman
電 (81)092-474-3013

老少咸宜的現製班戟店Dipper Dan CREPE極有人氣。

場內的摩天輪價錢成人¥500、小童¥200，可到入口左邊的自動販賣機購票。

Oulet佔地甚廣，建議先了解心儀品牌的位置再重點出擊。

特價名牌一網打盡

Marinoa City FUKUOKA outlet

4

九州瑪麗諾亞城由三個Outlet區域組成，進駐超過160間由時尚品牌到運動休閒用品等各種店鋪。主要品牌包括COACH、BEAMS、GAP、Right-on、PEACH JOHN、ABC-MART和WEGO等。值得留意的是場內的品牌主要在1月中至2月頭、3月尾、7月尾至8月的轉季期，以及10月週年慶典舉行集體大特價。

MAP 別冊 **M02 A-2**

地 福岡県福岡市西区2-12-30
時 10:00-20:00
網 www.marinoacity.com
電 (81)092-892-8700
交 於博多巴士站乘333號巴士至總站即達

4a

個性穿搭

BEAMS OUTLET

從日常休閒服裝到適合工作場合的男女服飾選物都通通齊備，風格偏向簡約日系。斷碼和上季款式的衣物之外，折扣約為七折至九折，店內同時亦提供新款時裝和各種配件。

軍綠色
漁夫帽
¥4,290

店 OUTLET III, 1F
時 11:00-19:00；
　 星期六日及假期 10:00-20:00
網 www.beams.co.jp
電 (81)092-894-2100

WOW! MAP

4

SP**057**

採訪當日全店半價再75折，非常超值！

Morgan Square 拼色簽名帆布斜背包
¥11,688

長款全拉鍊帆布條紋銀包
¥8,250

4b COACH

憑著美觀、精湛而且實用的皮革產品，COACH在日本Outlet向來非常受歡迎，而且被公認性價比高，由手袋、項鍊、皮帶及鞋履配件都充滿時尚感，最低5折優惠，適逢轉季期間和週年慶大特價，更有可能提供折上折優惠，記得密切留意！

店 OUTLET I, 1F
時 10:00-20:00
網 japan.coachoutlet.com
電 (81)092-892-8550

4c GAP OUTLET

校園風純棉毛衣（童裝）
¥2,394

國際休閒時尚品牌GAP曾憑著低調不失個性的工裝卡其褲帶領美國時尚潮流，魅力不可忽視，但在直銷賣場最受歡迎卻是童裝系列，連帽外套、背心毛衣、防雨外套和連衣裙等，設計百搭易襯，價錢亦相宜，成為不少媽媽的掃貨目標！

女裝無袖連身裙
¥7,140

毛毛熊玩具
¥1,990起

店 OUTLET III, 1F
時 10:00-20:00
網 www.gap.co.jp
電 (81)092-881-5757

Francfranc BAZAR 4d

提到Francfranc就會想到它風格多樣的家品雜貨，無論是簡約系的食具和床舖用品、可愛系的煮食用具和浴室用品，還是優雅系的香薰用品，總有一種風格適合你。

可放入洗碗機的木製器皿，簡直是福音。

店	OUTLET II, 1F
時	10:00-20:00
網	francfranc.com
電	(81)03-4216-4021

MOOMIN野菜保鮮叉 ¥748
只要插在菜頭即可令它們的鮮度更持久。

由登山裝備至上雪山的裝備，mont.bell的出品均由專家親身設計及實地測試，務求所有產品都是切實能使用的工具。

4e mont.bell

由三位登山愛好者共同創立的mont.bell始自1975年，致力以輕便和高實用性為理念開發產品。品牌的產品包括攀山及滑雪服裝、雨衣、羽絨和其他保暖服，價位不低但勝在品質上乘。

店	OUTLET II, 2F
時	10:00-20:00
網	www.montbell.jp
電	(81)092-892-8663

4f ABC-MART OUTLET

NIKE AIRMAX EXCEE的春季限定鞋款。

除了售賣上季舊款鞋之外，從斷碼、褪色、鞋盒內的包裝紙破爛，到產品磨損、有污漬、刮痕等有小瑕疵的產品亦會在此出售，折扣約為九折至三折不等，價錢超值。

店	OUTLET III, 2F
時	10:00-20:00
網	www.abc-mart.net
電	(81)092-892-8605

5 鳥栖PREMIUM OUTLETS

鳥栖Premium Outlet位於佐賀鳥栖市，是九州大型的Shopping Outlet，場內氣氛帶有希臘的風格。全場約有100間店舖，雖然不少都是上季產品，可是大多平至半價或以上，最低還會有1折優惠！

MAP 別冊 **M29 C-1**

地	佐賀県鳥栖市弥生が丘8-1
電	(81)0942-87-7370
交	JR鳥栖站乘巴士到鳥栖プレミアム・アウトレ下車；西鐵天神巴士中心乘高速巴士45分鐘即到；佐賀市駕車約30分鐘。

休 2月第三個星期四

5a Afternoon Tea Living

從日常休閒服裝到適合工作場合的男女服飾選物都通通齊備，風格偏向簡約日系。斷碼和上季款式的衣物之外，折扣約為七折至九折，店內同時亦提供新款時裝和各種配件。

嬰兒圍兜
¥1,452

磨菇Tote bag
¥3,080

灰貓保暖墊
¥3,234
可套在茶壺上
作保暖之用。

店	910
時	10:00-20:00
網	www.afternoon-tea.net/living
電	(81)0942-85-8126

WOW! MAP
5

人氣日牌女裝

As Know As 5b

品牌主打年輕清新風格，著重衣服細節的設計，將不同材質的布料拼合顯得俏皮。除了時尚的休閒服外，As Know As的Outlet內亦有出售手袋、帽子和其他配飾，折扣約由三至五折不等。

精緻的細節是品牌的特色。

店 640
時 10:00-20:00
網 www.asknowas.co.jp
電 (81)0942-87-4157

運動用品專門店

Asics 5c

日本運動用品牌子ASICS向著為所有運動選手生產真正的運動鞋的目標，經兩年時間研發，終於1950年推出第一雙以章魚吸盤為靈感的籃球鞋，多年來品牌一直致力生產優良的運動商品，在市場上廣受好評。Outlet主要售賣斷碼和過季的體育服飾和運動鞋，雖然折扣不算高，但勝在款式多，尺寸充裕，想購買功能性高的運動用品就別錯過。

GEL-KAYANO 30
¥16,830
鞋底的FF BLAST PLUS ECO物料提供卓越的穩定性和緩衝效果，慢跑和馬拉松同樣合適。

店 1240
時 10:00-20:00
網 www.asics.com/jp/ja-jp
電 (81)0942-82-6993

落機第一站
福岡空港 6

福岡機場是每一位遊人落機的第一站，國內線大樓剛於2020年夏季完成裝修，換上全新面貌和大家見面，在新航廈裡有多國的美食、人氣手信店、老牌和菓子店等。下次到來，遊人們不要急著離開機場，先來新大樓逛逛！

遊人可以在展望台近距離看到飛機升降

機場翻新後多了很多手信店和食店

MAP 別冊 **M03 D-2**

地 福岡県福岡市博多区
網 www.fukuoka-airport.jp
電 (81)092-621-0303
交 博多地鐵站乘地鐵約5分鐘；或天神地鐵站乘地鐵約11分鐘

6a

可愛小雞
LL'UNIQUE ひよ子 (国内線2F)

ひよ子家族 ¥1,137

一盒有齊比經典小雞蛋糕大的爸爸媽媽、正常大小的哥哥及迷你版妹妹。

纏衣ひよ子 ¥1,577/6個

店內有數十款不同造型及味道的小雞

時 06:30- 21:00
電 (81)092-260-7557

吉野堂至今已有百年歷史，它的小雞蛋糕可以說是代表福岡的手信之一。這種蛋糕外型就是可愛的小雞，內裡有紅豆餡、蛋黃牛奶，或有季節限定的栗子餡等。位於機場的店家有不少限定的選擇，其中一款是包括一家大細的小雞全家福，爸爸的大小是小雞的三倍呢！而另一款則是外層包上朱古力的小雞，令人耳目一新。

人氣芝士蛋糕
I LOVE CUSTARD NEUFNEUF (国内線2F)
6b

Brulee Custard 焦糖芝士蛋糕 ¥2,160

這間專賣奶油甜品的NEUFNEUF是用上九州產牛奶來造原材料，製造出奶味濃郁的芝士蛋糕和芝士撻，其中最人氣的當然是招牌的芝士蛋糕，帶有焦糖香的面層，中間是香濃的芝士和奶油，令人回味無窮。如果想買作手信的話，則可以選擇奶油曲奇，同樣鬆化美味。

Custard Cookie ¥1,000/10件

使用阿蘇出產的牛奶製作的芝士蛋糕，是店內的人氣商品。

時 06:30- 21:00
網 www.neuf-neuf.jp
電 (81)092-710-7741

WOW! MAP

6

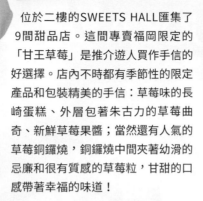

位於二樓的SWEETS HALL匯集了9間甜品店。這間專賣福岡限定的「甘王草莓」是推介遊人買作手信的好選擇。店內不時都有季節性的限定產品和包裝精美的手信：草莓味的長崎蛋糕、外層包著朱古力的草莓曲奇、新鮮草莓果醬；當然還有人氣的草莓銅鑼燒，銅鑼燒中間夾著幼滑的忌廉和很有質感的草莓粒，甘甜的口感帶著幸福的味道！

博多あまび
¥1,800

採用甘王草莓的盒裝蕨餅，是5月至11月底的限定產品。

店內同時設有數個座位，方便客人即場買甜品吃

時 06:30-21:00
網 www.itoking.jp
電 (81)092-260-1530

甘王草莓果醬
¥500

どらきんぐ
エース¥500

位於國內航線大樓的三樓的拉麵滑走路，是各位拉麵控必到之地，場內設計成機場跑道的樣子，集合了九家大阪、東京、北海道、山形及福岡的人氣店家。來自福岡的海鳴，店內以單人座位的吧枱為主，點了一客人氣的魚介豬骨湯底拉麵，火炙過的豚肉帶焦香，和著香濃的湯底，麵條軟硬度剛好，難怪被當地拉麵雜誌評為連續三年的第一名！

曾有不少名人到來光顧

店內的座位以吧枱為主

味噌魚介とんこつラーメン
¥890

時 10:00- 21:00
網 www.fukuoka-airport.jp
電 (81)092-612-1102

FOODHALL內
有各式美食

市中心最新玩樂場
BOSS E·ZO FUKUOKA 7

要玩不同遊戲的
遊人可以在樓下
售票處自助買飛

這個鄰近MARK IS的玩樂場於2020年7月開幕以後，吸引了不少年青的客人到來湊熱鬧。與其說它是一個商場，倒不如說它是一個室內主題遊樂園較為適合；它連天台共8層樓，當中有teamLab Forest、VR遊戲、ZO天台滑梯、高空盪鞦韆等，可說十分精彩。

MAP 別冊 M02 A-2

地 福岡市中央区地行浜2-2-6
時 11:00- 19:00、The FOODHALL
　 11:00- 23:00(各店略有不同)
休 各店不同
網 e-zofukuoka.com
電 (81)092-687-0428 (MLB café)
交 地下鐵唐人町站步行約13分鐘

商場外觀已可
以自到超長滑梯

高空盪鞦韆
7a つり·ZO SMBC (RF)

大家有沒有膽量在離地60米的高空盪鞦韆？這個位於BOSS E·ZO FUKUOKA天台的つり·ZO SMBC是一個超過300米長的路軌，遊人坐在鞦韆架，繫上安全帶，在工作人員推動下，就可以在離地60米的天台迴轉，高低起伏，絕對會令人心跳加速，尖叫不絕。

大家若果有心
情，是可以遠眺
到玄界灘的美景

時 11:00- 19:00(最後入場18:30)
休 不定休
金 13-64歲 ¥1,500
網 e-zofukuoka.com/zekkei-brothers/tsurizo
註 身高要130cm 以上、體重30-90kg

拐彎時帶點離心力

遊人在高低不平
的路軌上滑行，
好不刺激

WOW! MAP
7

7b

すべ・ZO SMBC (RF)

除了打鞦韆，這個圍繞著商場外牆，由天台一直沿伸到地面的滑梯，呈約45度的斜度，加上透明的滑梯管，在滑落期間，身旁的景物迅速在身旁閃過，可能是在腿上套上了指定的腳套，加快了速度，又或是心情太過緊張，在進入了陰暗滑段時，忍不住尖叫起來！到達終點時會有工作人員在等待，確保大家安全「著陸」。

除了一開始直落，後段拐彎的部份，更刺激

時	11:00-20:00 (最後入場 19:45)
休	不定休
金	10-64歲 ¥1,000
網	e-zofukuoka.com/zekkei-brothers/subezo
註	身高要130cm 以上、體重35kg以上

大家可以在螢幕上看到朋友開始的情況

7c

のぼ・ZO SMBCC (RF)

相對高空打鞦韆和滑梯，這個攀石可以說是零難度，適合一眾「小心謹慎」的遊人，大家可按照自己的能力和速度和完成這個攀石。換上裝備及繫上安全帶後，工作人員會在旁指導，客人可因應自己的速度和能力，慢慢由低至高攀上去，由於也有約3-4層樓的高度，通常大家爬到一半都需要導師提點一下、鼓勵一下，然後才一鼓作氣登頂，全程約需10分鐘。

工作人員會在旁指導和鼓勵大家

年紀少一點的初階就是體驗這個抱石

開始前工作人員會幫大家穿戴好裝備

時	11:00-19:00 (最後入場 18:30)
休	不定休
金	攀石7歲或以上¥900、初階4歲或以上¥500
網	e-zofukuoka.com/zekkei-brothers/nobozo
註	攀石體重20-150kg以上、初階體重150kg以下；4-6歲需有大人陪伴

7d

V-World Area (6-7F)

VR近年在日本大行其道,在不少大型商場都可以找到其蹤影。這個VR體驗館內有16個不同的場景:考平衡力的、考身心敏捷的、要頭腦清晰的、要眼明手快的,當然也有視覺上的刺激、探險等場景,適合不同年齡的遊人參加。若果大家特別喜歡VR遊戲的,不妨購買1小時任玩PASS,盡情投入虛擬世界;由於是時間制,建議大家先玩沒人排隊的遊戲。

若果想玩動感一點,可以到七樓的區域

適合大人玩和小朋友玩的區域會分開

時 11:00- 20:00
(最後入場 19:30)
休 不定休
金 30分鐘12歲或以下¥500、13-22歲¥800、23歲以上¥1,000
網 e-zofukuoka.com/v-world

---

teamLab Forest (5F) 7e

長長的樹海長廊已吸引不少遊人打卡

遊人對teamLab都不會陌生,這個位於5樓的teamLab以森林為主題,內裡有10個不同的場景:動物、植物、彩球、流水、蝴蝶等,色彩繽紛,置身其中,有令人有如在夢幻中的錯覺。其中最特別的要算是運動之森,場內有數十個巨型的彩色波波,用上粉色的系列,在這個空間內隨著燈光的變化,每個波波都會和不同的深淺顏色,給人很童話的感覺。

遊人可以用自己的手機互動

大家都忙著和巨型波波打卡

很有秘密森林的氣氛

時 11:00- 20:00(最後入場19:00)
休 不定休
金 16歲或以上¥2,200、15歲或以下¥800
網 www.teamlab.art/zh-hant/e/forest

王貞治棒球博物館 (4F)

喜歡棒球的朋友應讓對王貞治有所熟悉，他是台灣籍而出生於東京的職業棒球手，在1960年至80年代更是人氣一時無兩，在他的球員生涯中一共打出了868支全壘打，是日本職棒的紀錄。館內有介紹他的背景、球員和職業生涯歷程、紀錄和相片等，令年輕一代的人們都可以認識這個對職棒影響巨大的球員。

王貞治打職棒時的號碼1號，亦是他在讀賣巨人隊的退休號碼之一

時 11:00- 20:00(最後入場19:30)
金 16歲或以上¥1,800、7-15歲¥900
網 e-zofukuoka.com/obm

MLB Cafe (3F)

這是美國職棒大聯盟(職業棒球)於九州開設的第一間官方餐廳。店內以MLB的背景作裝修，有不同的職捧海報、依照美國MLB體育館、座位來設計的藍圖，巨型的大屏幕和音樂，令人仿如置身異國一樣。來一客經典的TOM DOUGLUS漢堡大餐，號稱鐵腕廚師的TOM是美國名廚，這客漢堡雖然不是出自他手，可是同樣美味非常；中間厚切的漢堡扒煎得焦香，中間肉質嫩滑juicy，再配上炸洋蔥圈和牛油果，十分惹味。

場內有巨型電視播放棒球比賽

就連店員也是身穿職棒制服

喜歡職捧的粉絲，記得買點紀念品

Original Burger by
"Iron Chef"
Tom Douglas
¥1,850

時 11:30-20:00
休 不定休
網 ukuoka.mlbcafe.jp
電 (81)092-687-0428

8 市內多元新商場 MARK IS

MARK IS和巨蛋球場相連，內裡以海邊山丘的大自然為概念，每層各有不同的設計主題，共有百多間店舖：男女服飾、生活雜貨、超市、文具店、藥妝、電器家品、親子Café及各式各樣的特色小店，它樓高四層，邊逛邊吃邊玩，足夠大家消磨一整天。

商場的佈置和大自然混然天成

MAP 別冊 **M02 A-2**

地 福岡県福岡市中央区地行浜2-2-1
時 10:00-21:00；餐廳11:00-22:00
網 mec-markis.jp/
　 fukuoka-momochi
電 (81)092-407-1345
泊 有（付費）
交 地下鐵唐人町站步行約10分鐘

男女服飾款式眾多

舒適時尚 JOURNAL STANDARD relume (2F) 8a

以舒適質料為品牌宗旨，relume主打品質優勝的男女服飾，款式耐看，店內有不同的風格配搭：麻質連身背心裙、間條棉質TEE、男裝紡織休閒恤衫，也有自成一格的帽子、平底帆船鞋……就算不買，到來看看也可知道當季潮流。

直間V領外套¥8,500

時 10:00-21:00
網 journal-standard.jp/relume
電 (81)092-833-2711

WOW! MAP
8

8b

美式休閒

FREAK'S STORE (2F)

女裝衣飾款式
耐看百搭

走美國休閒路線的店舖，售賣衣飾、配飾、雜貨和小家品，而這店更可買到人氣戶外品牌Coleman的郊遊設備：帳篷、戶外椅、太陽帽、背包和水樽；男女服飾也是以舒適方便為主。

手提包包 ¥7,400

Coleman
品牌系列

涼鞋
¥8,500

網 www.freaksstore.com/area/momochi.php
電 (81)092-847-8318

日系風格

8c nano·UNIVERSE (2F)

時尚且格調俐落是日本品牌nano UNIVERSE的風格，店內有走成熟路線的辦公室服飾：男士剪裁得宜的西裝、穩重色系的恤衫、青春配搭的女士闊腳褲配oversize上衣、淨色系列的休閒連身長裙等，當然還有很有日系的包包和涼鞋。

圓桶型手挽袋
¥17,064

店內也有周末
放假的休閒服

搶眼的鮮紅
連身長裙

網 www.nanouniverse.jp/shop-map/?sid=23539
電 (81)092-834-3564

生活小雜貨

day&day's (1F) 8d

喜歡和式雜貨的遊人，推介大家來這間店內逛逛，店內有「高科技」的廚房小電器：recolte復古款式的多士爐、木製家品：筷子、托盤、湯匙、紙扇等，另一邊廂也有兒童餐具及玩具，最適合一家大小來看看。

店內家品及小
物琳瑯滿目

限定顏色的
餐具¥900起

recolte復古款式
多用途烤爐¥5,000

時 10:00-21:00
網 www.day-days.com
電 (81)092-834-5235

親親小動物

Moff animal cafe (3F)

喜歡小動物的遊人，定必要到這間Moff玩樂一下，店內可以近距離和小動物接觸，也可親自餵餵小動物。客人先在門前付入場費，然後清潔雙手就可進入；園內有鸚鵡、雞仔、兔仔、天竺鼠和刺蝟等，現場所見最受歡迎的是一大群的黃色小雞，但凡進入的遊人都定必把牠們放在掌中拍照。如果膽子大一點的朋友，也可以挑戰和巨型的黑白烏龜拍照，不過要留意在你身後的軟耳巨蜥，它正在悄悄盯著你看呢！

客人們都很喜歡和小雞玩

天竺鼠很溫馴

和黑白烏龜拍照時要小心背後的軟耳巨蜥啊！

店內明亮乾淨，感覺舒服。

貓頭鷹也是人氣區

時 10:00-20:00（最後入場19:00）
金 入場費中學生以上¥1,100、4歲 以上¥660；飲品吧¥330
電 (81)092-836-6180
註 部份動物觸摸前要先通知店員
網 moff-cafe.jp

放電好去處

あそびパークPLUS+ (3F)

這個於九州初登陸的兒童室內遊樂設施，最適合一家大小血拼後，帶小朋友到來放電一番，場內有適合不同年齡的遊樂設施及玩具：爬繩網、砂池、滑梯、盪鞦韆等，既好玩，又可鍛練小朋友的體能。

場內玩樂設施最適合小朋友跑跑跳跳

年紀少一點的可以玩迷你沙池和玩具

大型沙池乾淨企理

時 10:00-19:00(最後入場18:30)
金 6個月至12歲¥660/30分鐘、20歲以上¥660/日
網 bandainamco-am.co.jp
電 (81)092-836-5347
註 一日任玩Pass¥1,650

8g

懷舊風格

名物串カツ田中 (3F)

店內佈置得猶如昭和年代街頭的居酒屋，就算未點食物，甫坐下就已感受到昔日濃濃的庶民氣息—掛在牆上的木製餐牌、懷舊海報、紅黃紙燈籠、吊在天花的燈泡等。晚餐點了人氣的串炸拼盤、太陽蛋炒麵、薯仔沙律，還有要自己動手做的章魚丸燒，充滿童心，好玩又好食。

田中の
かすうどん
¥730

炸牛腸烏冬
是大阪名物。

ポテト
サラダ ¥430

庶民味滿瀉的裝修

手作燒章魚燒
¥480/9個

定番5本盛
り ¥910

時 11:00-22:00(L.O.21:30)
電 (81)092-407-0994
網 kushi-tanaka.com

8h

烤肉老店

西新初喜 (3F)

這間於昭和九年創業的燒肉店，位於momochi kitchen美食廣場的後方。午餐時份點了一客初喜セット，套餐有黑毛和牛肉、宮崎日向雞肉、耶馬溪的豚肉，再配上蔬菜和白菜，錦雲豚是九州高品的豚肉，肉質嫩滑、帶有適量的脂肪，味道甘甜；而黑毛和牛輕輕燒焦已帶有肉香，細密的油花，肥瘦度剛好，味道不錯。

座位寬敞，沒有太大油煙

豚肉燒起來很有肉香

初喜セット
¥2,500

網 www.nishijin-hatsuki.jp
時 11:00-22:00 (L.O.21:15)
電 (81)092-833-2233

福岡拉麵對決！

博多拉麵（博多ラーメン）屬日本三大拉麵之一，濃郁的乳白色湯頭是其靈魂，再仔細一點可以分成油脂少的輕豚骨「清爽系」和散發著熟成濃香的「濃厚系」拉麵，哪一種會是你喜歡的口味？

↓拉麵（ラーメン）¥670
鹹香中帶微微辛辣，湯底香濃而不過油。

濃厚系

↑老闆用鐵鑊炒飯俐落流暢沒一點多餘動作，甚有職人功架！

→替玉¥150

01 本地家庭最愛

双喜紋

由福岡機場附近的志免町遷店至西新，擁有小郡系特色的双喜紋是一間深受幾代人喜愛的本地小店。拉麵湯底是濃郁具醬油鹹香的豬骨湯，配上一抹鮮紅辣醬和大蒜中和油膩感覺，極細麵嚼勁十足、掛湯力強。值得一提的是，由於細麵吸湯力較強，容易發脹變腍，因此大部分店家會將麵條份量刻意減少，讓客人再追加麵條以保質素。

MAP 別冊 **M05 B-4**

地 福岡県福岡市早良区城西3-21-27
時 11:30-19:00 (L.O.18:30)
休 星期三
電 (81)092-847-8777
交 乘福岡地鐵機場線至「西新」站，步行約4分鐘

02 元祖泡系拉麵

濃厚系

博多一幸舎
総本店

以濃鬱的元祖級「泡系」豬骨湯征服日本以至海外的拉麵愛好者，其標誌性湯底以「熟成追炊製法」熬煮，在熟成豬骨湯底中再添加新的湯底而形成對流，產生如忌廉般醇香綿密的油脂泡沫。這抹凝住肉香精華的泡沫，結合採用豬頭骨和背骨煮成的湯頭，將豬的濃鬱風味發揮到極致，配上耐嚼柔軟的自製拉麵，及柔軟的低溫慢煮叉燒。

↑ 特上泡烏豚骨拉麵 ¥1,450
湯底味道濃得帶甘，但又毫不油膩，半熟叉燒柔軟嫩口。

→泡沫凝住骨湯的鮮美精華，豐富的滋味在舌尖上延展，獨特口感別處難求。

←自製的細平麵掛湯力強，與湯頭非常搭配。

MAP 別冊 **M03 D-2**

地 福岡県福岡市博多区博多駅前
　3-23-12

時 11:00-23:00 (L.O.22:30)；
　星期日 11:00-21:00 (L.O.20:30)

休 年末年始

網 www.ikkousha.com

電 (81)092-432-1190

交 乘福岡JR或地鐵七隈線至
　「博多」站，步行約5分鐘

WOW! MAP

↓店內空間頗為寬闊，適合家庭聚餐。

03 〔70多年深厚實力〕 〔濃厚系〕

元祖赤のれん
節ちゃんラーメン

屹立在福岡市70多年的拉麵老店，屬於元祖級博多拉麵館。拉麵湯底以豬頭、豬腳、豬背骨和豬皮等部位熬煮約16小時，再加入小豆島的秘製醬油製成，吃一口掛湯力高的極細平麵，更是脂香滿腔，口味重得有回甘餘韻。

MAP 別冊 M03 C-2

地 福岡県福岡市中央区大名2-6-4，
　 プラスゲート天神1F

時 11:00-21:30

休 不定休

電 (81)092-741-0267

交 乘福岡西鐵天神大牟田線至「天神」站或地鐵機場線至「天神」站，2號出口步行約6分鐘

↑拉麵（ラーメン）¥580（並）
呈茶褐色的湯頭閃著油光，滑進喉嚨幾乎濃得化不開，濃香系愛好者定必歡喜。

←上昔日因店內的窗簾被燈映成紅色，因而被暱稱為「紅簾拉麵」。

WOW! MAP

04 讓人一飲而盡的美味湯頭

清爽系

博多らーめん ShinShin

如果閣下喜好清雅湯頭，不妨試試這家號稱湯頭純情得老少咸宜的拉麵店Shin-Shin。結合屋台和湯底達人吉田的多年經驗，每天鮮製的湯底以國產豬骨、佐賀縣有田雞骨、九州洋蔥和紅蘿蔔等蔬菜，與富礦物質的地下水一起熬煮，再反覆去掉肉浮沫，成為無雜質的純淨湯底。麵條選用0.85mm的極細麵，一箸麵掛起淡色白湯，清爽無負擔的滋味叫人不禁一口接一口追吃。

→博多Shin Shinらーめん ¥820
湯頭黏口，但同時又做到層次豐富、濃而不膩，配料和麵條亦配合得宜。

MAP 別冊 **M03 C-2**

地 福岡縣福岡市中央区天神3-2-19, 1F
時 11:00-03:00
休 星期三及每月第3個星期二
網 www.hakata-shinshin.com
電 (81)092-732-4006
交 乘福岡西鐵天神大牟田線至「天神」站或地鐵機場線至「天神」站，2號出口步行約6分鐘

↑牆上掛滿大量名人的簽名板。

05 泡沫咖啡般的豬骨濃湯

博多一双 博多駅東本店

店內的湯底僅採用國產乳豬骨和背骨，然後以3個湯鍋長時間大火熬煮，令豬骨精華在湯上產生泡沫浮，這種醇厚順滑的精緻湯頭因而被譽為「豬骨泡沫咖啡」。招牌拉麵的特製細扁麵口感柔軟不失柔韌嚼勁，掛起濃稠的乳白色湯汁，甘香俱備，值得細味。

↑拉麵B.K.Y.（ラーメンB.K.Y.）¥800
乳白色的豚骨白湯不僅具鮮鹹濃香，餘韻更有一抹甜味。

MAP 別冊 **M03 D-2**

地 福岡県福岡市博多区博多駅東3-1-6

時 11:00-24:00

休 不定休

網 www.hakata-issou.com

電 (81)092-472-7739

交 乘福岡JR或地鐵七隈線至「博多」站，步行約7分鐘

↑就算非繁忙時間都一位難求，幸好餐廳上菜速度極快，等候時間不致太長。

←潮薫醬油拉麵
拉麵甫端出來，已聞到海鮮的清甜味。

06 天然豬骨海鮮湯

清爽系

麵劇場 玄瑛

市內十分有人氣的拉麵店，湯底堅持使用豬頭骨和蔬菜等天然食材熬煮，再加入羅臼昆布、鮑魚乾、干貝和無添加的醬油等調味而成，配上自家生產的手工麵，入口清爽鮮甜。值得一提是店內的裝修：以半圓型的劇場作藍本，客人就仿如觀眾，一排排高低有序地面向製麵的廚房，猶如欣賞表演一樣。

MAP 別冊 M03 C-2

地 福岡県福岡市中央区薬院2-16-3
時 星期一、三、四、六：
　 11:30-14:30、18:00-22:00
　 星期二、五：
　 11:30-14:30、18:00-00:30
　 星期日：
　 11:30-16:30、18:00-22:00
網 www.facebook.com/
　 mengekijogenei
電 (81)092-732-6100
交 福岡地下鐵藥院大通步行5分鐘
交 乘福岡地鐵機場線至「西新」
　 站，步行約3分鐘

07 超濃豚骨醬油湯

濃厚系

三代目 無邪気

以偏粗的直麵條與濃厚豚骨醬油湯頭的「家系拉麵」作招徠，店家的招牌湯底混合了九州風格，將大量豬骨煮至溶化，再加入九州醬油和雞油，湯質黏稠油潤且帶鹹香，味道非常濃厚。客人可以選擇麵的硬度、醬油的濃度和雞油的份量。

↑拉麵（ラーメン）¥850（並）
以博多拉麵常見的香蔥代替了家系拉麵的菠菜，雖然帶一抹爽口的青香，但仍無阻湯底濃厚鹹香。

↑白飯 ¥100
點一份白飯即可無限添飯，不少客人都習慣與拉麵湯同吃。

MAP 別冊 M05 B-3

地 福岡市早良区西新1丁目
　 7-27, 1F
時 11:30-15:00、17:00-24:00
休 星期一
網 mujyaki.com
電 (81092-834-7226
交 乘福岡地鐵機場線至「西
　 新」站，步行約3分鐘

↑「無邪気」暫時有 3 間分店，包括位於七隈的本店和博多站前的分店。

WOW! MAP

6　　7

福岡県 在地美食

牛腸鍋 × 水炊鍋

福岡享負盛名的又豈只博多拉麵？同樣創於福岡，便宜美味又含豐富的膠原蛋白的牛腸鍋，以及用慢火燉煮的鮮美帶骨土雞鍋亦是不可錯過的本地美食，今天就來試試這些滋味滿溢的鍋物吧！

MAP 別冊 M03 C-2

地 福岡県福岡市中央区西中洲11-4,
　笑樂ビル1F

時 17:00-24:00 (L.O.23:00)；星期
　六日 12:00-15:00 (L.O.14:20)

網 shoraku.jp

電 (81)092-761-5706

交 乘福岡地鐵七隈線至
　「天神南」站，
　5號出口步行
　約3分鐘

→如果想嚐到牛腸真味，不妨選擇用糸島天然鹽製作的鹽湯底，清淡的湯汁突顯食材鮮甜。

↑醬油味牛腸鍋（醬油味もつ鍋）¥1,520/1人餐
牛腸口感柔韌，湯汁從飽滿的牛腸溢出，滋味非常。

08 知名醬油牛腸鍋

もつ鍋 笑樂 福岡本店

1985年開業至今，以正宗博多牛腸鍋為招牌菜的「笑樂」是本地人所共知的老字號。它的牛腸僅使用來自鹿兒島、宮崎等本地優質的新鮮和牛內臟，湯底有醬油、味噌、鹽三種可供選擇，當中傳統的醬油味採用自福岡老牌醬油釀造廠的醬油，再添加昆布和鰹魚片等煮成湯底，濃鬱微甜的風味與和牛內臟完美融和，味道層次更加豐富。

→熊本産馬刺し
¥1,300
馬肉從熊本直送，入口香濃鮮嫩。

WOW! MAP

8

←喜好濃厚味道的朋友可額外加入蒜片。

MAP 別冊 M03 C-2

09 肥而不膩人氣牛腸鍋

博多牛腸鍋 前田屋

前田屋是一間深受本地人喜愛的人氣牛腸火鍋店，位於博多站附近的本店由早到晚總是有著長長人龍，期待可以品嚐他們著名的牛腸鍋。店家精心挑選優質國產和牛牛腸，配合九州產味噌和大蒜熬出湯頭，入口即散發豆香甘甜，牛腸吸盡甘甜湯汁，湯上一抹芝麻更有提升香味作用，吃著叫人欲罷不能！除了招牌味噌湯，亦提供經典醬油和辛辣湯底。

↑味噌味牛腸鍋
（みそ味もつ鍋）
¥1,694
隨鍋內的椰菜、牛蒡、金菇和豆腐翻滾，湯頭逐漸加添蔬菜的甜香，更覺美味。

→牛腸切成大小
剛好的一口尺寸。

→芝麻鯖魚（長浜市場直送ゴマさば）¥1,078
芝麻鯖魚由長濱市場直送，鮮度十足。

MAP　別冊 M03 C-2

地 福岡県福岡市博多区博多駅東
　 2-9-20

時 11:00-14:30 (L.O.14:00) 、
　 17:00-24:00 (L.O. 23:00)

網 motsunabe-maedaya.com

電 (81)092-292-8738

交 乘福岡JR或地鐵七隈線至「博
　 多」站，步行約6分鐘

pesca

WOW! MAP

↑水炊き ¥2,750
鍋內的雞肉可選帶骨或不帶骨。

↑ 柔軟的雞肉肉丸混
入少許軟骨增添口感。

10 大正時代的香醇滋味
岩戶屋

這間在大正5年（1916年）創立的大戶屋採用來自宮崎和鹿兒島的雞肉，花三小時熬煮成味道無添加調味的原味清雞湯底，加入口感十足的手工雞肉丸和連皮的雞腿肉，以及新鮮蔬菜、豆腐和粉絲，夾起一件彈牙雞肉，蘸上店家特製的柚子醋提味，肉味香濃湯頭純淨，能吃出真味來。

↑餐廳自 1945 年遷至大名，在未改建成大樓前餐廳原來曾飼養過雞隻，令人難以相信。

↑吃罷水炊鍋，當地人習慣加入拉麵或飯，岩戶屋推介的是加入白飯、漬物和蔥製成雜炊。

MAP 別冊 M03 C-2

地 福岡県福岡市中央区大名1-12-38岩戶屋ビル5階
時 17:30-22:00
休 星期日
電 (81)092-741-2022
交 乘福岡地鐵機場線至「赤坂」站，步行約4分鐘

WOW! MAP
10

→ 雞末湯炊（ミンチコース）¥3,200
雞腿肉吃得七七八八，侍者會奉上雞肝和軟骨肉末，並即席用筷子將肉末輕搓成丸狀。

11 嫩滑幼雞肉

水たき長野

水炊鍋是一道源自明治末期混合中式和法式清湯的料理，對湯頭的要求極高，水たき長野採用天然飼料飼養的本地雞連皮帶骨每天新鮮熬製，慢慢煮成白濁雅致的清雞湯。店內主要提供可吃到帶骨雞肉與雞肉丸的「水炊」，以及雞肉丸和雞肝、雞腿肉的「湯炊」，兩種鍋物均附以雜菜和自家調製的酸橙醋。

←原汁原味的雞湯，味道清淡，帶圓潤肉香。

↓水炊鍋講究湯汁原味，為免濃郁湯頭被沖淡，因此會以椰菜代替白菜。

MAP 別冊 M03 C-2

地 福岡縣福岡市博多區対馬小路
時 12:00-22:00
休 星期日
網 mizutakinagano.com
電 (81)092-281-2200
交 乘福岡地鐵機場線或箱崎線至「中洲川端」站，步行約10分鐘

親子出遊

九州是一個很適合和小朋友同遊的地方，福岡機場距離博多市中心只要約6分鐘地鐵的車程，氣候溫和，各縣都有好玩有趣的主題樂園、動物園、科學館和休閒公園設施等，別以為所有的樂園都要動輒五六千円才可以進場，以下介紹的都是可以消費無幾，卻換來大滿足呢！

▼ 光學天文儀直徑達48cm，可還原300顆恆星的獨特顏色，描繪銀河系1億顆微恆星、300多個星雲及2000多個暗星雲。

1 北九州市科學館
Space LABO

2022年4月由「兒童文化科學館」改建成體感型科學館「Space LABO」，北九州市科學館設有西日本最大的天象儀，並透過各種科學實驗和體感裝置，讓遊人親身體驗大自然的奧秘。1樓展示北九州市的科學研究，設有日本最大的龍捲風產生器、體驗15米/秒強風的模擬器，以及本地氣象學者「龍捲風先生」藤田哲也解說現象；2樓針對「不可思議的科學現象」設置豐富的體驗型展示和裝置，叫人以感官體驗科學的奇妙；3樓天文館配備了直徑30米的圓頂天象儀，結合4台8K的光學投影及全天域數位雙投影技術，重現廣闊無垠的銀河及九州風景。

▲ 龍捲風模擬器重現龍捲風發生時的空氣漩渦。

▶「宇宙休息室」展示月球石、阿波羅號指揮船等珍貴資料。

MAP 別冊 **M05 A-2**

地 福岡県北九州市八幡東區東田4-1-1
時 10:00-18:00 (最後入館17:30)
金 成人¥400、中學生¥300、小學生¥200
網 www.kitakyushuspacelabo.jp
電 (81)093-671-4566　休 年末年始
交 JR鹿兒島本線スペースワールド站下車步行約3分鐘

WOW! MAP

1

② 親親生命之旅博物館

北九州市立いのちのたび博物館

結合自然史博物館、歷史博物館與考古博物館，北九州市立自然史歷史博物館於2023年3月重新裝修，全館以「生命之旅」作主題，以超過 6,000 件展品探討40多億年前地球誕生之初至今的生命進化之路與人類活動的歷史軌跡。必看亮點包括展示35米長的地震龍、15米長棘龍及12米高暴龍骨骼的Earth Mall，還有重現白堊紀時期九州風貌的環境模擬館，原始森林般的洞窟結合栩栩如生的馬門溪龍和帝龍機械模型、CG動畫與光影裝置，讓遊人有如穿越時空親歷一億3000萬年前的原始森林。除了令人印象深刻的恐龍展覽之外，館內亦不時舉行特別企劃展，包括懷舊工具展、春季生態展等，到訪前可先到官方網站瀏覽相關資訊。

▲ 一列排開的地震龍屬梁龍科，體長為32~36米，要離遠一點才能看到全貌。

MAP 別冊 **M05 A-2**

地	福岡県北九州市八幡東区東田2-4-1
時	09:00-17:00 (最後入館 16:30)
休	年末年始、除蟲日 (通常為6月下旬)
金	成人¥600、高中生¥360、中小學生¥240
網	www.kmnh.jp ☎ (81)093-681-1011
交	JR鹿兒島本線スペースワールド站下車步行約5分鐘

除了恐龍模型，館方特別放置同年代的植物與昆蟲，例如是停在蕨類植物上的蜻蜓、枯木上的蟑螂等，你能找到嗎？

③ 親子必到

自然恐龍公園

佔地5萬平方米的恐龍公園有11座和真恐龍一樣大小的恐龍和動物模型,在火山的背景襯托下,有點像Jurassic Park。園內也設有其他遊樂設施,其中竟然有高12.5米長50米的巨型滑梯,很受小朋友歡迎!公園周圍種滿樹木,在春天時會開滿櫻花。

▼模擬雷龍大小的遊樂設備氣派十足!

▼除了常見的兇猛暴龍之外,還有同樣是肉食性的棘龍呢!

MAP 別冊 **M23 A-3**

地 鹿児島県鹿児島市桜島横山町79
時 自由參觀
網 www.sakurajima.gr.jp/
　　tourism/000354.html
電 (81)099-216-1366
泊 有
交 櫻島港步行約10分鐘

▼ 10 米高的滑梯非常有人氣,站在上面可欣賞到山下景色呢。

在水池中玩動物造型
水上單車很寫意

4 人氣親子樂園

諫早ゆうゆうランド 干拓の里

園內有大型的玩樂設施

干拓之里是區內人氣的親子樂園，每
到周末就會看到一家大小到來，園內
有變型單車場、遊樂場、鴨仔水上單
車……喜歡小動物的，可到小型動物
園看看兔子、鴨子、山羊、綿羊和小
豬，也可以試騎小馬；園內同時設
有餐廳、農產品市場、資料館和水
族館(保養期間暫時關閉)，就算天氣
太熱也可到室內吃個午餐或休息一
下。

▲ 也有其他小動物可親近

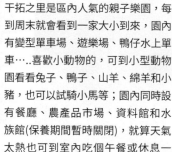

MAP 別冊 **M19 A-1**

地 長崎県諫早市小野島町2232
時 09:30- 17:00
休 星期一、12月30至1月1日
金 大人¥300、中小學生¥200、3歲以上¥100
網 www.kantakunosato.co.jp
電 (81)0957-24-6776
註 場內部份設施要另外收費　　泊 有
交 JR諫早站乘島原鐵道至干拓的里站，步行約
　 12分鐘；或JR諫早站乘車約15分鐘

WOW! MAP

4

5 西海國立公園 九十九島

Kujuku Shima Pearl Sea Resort

這個西海珍珠海洋遊覽區是當地遊人周末度假的好去處，公園周邊設有水族館、遊覽船、動植物園、水上活動和餐廳等設施。

▲ 遊覽船可在九十九島之間航行，可欣賞到海上風景

MAP 別冊 **M20 A-3**

地 長崎縣佐世保市鹿子前町1008
時 各設施不同
休 各設施不同
網 www.pearlsea.jp
泊 有(付費)
交 JR佐世保乘市營巴士(6號巴士站)約25分鐘，於西海珍珠海洋遊覽區下車；或JR佐世保駕車約10分鐘

5a 超夢幻水母館

九十九島水族館 海きらら

KIRARA水族館分淡水區魚類、外海區、海豚表演區、水母展示館、採珍珠體驗區等等，而當中最人氣的是貫穿一樓及二樓的九十九島灣大水槽，內裡有多達120種海洋生物，有些更是島內獨有的。

小朋友看到海豚都很興奮

▶ 觸摸池可親摸海星

時 09:00- 18:00;11月至2月09:00- 17:00（最後入場為關門前30分鐘）
金 大人¥1,470、4歲至中學生¥730
網 www.umikirara.jp
電 (81)0956-28-4187

WOW! MAP
5

懂得望鏡頭的長頸鹿

▼可親手餵綿羊

5b 日本最西端之動物園

九十九島動植物園 森きらら

來這個九十九島動植物園Kirara，不只可以近距離接觸動物，於不同季節更可看到爭妍鬥麗的花卉，周末到來，不難看到遊人們席地而坐，在樹蔭下野餐。動物園區內有三百多隻動物：小熊貓、獅子、長頸鹿、斑馬、猴子、企鵝、草泥馬和巨型星龜等，部份溫馴的小動物，小朋友更可親自餵食。臨走前記得要到手信店看看，店內有很多可愛動物的毛公仔。

▲ 小企鵝就在頭頂的水槽上游水

▶ 手信店內有各種動物毛公仔

◀以卡通形式介紹各種動物，就算不諳日文，也可輕鬆明白

MAP 別冊 **M20 B-4**

地 長崎県佐世保市船越町2172
時 09:00- 17:00(最後入園16:30)
金 大學生以上¥830、4歲至中學生¥210
網 www.morikirara.jp
電 (81)0956-28-0011　泊有
註 16:30動物會開始休息；冬季12月至2月動物則16:00開始休息
交 JR佐世保乘市營巴士(5號巴士站)約25分鐘，於動植物園前下車；或九十九島Pearl Sea Resort駕車約5分鐘

海の中道

這個國營的海浜公園以花、海洋和動物為主題，佔地超過292公頃。最多遊人逗留當然是大得有點恐怖的花畑迷宮，四季都開著不同品種的花卉，遊人置身花海感覺很震撼，又或坐在摩天輪上欣賞，可以看到更廣闊的花畑。如果是一家大細到來，小朋友們定必樂透了，因為在「子供広場」有巨型戶外彈牀、繩網、超長滑梯、水上滾球等等，又有玫瑰園、水の廣場……到處都是小朋友的歡笑聲。

▲ 旁邊有一個私營海洋博物館（Marine World），館內有多達350種海洋生物的水族館。

◀「動物の森」吸引很多大小朋友

MAP 別冊 M16 C-1

地 福岡県福岡市東区大字西戸崎18-25

時 3月至10月09:30-17:30；11月至2月09:30-17:00

休 12月31、1月1日及2月第一個星期一及翌日

金 大人¥450、65歲以上¥210、中小學生¥80、小學生以下免費(水族館¥2,300)

網 uminaka-park.jp

電 (81)092-603-1111　泊 有（¥520）

註 要留意園內頗大，若果要遊走花畑玩摩天輪，可以在西口泊車，只要付一次泊車費用¥520，留起收據就可以自由於園內各個停車場任泊。

交 JR博多站乘車到香椎站轉車，到達海ノ中道站；天神郵局前乘西鐵直通巴士約60分鐘，於マリンワールド海の中道下車步行3分鐘；博多駕車約30分鐘

夏季期間開放的嬉水區

▲ 超長的滑梯不是人人都夠勇氣挑戰

WOW! MAP

7 親子必到蒲點

麵包超人館

博物館位於博多リバレイン商場的5及6樓，館內劃分了10個區域，當中最人氣的是位於中庭位置的麵包超人廣場，內有小朋友瘋玩的繽紛滑梯、巨型麵包超人彈彈波等，而每日更有4場的表演，讓各位粉絲可以近距離和他們見面。另一邊廂有佈置成不同場景：寫真館、料理店等讓大小朋友們拍照。

▲ 麵包超人Ball Park，要一起來嗎？

▲ 小朋友都興奮和主角合照

麵包超人巨型堆沙池

MAP 別冊 **M03 C-2**

地 福岡県福岡市博多区下川端町3-1
　博多リバレインモール 5・6F
時 夏季10:00-18:00 (最後入場
　17:00)、冬季 10:00-17:00 (最後
　入場 16:00)
金 1歲以上¥1,800　　泊 有 (付費)
休 1月1日
網 www.fukuoka-anpanman.jp/
電 (81)092-291-8855
交 地下鐵中洲
　川端站6號
　出口直達

列車展示場
這架古董蒸氣火車曾於昭和時代行駛

九州鉄道鉄道公園

最受歡迎的是戶外的迷你鐵道公園，小朋友可以自己開着電車繞軌道行駛一周，讓小朋友體驗做JR車長的樂趣。

▶ 火車試駕
小朋友可在戶外的鐵道公園試駕火車，¥300一圈。

MAP 別冊 M06 B-2

⑧ ─ 人氣親子樂園

九州鉄道記念館

紀念館是由九州鐵道總公司的紅磚瓦屋子改建而成，單在館外已停有一架古老的蒸氣火車。全館分本館、列車展示場及鐵道公園3部份，有明治時期行駛的列車，內裡全是昔日的座位，車內播放音樂，也有模仿昔日場景的佈置。

地 福岡縣北九州市門司區清滝2-3-29
時 09:00-17:00 (最後入館16:30)
休 每月第2個星期三 (8月除外)；
　 7月的第2個星期三及四
　 (公眾假期則翌日休館)
金 大人¥300、中學生以下¥150、4歲以下免費
網 www.k-rhm.jp
電 (81)093-322-1006　泊 有 (收費)
交 JR門司港站步行約3分鐘

身型巨大的鯨鯊

⑨ ─ 佔地5層大型水族館

IOWorld
鹿児島水族館

IOWORLD鹿兒島水族館位於渡輪碼頭隔鄰，館內有約500種海洋生物，有水族館常客海豚、珊瑚魚、水母、鯨鯊和蜘蛛蟹等。在黑潮海域中，可看到巨型的鯨鯊和魔鬼魚等大型魚類在身邊游來游去，令遊人嘆為觀止。

MAP 別冊 M22 B-1

▲ 海豚表演很受遊客歡迎

▲ 胡麻斑海豹在水槽中自由穿梭

地 鹿児島市本港新町3-1
時 09:30-18:00(最後入場17:00)
　 夜の水族館期間營業至21:00
休 12月第一個星期一起4天
金 大人¥1,500、中小學生¥750、4歲以上¥350
網 www.ioworld.jp
電 (81)099-226-2233　泊 有
交 市電水族館口站下車，步行約8分鐘

熊本熊OFFICE

◀接受完私人訪問，他便忙著登台了，甫上場即引來粉絲們歡呼。

⑩ 超人氣齊齊跳舞減肥

熊本熊広場

位於熊本市的くまモンスクエア（Kumamo Square）此為熊本熊日常的工作地點，內置牠專用的「營業部長室」及最新的相關情報，每逢周末及假期，熊本熊都會親自駐場辦理事務，當然最令人興奮的是星期六日及假期的跳舞時段，牠會超近距離和大家一齊跳舞玩遊戲。

MAP 別冊 **M09 C-2**

時：10:00-19:00
網：www.kumamon-sq.jp
電：(81)096-327-9066
註：網站有登出熊本熊當值的日期及時間，粉絲們出發前記得check check；另由於有入場人數限制，建議大家早30分鐘到場
交：熊本市水道町下車，步行約2分鐘。

地：熊本県熊本市中央区手取本町8-2 テトリアくまもとビル1F

⑪ 約你一起搭JR

肥薩おれんじ鉄道

月台上連汽水機都是牠嘜頭

行駛於八代至川內的熊本熊列車(おれんじ鉄道)，分1號和2號列車，若果真的想拍照試坐的話，推介大家於八代站上車，乘車到日奈久溫泉，然後到日奈久溫泉逛逛，再回熊本市。兩站之間有大約15分鐘車程，足夠各位過個癮。火車上有熊本熊坐在窗邊位，座位上也有牠的公仔，四周的佈置也很可愛。

車廂內外鋪天蓋地都是熊本熊！

MAP 別冊 **M12 A-3**

地：熊本県八代市荻原町1-1-1(本社)
金：八代至日奈久溫泉車費為¥350
網：www.hs-orange.com
電：(81)0996-63-6860

註：網站內會公佈每月的熊本熊列車行駛時間表，大家出發前要留意
交：JR八代站旁的肥薩おれんじ八代站

10

11

若果平日到來，大半天可玩轉整個樂園呢！

▶ 看這個衝浪過山車濺起的水花，令你卻步嗎？

有些機動遊戲也很適合小朋友玩

這個木製過山車衝下來的一剎只聽到尖叫聲

12　特色機動遊戲樂園

城島高原
パーク

這個城島高原樂園雖算不上十分刺激，遊戲機種也不是最新的，可是它是大分縣內頗有看頭的主題樂園呢！園內最有代表性是那座由六萬多枝杉木造成、全日本首座木製過山車，過山車駛過時速度之快有點嚇人，加上木製的搖曳聲，令人忍不住尖叫起來，推介給有膽量的朋友們。而另一個必試的是摩天輪，可別少看它呀！它有些座位是半密封的，雙腳是凌空，升到最高處時，真的少點心血也不行呢！

MAP 別冊 **M13 B-3**

地	大分県別府市城島高原123番地
時	09:00-18:00(各季節略有不同)
休	不定休
金	入園大人¥1,500、3歲至小學生¥600；任玩Pass大人¥4,500、3歲至小學生¥3,600 入場門票+車輛通行證 大人¥4,800、小童¥3,900
網	www.kijimakogen-park.jp
電	(81)0977-22-1165 　　泊 有(¥300)
註	每月的開放時間略有不同，建議出發前先到官網查看
交	JR湯布院駕車約15分鐘；JR別府站乘巴士約35分鐘

WOW! MAP

餵獅子是最刺激的節目

▲ 這次坐的是犀牛巴士

13 走進非洲野生動物園探險

African Safari

這個日本版的非洲野生動物園可是有趣的體驗啊！如果是沒有駕車的朋友，定必推介你們預約坐上那幾部有可愛動物造型的Jungle Bus，它們有老虎、大象和犀牛造型，窗子都是用上不易破的玻璃和鐵枝，約50分鐘的旅程，遊人可以用長長的夾子穿過鐵枝餵動物吃食物，有山羊、熊、獅子和長頸鹿等，大多很溫馴，最嚇人的要算是獅子吧！因為當我們餵牠們時，張開那血盤大口，簡直連牙齒的銳利度也可看清！就算不坐Jungle Bus或駕車，也可到距離入口處數分鐘步程的であいの村看到袋鼠、松鼠猴、倉鼠和小白兔等可愛小動物，小朋友們更可以試乘迷你馬，沿著小牧場遊走一圈，當然如果只玩這區的話，是有點可惜啊！

金絲猴的樣子很可愛

▲ 適逢冬天，台灣來的遊客都很開心可以抱抱老虎BB。

であいの村內的袋鼠也很受歡迎

MAP 別冊 **M13 B-1**

地 大分県宇佐市安心院町南畑2-1755-1
時 3月至10月：09:00-16:30、
　 11月至2月：09:30-15:30 (閉園前半小時截止入場)
金 大人¥2,600、4歲至中學生¥1,500
網 www.africansafari.co.jp
電 (81)0978-48-2331
註 遊園的Jungle 巴士另加¥1,100；
　 4歲至中學生¥900，約50分鐘(可網上預約)
交 JR別府站西口乘龜の井
　 巴士約50分鐘，單程¥760；
　 東椎屋瀑布駕車約10分鐘

自駕小旅行

Self-drive tour in KYUSHU

不少遊人到九州都會自駕遊，以下介紹的路線都是沿著佐世保、平戶、豪斯登堡、九十九島和伊萬里等地、有人氣美景、美食、親子、體驗等，大家只要跟著玩，就會感受到一趟魅力的自駕小旅行！

福岡空港方向

唐津

上谷窯田
大山公園
伊万里市

平戶の聖地と集落
春日集落行

平戶城懷柔椿
松浦市

松浦 酒造

潜龍酒造
寿福寺

平戶市

大川内山
鍋島一

宇久島

長串山公園

佐々町

有田町

椿の浦海水浴場
姬の松原

小值賀町

西海国立公園
九十九島

九十九島
パールシーリゾート

佐世保駅

佐賀県立九州陶磁文化館
三川内
有田ポーセリンパーク・宗政酒造
嬉野
藝品館

佐世保市

展海峰

波佐見町

佐賀空

横瀬浦公園
ハウステンボス

梅ケ枝
酒造

川棚町

白岳公園
青砂ケ浦
天主堂

しおさい
の湯

道の駅
彼杵の荘

頭ケ島天主堂

長崎バイオパーク

JR千綿駅

東彼杵町

蛤浜海水浴場

新上五島町

西海市

大崎自然公園
くじらく館

音浴博物館

長崎空港

路線一

Day 1 **第1站**

美食、美景
自駕遊

揚名歐洲的工藝
大川內山秘窯の里

九州有名的陶瓷有田燒及伊萬里燒，享負盛名，在全盛時期更在大川內山生產出揚名國際的伊萬里鍋島燒，令歐州的貴族也趨之若鶩。大川內山現存有約30個窯戶，遊人在不只可在江戶風情的小街上散步，還可欣賞到國寶級的陶瓷，細味這三百多年的傳統歷史。

↑用來製作伊萬里燒的窯

→現存大川內山的窯戶以傳承伊萬里燒為重任

地：佐賀縣伊万里市大川內町
網：www.imari-ookawachi
　　yama.com
電：(81)0955-23-7293
交：福岡市駕車約1小時20分

第2站
午餐

←魚島来めし ¥850

感受療癒海風
海上屋台三軒屋

想來個特別的午餐，不如坐在船屋，一邊欣賞松浦灣的美景，一邊享受美食。找了一個靠海的座位，來了一客刺身飯，厚切的魚生，肉質爽甜鮮味，再呷一口鮮甜的味噌魚湯，好不滿足。

地：松浦市鷹島町阿翁浦免
時：11:00-22:00 (L.O. 20:00)
休：星期四
電：(81)0955-48-3251
交：大川內山秘窯の里駕車約1小時

塩俵斷崖周邊是一條可以看到藍天白雲和湛藍大海的自駕遊路線，大家在平戶駕車過了生月大橋，沿著生月島的西海岸線走就可看到此美景了！

1

2

WOW! MAP

站內的賣店較地道

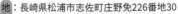

第3站 買點手信回家
道の駅
松浦海のふるさと館

這個站之站有一款用上100%天然食材製成的鹽味雪條，味道微鹹又帶點甜，是夏天消暑的好方法。若果午餐時間到來，也可以試下美味的鰤魚丼，它的肉質鮮甜味佳，冬季尤其肥美。

↑鹽味雪條
¥200

地：長崎縣松浦市志佐町庄野免226番地30
時：08:00- 19:00(各設施略有不同)
網：umihuru.com
電：(81)0956-72-2278
交：海上屋台三軒屋駕車約1小時10分鐘

カスドース
¥1,080/5件

第5站 町家打卡和菓子店
平戶蔦屋 本店

這間創業超過五百年的和菓子店保留了町家的裝修，傳統的和式榻榻米配上優雅摩登的飾櫃，新舊交融令人耳目一新，店內的カスドース是昔日平戶藩主的專屬和菓子，沾滿砂糖，帶著蛋黃香，味道獨特。

第4站 金門橋 平戶大橋

平戶大橋全長665米，連接九州本島的田平和平戶島，它鮮紅的橋身令人聯想到舊金山的金門大橋。在田平公園起點的那邊，自駕3分鐘到附近的平戶瀨戶市場逛逛。

地：長崎縣平戶市田平町小手田免834-4
網：www.nagasaki-tabinet.com/guide/50090
電：(81)0950-21-1977 (平戶瀨戶市場)
交：松浦道之站駕車約28分鐘

第6站 宿泊
治癒溫泉宿 (詳見P.361)
国際観光ホテル旗松亭
Kokusai Kanko Hotel Kishotei

↑店家的裝修是傳統和摩登的融合

地：長崎縣平戶市木引田町431
時：09:00- 19:00
網：www.hirado-tsutaya.jp
電：(81)0950-23-8000
交：平戶大橋駕車約5分鐘

田平公園眺望到的景色

WOW! MAP
3

4

5

6

第7站

三面環海 平戶城

面向平戶海峽的平戶城，位於平戶市街的東部，它於1962重建時，修復了天守閣、櫓等，遊人現今登上天守閣，可欣賞到平戶城三面被海包圍的天然堀、獨特的地理環境，也可眺望到平戶市街和平戶港的景色。

地： 長崎県平戸市岩の上町1458
時： 4月-9月：08:30-18:00、10月-3月：08:30-17:00
金： 18歲以上¥520；16至18歲¥310；15歲¥200
網： hirado-castle.jp
電： (81)0950-22-2201
交： 平戶大橋駕車約5分鐘；或旗松亭酒店駕車約7分鐘

第8站

日本百名之道 川內峠

川內峠除了是人氣的廣告拍攝地外，遊人沿著步道走，天朗氣清時更可欣賞到壹岐島和對馬島，秋季時佈滿金黃的芒草，美得令人屏息！

↑隨風飄舞的芒草

地： 長崎県平戸市大野町
網： www.city.hirado.nagasaki.jp/kanko/shizen/shi02.html
交： 平戶城駕車約12分鐘

第9站

美味平戶牛
SEA VIEW RANCH

欣賞過美景，駕車約10分鐘就可以到千里ヶ浜沙灘旁的Sea View Ranch，在這裡可以吃到美味的平戶牛。店家面向海灘，環境優美，午餐的平戶和牛扒肉質鮮嫩多汁，帶有濃厚的牛味，牛扒連鐵板上，保持熱度，惹味非常。

↑平戶和牛ステーキ ¥3,300

地： 長崎県平戸市川内町35
時： 09:00-17:00
網： h-svr.com
電： (81)0950-24-2338
交： 川內峠駕車約10分鐘

7　8　9

WOW! MAP

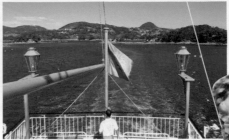

←站在甲板欣賞桂島、牧島等景色

↓大家還可以將採得的珍珠加工成喜歡的首飾

路線二：
親子玩樂自駕
Day 1

第1站 九十九島海上遊輪
珍珠皇后號

親子遊到來最有趣的當然是坐上遊覽船，當天坐上了珍珠皇后號，在約50分鐘的航程上，遊人可以近距離欣賞九十九島的美景，海天一色的景緻，令人難忘。坐過船後，大家還可以到水族館海きらら入面體驗採珍珠(¥650)，可以把採到的珍珠帶回家。

↑晴天的日子，坐船的遊人總是非常熱鬧

地：長崎県佐世保市鹿子前町1008
時：10:00、11:00、12:00 (季節限定)、13:00、14:00、15:00 (遊覽船航班隨季節不同)
金：大人¥1,800、4歲至中學生¥900(遊覽船)
網：pearlsea.jp/information
交：JR佐世保駕車約10分鐘

第2站

海上生蠔即燒即食
海上牡蠣小屋

到九十九島玩樂完，大家可以順道駕車到這間特色的海上蠔屋。簡樸的船屋上，試了一個九十九島套餐，套餐包了一公斤的新鮮燒蠔、一碗海鮮湯、兩個燒蠔笹飯。店家的生蠔新鮮肥美，在炭爐上烤上數分鐘已瀉出鮮甜的蠔汁，肉質嫩滑，口感飽滿，以這個價錢吃一頓燒蠔，真的超值呢！

地：長崎県佐世保市船越町944
時：09:00-17:00
網：marumo99.jp/kaijoukakigoya
電：(81)0956-28-0602
交：九十九島水族館駕車約12分鐘

夏九十九島セット ¥2,500

↑炭烤蠔更能保持生蠔的鮮味和蠔汁

↑在船上吃燒蠔，別有一番風味

第3站 歐風主題樂園
豪斯登堡 (詳見P.218)

午餐過後，遊人可以駕車到豪斯登堡主題公園玩樂，入夜後還有精彩的亮燈呢！

交：海上牡蠣小屋駕車約35分鐘

↓レモンステーキセット ¥1,480

↑店內裝修很有復古味道

地：長崎県佐世保市吉福町172番地1号
時：11:00-14:30 (L.O.14:00)、
　　17:00-21:30 (L.O.21:00)
休：星期一
網：www.jidaiya.ne.jp
電：(81)0956-30-7040
交：豪斯登堡主題樂園駕車約20分鐘

第4站 老牌人氣扒屋
時代屋

佐世保人很喜愛食檸檬牛扒，時代屋是其中一間出名的，也是檸檬牛扒的始祖。生熟度剛好的牛扒和著薄薄的檸檬在鐵板上傳來酸甜的香味，牛扒厚薄剛好，肉質鮮嫩多汁，難怪吃完牛扒後，大家會把白飯拌到鐵板的醬汁上，大口大口地吃著！

第5站 宿泊
國立公園內的酒店
弓張の丘ホテル

這間位於西海國立公園內的酒店，距離佐世保JR站只要15分鐘車程，四周環境謐靜優雅，大堂的有玻璃的屋頂，柔和的陽光和室內的燈光交織成有質感的畫面，同時也可看到治癒的海景；房間以洋式為主，早餐有和洋選擇。早晨時走到酒店的觀景台時，可飽覽佐世保市街和九十九島的景色。

↑酒店有泳池，也有觀景台

地：長崎県佐世保市鵜渡越町510番地
金：雙人房 ¥24,200/晚
網：www.yumihari.com
電：(81)0956-26-0800
泊：有
交：JR佐世保站乘車約15分鐘

↓一邊享美食，一邊看美景

↑洋式的雙淋房間附有小露台

↑在觀景台可看到九十九島美景

Day 2

第6站
日本三大漩渦奇景
西海橋公園

公園內不只可以看到西海橋，三、四月到來還可看到櫻花。新西海橋車道下設有遊步道，配合潮汐時間，可看到廣闊的大村灣海水流入狹窄針尾海峽而成的、大量的急潮漩渦。

地：長崎県佐世保市針尾東町2678
網：saikaibashi.com
電：(81)0956-58-2004
交：弓張之丘酒店駕車約35分鐘

↑配合潮汐時間，會看到大量的漩渦

WOW! MAP
5   6

第7站

大小朋友也盡興
佐世保五番街

這個五番街商場就佇立在港口旁，商場內有男女服飾、文具、食店和超市等，大家可以早上到來逛街血拚，買零食、手信、衣飾都一應俱全，順道享受一個悠閒的午餐。

地：長崎県佐世保市新港町2-1
時：10:00- 21:00(各店略有不同)
休：各店不同
網：sasebo-5bangai.com
電：(81)0956-37-3555
交：西海橋公園駕車約25分鐘

↑場內特色小店較多

↑喜歡日系小物的朋友定要逛逛 INCUBE，內有妝物、文具、玩具和小家品

↑日本米造的面膜 ¥650

→アンガスリブロー スレモンステーキセット¥2,780

人氣之選
Lemoned Raymond

檸檬牛扒是繼佐世保漢堡後另一必吃美食，這店家的檸檬牛扒用上安格斯牛肉，微酸的檸檬拌著醬汁更突顯肉味，果酸的味道提升了牛肉的鮮嫩，加上可能檸檬解膩，很快就吃清了！食店更有提供可愛的兒童餐及其他午餐選擇呢！

↑裝修優雅，明亮舒適

地：商場內 TERRACE ZONE 2F
時：11:00- 22:00
網：lemoned-raymond.com
電：(81)0956-76-8108
交：佐世保五番街商場內

↑坐靠窗的座位還可以欣賞到港口夜景

西海橋公園看到的美景

悠閒體驗
自駕遊

Day 1

梯田美景
鬼木棚田

來鬼木鄉除了可欣賞到景色獨特的梯田外，每到秋季更有特色鬼木梯田祭，這裡可看到接近一百個表情、動作誇張的稻草人，讓客人體驗不一樣的田園美景。

↑入選日本一百梯田的鬼木棚田

地：長崎縣東彼杵郡波佐見町鬼木鄉
網：hasami-kankou.jp/archives/1161
交：有田站駕車約15分鐘

↓南創庫的陶瓷都是日常的生活小品

手作陶瓷之旅
波佐見町 西の原

波佐見町可以說是手作陶瓷之故鄉，這裡的陶瓷文化已有四百多年歷史，西之原昔日是有歷史的工場，現已變成cafe、手工藝店，更多的是售賣波佐見燒陶瓷、人氣的手繪陶瓷、就連少見的「紀窯」和「京千」也會找到！

←↓波佐見燒的姆明碗
¥2,200

地：長崎縣東彼杵郡波佐見町井石鄉2187-4
時：11:00- 18:00(各店不同)
休：各店不同
網：24nohara.jp
電：(81)0956-76-7163
交：鬼木之棚田駕車約6分鐘

↑「HANA わくすい」店內的商品都是極少量生產的

やきもの公園有如一個戶外博物館

WOW! MAP

1　　2

水豚君泡湯的樣子萌爆

第3站

戶外窯爐
やきもの公園
世界の窯

窯爐在陶瓷製作中有著十分重要的角色。在這個公園內，遊人可以看到十二個從古代到現今的稀有窯爐：朝鮮半島、歐洲、英國南部等的窯爐，也可了解它們的歷史和製作技術。

地：長崎県東彼杵郡波佐見町
　　井石郷2255-2
時：08:30- 17:00
網：hasami-kankou.jp/archives/
　　1048
交：波佐見町西の原步行約6分鐘

第4站

重拾童真
長崎バイオパーク

在Bio Park遊人們可以近距離觀察各種動物的生活形態，也可以親手餵養牠們。最受歡迎的當然是樣子呆呆卻萌得可愛的水豚君，牠們泡湯的樣子十分趣怪，難怪吸引大小朋友和牠們打卡！

美洲駝在門口恭迎遊人

地：長崎県西海市西彼町中山郷2291-1
時：10:00- 17:00(最後入園16:00)
休：天氣不佳時會臨時休息
金：大人¥1,900、中學生¥1,300、
　　3歲至小學生¥900
網：www.biopark.co.jp
電：(81)0959-27-1090
交：JR豪斯登堡站駕車約30分鐘；或豪斯登堡站前的Lorelei酒店(途經豪斯登堡入口大樓前)乘免費接駁巴士到達(要預約)

大堂的裝修和水晶燈都很高貴

↑早餐款式豐富

↑不論熱葷還是沙律都選擇很多

悠閒異國風情

第5站 宿泊

豪斯登堡ホテルアムステルダム
Huis Ten Bosch Hotel Amsterdam

這間位於豪斯登堡主題樂園內的阿姆斯特丹酒店，入住這裡除了方便進入園區玩樂外，酒店內的設施完備，格調高雅，不論大堂、房間或是長廊都透著歐陸的異國風情。房間寬敞、裝修雅致，窗外可看到園內獨特的異國景色，值得

一試的是餐廳A Coeur Ouvert的早餐，選擇極多：茶漬飯、新鮮烘焙的麵包、當地產的野菜、水果、芝士等等，豐富得有如晚餐一般，大家入住時，記得一試。

地：長崎県佐世保市ハウステンボス町7-7
金：雙人房 ¥53,240起/晚
網：www.huistenbosch.co.jp/hotels/am/index
電：(81)0570-064-110　　泊：有
交：JR豪斯登堡站步行約20分鐘

酒品有不同味道，大家可以買到適合自己口味的

第6站

Day 2

酒廠參觀
梅ヶ枝酒造

離開酒店後，大家可以到這間酒廠參觀一下。如果有時間可預約參觀見學，了解釀製日本酒、燒酎的過程：製造的原料、發酵、包裝等，然後再到店內淺酌不同的酒品，買點人氣的手信回家。

地：長崎県佐世保市城間町317番地
時：09:00- 18:00(賣店至17:00)；見學10:00- 12:00、13:00- 16:00(約30分鐘)
網：umegae-shuzo.com
電：(81)0956-59-2311（電話預約見學）
交：豪斯登堡酒店ホテルアムステルダム駕車約15分鐘

第7站

川棚大崎溫泉
しおさいの湯

沿著205公路駕車約15分鐘就可以來到這個日歸溫泉，遊人可以邊泡溫泉，邊欣賞大村灣的美景。度過一個悠閒的早上後，大家可以到食堂「音ヶ瀬」吃午餐，享受謐靜的一天。

地：長崎県東彼杵郡川棚町小串郷237
時：09:30-21:00 (最後入場20:20)
休：每月第2個星期三
金：大人¥600、3歲至小學生¥350
網：shiosai.kankou-kawatana.jp
電：(81)0956-82-6868
交：梅ヶ枝酒造駕車約15分鐘

←露天溫泉
面向大村灣

WOW! MAP

5

6

7

走遠一點點

島旅一：
放空的島之旅
小值賀島

天然奇景海蝕洞五両懸崖

↑佐世保港九州商船售票處

小值賀島被選為日本最美麗村莊之一，島上民風純樸，島有海天一色的柿の浜沙灘、歷史古蹟長壽寺、海蝕洞五両懸崖、長崎鼻、神秘的紅色沙灘－赤浜沙灘等，若果累了也可以找間café、食店來個謐靜而美味的午餐。除了觀光，島上也有活版印刷、壓壽司、釣魚等有趣體驗，大家如果想體驗不一樣的島上風景，可以提前預約呢！

↑遊人可在碼頭租借單車 ¥500/6 小時

赤浜沙灘的紅色細砂

地：長崎縣北松浦郡小值賀町
網：ojikajima.jp/tourlism/1196.html
電：(81)0959-56-3111
註：部份店家會於周末、假期休息
交：佐世保港乘高速船約1小時30分到小值賀港
　　（九州商船船費來回大人¥6,620、小童¥3,320 (船費每月不同)）

島旅二：
世界遺產之旅
新上五島

↓白草公園的夕陽美景

在新五島町上有大大小小29個天主教教堂，每個教堂的風格迥異，其中最人氣的位於頭島的罕見的石教堂－頭島天主教堂，它位處於世界文化遺產的村落中。此外島上也有美得令人屏息的蛤濱沙灘和可以看到絕景日落的白草公園。島上有觀光巴士行駛主要觀光點、食店及手信店，大家如果想體驗一下悠閒的島旅，定必要到來看看。

↑島上的鹽味雪糕是必試的

地：長崎縣新上五島町有川鄉428-31
網：shinkamigoto.nagasaki-tabinet.com
電：(81)0959-42-0964
交：佐世保港乘高速船約1小時25分到有川港
　　（九州商船船費來回大人¥6,620、
　　小童¥3,320 (船費每月不同)）

↑只有船才可以到達的基督教洞穴

WOW! MAP

小值賀島　　新上五島

必買手信清單

九州包含了福岡縣、熊本縣、大分縣、宮崎縣、佐賀縣、長崎縣和鹿兒島縣，各個地區都有自己的特色美食，以下立即為大家介紹！

大分縣

A Miffy罐頭麵包 ¥745
保存期較長，可用作防災用品的罐頭麵包。

A Miffy Danish ¥693
造型可愛的Miffy盒裝長麵包，每日限定40個。

B 謎のとり天せんべい ¥1,260/30塊
因「很多縣外人原來從未吃過雞天婦羅」，因而誕生的大分縣「特產」——雞肉天婦羅脆餅。

熊本縣

C 三毛貓珈琲ノ友 ¥850
以和三盆糖製作的貓咪糖可掛在杯子上。

D SL人吉 58654 本格燒酎織月 ¥3,330
以SL人吉列車為器皿，裡面裝著的是創業逾百年的熊本織月酒造代表作「本格燒酎 織月」。

D くまモン型 型ぬきバウム ¥540
熊本熊造型的年輪蛋糕，中央的熊本熊可以「脫糕而出」，非常盞鬼。

E 誉の陣太鼓 ¥1,296
お菓子の香梅的出品，是熊本縣標誌性菓子，輕甜淡雅的北海道紅豆與中央軟糯的求肥十分匹配。

宮崎縣

E 栗利久－雅－ ¥3,900（需冷藏）
連皮栗子混合栗子醬再加入黑糖羊羹，是味道高雅的甜點。

G 宮崎芒果朱古力夾心餅 ¥939
百分百以宮崎縣產芒果醬混合朱古力，堪稱宮崎的代表手信。

G 桝本辛麵 ¥600
源自宮崎縣延岡市的居酒屋料理，辛辣的醬油湯底配以大蒜、韭菜、肉碎，讓人直叫過癮。

A Miffy Mori no Bakery
地 大分県由布市湯布院町川上ソノ田1503-8
時 09:30-17:30
　（冬季12/6-3/5至17:00）
網 miffykitchenbakery.jp
電 (81) 0977-76-5960
交 JR由布院站步行約15分鐘
MAP 別冊 M14 C-1

B おんせん市場
地 別府市北浜2-9-1, 1F
時 10:00-19:00
網 www.tokiwa-dept.co.jp/beppu
電 (81) 0977-23-1111
交 JR別府站步行約8分鐘
MAP 別冊 M15 B-3

C 北野エース KITANO ACE
地 熊本県熊本市西区春日3-15-26, AMU Plaza,1F 30號店
時 10:00-21:00
網 www.ace-group.co.jp
電 (81) 096-342-6384
交 JR熊本站步行約兩分鐘
MAP 別冊 M08 A-3

D 銘品蔵熊本
地 熊本県熊本市西区春日3-15-30, 肥後よかモン市場, 02-1F
時 07:00-21:00
網 www.jr-retail.co.jp/business/meihin.php
電 (81) 096-351-3187
交 JR熊本站內相連
MAP 別冊 M08 A-3

佐賀縣

E 松露饅頭 ¥1,188
來自大原老舖的手工製紅豆饅頭，需要在鐵板上逐顆精心烘烤而成，豆沙清雅美味。

長崎縣

F フクサヤキューブ ギフトセット ¥729
390多年歷史的長崎蛋糕店福砂屋推出的禮盒裝，一盒兩件剛剛好。

福岡縣

E ひよ子家族 ¥1,137
菓子舖吉野堂出品的小雞造型饅頭，特別版有齊老中青小雞家族。

E めんべいプレーン ¥600
香口的福太郎明太子脆餅，價格親民，另有雞皮、蝦皮、洋蔥、蛋黃醬和咖哩等口味。

SANRIO
二〇加煎餅 ¥864
明治39年（1902年）創業的鄉土菓子老店東雲堂新作，以一眾SANRIO角色製成烤雞蛋煎餅。

Fondant Fromage熔岩芝士蛋糕 ¥2,160（需冷藏）
赤い風船的半熟芝士蛋糕取用阿蘇牛奶製作，流心芝士香滑美味，被評為必買手信之一！

鹿兒島縣

H 深むし茶 吟 ¥594/50g
仁田尾知覽茶園自家出品的深蒸茶，味道帶清香。

H 白熊布甸 ¥880/8個
由鹿兒島夏季必吃的刨冰演變而來，煉奶布甸加入顏色鮮艷的蜜柑、士多啤梨和紅豆等配料。

H 唐芋生蛋糕 ¥980/5個
使用鹿兒島產番薯製成，可嘗到柔滑的番薯蓉口感。

H 軽羹 ¥1,404/8件
由1854年創業的明石屋出品，僅由淮山、米粉和糖製成的點心，質地濕潤柔軟，是世代相傳的鹿兒島特產。

E

博多駅名店街
インフォメーション
地 福岡県福岡市博多区博多駅中央街1-1, マイング 1F
時 09:00-21:00
網 www.ming.or.jp/floorguide/
交 JR博多站內相連
MAP 別冊 M03 D-2

F

カステラ本家 福砂屋
地 長崎県長崎市船大工町3-1
時 09:00-17:00
休 星期三
網 www.castella.co.jp
電 (81) 095-821-2938
交 市內電車案橋站步行約3分鐘
MAP 別冊 M17 B-4

G

きらめき市場
地 宮崎県宮崎市錦町1-8 アミュプラザみやざき
時 07:00-20:00
電 (81) 0985-34-9160
交 JR宮崎站內相連
MAP 別冊 M25 B-2

H

みやげ横丁
地 鹿児島県鹿児島市中央町1-1
時 09:00-20:00
電 (81) 099-812-7660
交 JR鹿児島中央站內相連
MAP 別冊 M22 A-2

SP**107**

人氣雜貨篇

相比起重重複複的用品，更想買到當地的特色產品吧？無論是各縣的傳統鄉土玩具，還是僅在該區才可買到的限定商品和護膚品，每件都值得欣賞和收藏，敬請帶備足夠銀彈掃貨！

大分縣

Miffy造型單肩包 ¥2,200
帶著微微烘焙顏色的Miffy令人難以抗拒！

J
臼杵燒稜花蓮弁皿
¥5,500
復原自江戶時代留傳下來的傳說陶藝，素淨的碟身模仿蓮花波動盛開的美態。

B
別府温泉 ファンゴ
¥1,320
優質温泉礦泥可潔淨肌膚同時保持水潤緊緻。

B
別府温泉化粧水 ¥1,650
採用富含礦物質的別府温泉水，無色素及香料成份，可美肌保濕，令皮膚緊緻有光澤。

熊本縣

子抱猿 ミニ
¥1,925
I
相傳供奉春日大明神的紅土變成了一隻猴子，後來演變出這隻被視為辟邪、消災的守護猴。

南瓜鎖匙扣 ¥2,530
K
草間彌生最具標誌性的南瓜造型，有橙黃色和紅色兩種。

C
日本製高桑金屬不鏽鋼香蕉餐具套裝
¥1,320
日本高桑金屬出品的餐具套裝，配上香蕉紙盒包裝，叫人不禁大呼可愛！

おまち堂中華食器餃子皿 ¥1,540
C
一套3種印有龍、鳳和嬉戲小童圖案的餃子碟，可愛的畫風有莫名喜感。

I
うなぎの寝床
地 福岡県福岡市博多区那珂
6-23-1, Lalaport福岡1F
時 10:00-21:00
網 unagino-nedoko.net
電 (81) 092-586-7860
交 乘西鐵天神大牟田線至「竹下」站，步行約10分鐘

MAP 別冊 M03 D-3

J
別府竹工芸とクラフト ショップ ICHIZA
地 大分県別府市駅前町12-13, B-Passage
時 09:00-20:00
網 ichiza.net
電 (81) 0977-84-7789
交 JR別府站直達

MAP 別冊 M15 B-3

K
熊本市立現代美術館
地 熊本県熊本市中央区上通町
2-3, びぷれす熊日会館3F
時 10:00-20:00　**休** 星期二
網 www.camk.jp
電 (81) 096-278-7500
交 乘熊本市電車「通町筋」站下車，步行約1分鐘

MAP 別冊 M07 A-2

鹿兒島縣 **L**

オッのコンボ ¥495
鹿兒島的民間守護神，放在廚房可帶來好運，守護家人健康和幸福。

I
招き猫 紫よだれかけ
¥5,280
大正時期相傳由狐狸幻化成的招財貓，可保祐生意繁榮。

福岡縣

モマ笛 ¥1,980
從平安時代開始製作的貓頭鷹陶笛，傳說吹奏這種笛子可保祐呼吸道和食道健康。 **I**

宮崎縣 **I**

くじら土鈴 ¥1,540
鯨魚陶器據說是母親祝願孩子能像鯨魚一樣健康強壯地成長而創出的玩具。

I
稻荷駒 ¥3,344
二戰後旨在為鬱悶的社會帶來樂趣而誕生的陶偶，在德稻荷神社作為護身符和開帶擺設而廣受好評。

佐賀縣

M
天然長崎椿オイル
¥2,640/120ml
由五島椿本舖製作的純天然山茶花油，除了可用來護髮，亦可用於臉部或身體保養。

長崎縣

I
水鳥笛 ¥2,200
尾崎人形是最古老的鄉土玩具之一，據說是鎌倉時代被俘虜到蒙古的士兵因想念故鄉而製作的笛子。

L

everyday/homestore
地 福岡県福岡市博多区那珂
　 6-23-1, Lalaport福岡1F
時 10:00-21:00
網 www.everyday-homestore.com
電 (81) 092-558-6464
交 乘西鐵天神大牟田線至「竹下」站，步行約10分鐘

MAP 別冊 **M03 D-3**

M

長崎雜貨
地 長崎県大村市箕島町593,
　 MiSoLa海空2F
時 06:45-20:30
電 (81) 0957-52-5551
交 長崎空港2樓國內線出發閘口附近

MAP 別冊 **M18 B-1**

九州
限定

● 活力城市

福岡縣

fukuoka ken

往來福岡縣交通

鹿兒島中央站	🚄 新幹線さくら 約1小時38分鐘 指定席¥14,100	福岡 博多站
熊本站	🚄 新幹線 約39分鐘 指定席¥7,300	
鹿兒島中央站前	🚌 櫻島號 約4小時10分鐘 ¥6,000	博多站 交通中心
熊本交通中心	🚌 九州⊠交巴士/宮崎交通 約2小時3分鐘 ¥3,770	

福岡縣可說是一個充滿活力的大都會，除了熱鬧非凡的的福岡市、保留昔日歐式風格的門司港，也有指定文化遺產的太宰府，遊人可以一次過在福岡縣感受不一樣的味道！尤其福岡市內有很多血拼的熱點，喜歡shopping的朋友一定買個欲罷不能！

福岡縣旅遊資料

來往福岡縣的交通

福岡空港為九州主要的國際機場，大多遊九州的朋友也會選擇在福岡空港下機。

■新幹線
自 2011 年 3 月九州新幹線開通後，每天平均有 35 班列車來往博多至鹿兒島中央站，全程最快只要 1 小時 18 分鐘。而由北九州小倉前往博多最快亦只要 16 分鐘，想到門司港只要在小倉轉 JR 約 10 至 15 分鐘就可以了。

■長途高速巴士
每天有多班長途巴士「櫻島號」來往鹿兒島至福岡，每天有 24 班往返，全車為指定席。除了鹿兒島，熊本同樣有長途巴士前往福岡，遊人可參考書內各區的交通頁。

福岡縣內交通

■福岡空港交通

地下鐵 福岡空港位於市區內,同時空港國內線的第2航廈與地鐵相連,由空港到博多站只要5分鐘,而到天神區也只要10分鐘,單程車費同樣為¥260,每隔數分鐘便有一班,頭班車由早上05:45開始至凌晨0:00。各位朋友在國際線下機後可乘搭免費接駁巴士到國內線大樓乘地下鐵,需時約15分鐘,每隔10分鐘一班。

巴士 在國際線大樓的1樓有高速長途巴士前往九州其他縣—長崎、熊本、佐賀等。在國內線的第2航廈巴士站,主要是由空港到福岡市中心,到博多站車費¥270,需時約18分鐘;也有高速巴士往小倉、佐賀、湯布院、別府、唐津、伊萬里和黑川溫泉等地。

的士 國際線及國內線均有的士站,若交通暢順的話,由空港到博多站約15至18分鐘,車費約¥1,500至¥1,800,可免卻搬運行李之苦。

自駕 各位如果已預約租車的朋友,租車公司一般都會有同事在等候接機或在巴士站附近等待,然後接載大家到公司取車及辦手續。想知有關福岡空港的詳細資訊,可以到以下網站: 🌐 www.fuk-ab.co.jp

■福岡市內地鐵

乘搭市內地鐵,其中3條線是最常用:橙色空港線—由福岡空港至姪浜;藍色箱崎線—由貝塚至中洲川端;綠色七隈線—由天神南至橋本;每天由早上約5時30分開始運行至凌晨12時25分,每隔4至5分鐘一班。以下是常用車站的乘車時間作參考:

福岡空港 → 博多:5分鐘	博多 → 祇園:1分鐘	祇園 → 中洲川端:1分鐘

💰 1 Day Pass:大人 ¥640、小童 ¥320
遊人可參考下列地鐵路線圖:
🌐 subway.city.fukuoka.lg.jp/cha/route/deta/map.pdf

■福岡西鐵

各位要留意市內地鐵主要行駛福岡市內,而西鐵是行走遠一點的地區,例如:太宰府、久留米、新宮和柳川等地。西鐵主要分2條主要路線:西鐵天神大牟田線(太宰府/甘木線)和貝塚線。其中西鐵的天線大牟田線是和市內地鐵的天神站(地下鐵空港線)和藥院站(地下鐵七隈線)交疊;而西鐵中的貝塚線的貝塚站和地下鐵箱崎線的貝塚站交疊;遊人可以在這兩個地鐵站接駁西鐵前往更遠的地區。

🌐 www.nishitetsu.jp

■市內循環巴一福岡都心

除了地鐵外，遊人也可以選乘圍繞博多站及天神市中心的巴士，每天由博多站前－川端町/博多座前－西鐵天神站－博多運河城等熱門shopping地點；每程只要¥150，遊人可自由乘搭。

網 www.nishitetsu.jp

旅遊資訊

福岡公式City Guide

有不同地區的景點、歷史、交通、節日、食宿及店鋪資訊。(日文、繁體中或英文)

網 yokanavi.com

柳川市觀光協會

有地區的活動、觀光、物產、交通、天氣、節日、住宿資訊。(日文)

網 www.yanagawa-net.com

北九州市旅遊資訊網

提供北九州的的觀光、地圖和交通資訊。(日文、中文或英文)

網 ww.gururich-kitaq.com/tw

■福岡縣節日

時間	節日	內容	地點
1月7日	鬼燻祭	日本三大火祭之一，藉着大火驅鬼	太宰府天滿宮
1月8-11日	十日惠比須	連續4晚會有善信參拜，有小攤檔及藝妓表演	博多区東公園十日惠比須神社
2月3日	節分祭	從江戶流傳至今的平安祈願祭，有灑豆和面具舞，還有小食攤和表演活動	東長寺及櫛田神社
5月上旬	博多海港節	有精心打扮小孩和不同舞蹈隊伍的巡遊，也有藝能表演	博多
5月最後周末	門司港祭	有慶祝遊行和香蕉大拍賣	門司港
7月1日至15日	博多祇園山笠祭	有大型的山笠巡遊和歌舞表演，市內有大型的山車展覽	博多櫛田神社
8月第一個星期六日	百萬夏季祭典	有萬多人參加的舞蹈及花火表演	小倉城周邊
9月下旬	宮地嶽神社秋季大祭	感謝五穀豐收的祭典，有模仿神明列隊視察田地，也有歌唱表演及花火大會	福岡宮地嶽神社
11月中旬至2月中旬	門司港懷舊彩燈會	在門司港市街會亮起節日燈飾，充滿異國情懷	門司港

福岡市
Fukuoka-shi

必見！
柳橋
連合市場

往來福岡市交通

福岡空港			
	空港巴士 約15分鐘 ¥270		博多站
	地下鐵 約6分鐘 ¥260		
	地下鐵 約12分鐘 ¥260		天神站
熊本交通中心	九州産交バス/宮崎交通 約2小時3分鐘 ¥3,770		博多站交通中心

來到福岡市可體會五光十色的熱鬧，同時也可感受傳統古街道的優雅，可說是新舊融和的大都市。福岡是九州最熱鬧的城市，它的交通四通八達，亦是大多數遊人的落腳點。

市場內有大量新鮮魚穫

① 另類shopping愛好者
柳橋連合市場

若果想融入福岡人的生活，可以到柳橋連合市場看一看。這個十字型的市場，是日常福岡市民的「蒲點」，每天一早就會擠滿買餸的本地人，東西長約120米，南北長約90米，有40多間店舖，每天店舖會售賣最新鮮的海鮮、蔬菜和生果，價錢比一般的商店更平。聽着店主的叫賣聲，遊人可以充份體驗福岡人的活力。

MAP 別冊 **M03 C-2**

地	福岡市中央区春吉1-6-1
時	08:00-18:00 (各店不同)
休	星期日及假期　泊 有 (收費)
電	(81)092-761-5717
網	yanagibashi-rengo.net
交	地下鐵渡邊通站步行約3分鐘

海鮮丼 ¥800
刺身顏色新鮮，口感亦一流！

①a 人氣海鮮丼 柳橋食堂

位於35號店的柳橋食堂，店內有人氣海鮮丼，只要¥800，附有三文魚、吞拿魚和鯛魚刺身，基本上不用加入任何調味，已可吃出魚肉鮮味，價錢便宜，絕不將價就貨。

地	35
時	09:30-15:30
休	星期日及公眾假期
電	(81)092-761-1811

WOW! MAP

1b 近一世紀麵包屋
高島屋

以和菓子批發起家，高島屋自1952年營業至今，由老闆娘製作傳統的和菓子和赤飯，亦有製作日常麵包、三文治、漢堡包等西式包點。店主推介的自家製紅豆麻糬，豆甜皮薄，極受歡迎，是僅在週六才買到的限定商品。

地	柳橋連合市場, 32
時	07:00-12:00
休	星期日及假期
電	(81)092-761-3462

←**紅豆麻糬（あんもち）¥170**
皮薄軟糯，紅豆餡留有原粒紅豆以保口感，味道香甜且有一抹鹹香以提升甜味。

↓**特上海鮮丼 ¥2,200**
魚生切得整齊，輕輕炙過的魚肉帶油香，一整匙的三文魚籽粒粒晶瑩，鮮度十足。

1c 鮮活料理
°F/CONCEPT

提供海鮮刺身、天婦羅等丼飯定食和居酒屋菜單，最受歡迎的是店內的海鮮丼，內裡的食材會因應當天各種魚介海產鮮度而有所變化，質素頗高。此外，店內的清酒酒藏亦相當豐富，喜歡小酌兩杯的朋友不妨留意。

↑**炸蝦丼（エビタワー丼）¥1,848**
因豐富的炸蝦數量而成為店內另一名物。

↑沙律由昆布、青瓜和番茄等材料製成，微酸的醬汁清爽開胃。

地	柳橋連合市場, 16
時	09:00-21:30 (L.O.20:30)
休	星期日
網	fconcept2020.wixsite.com/website
電	(81)092-753-9585

1d 家庭料理靈魂
高山漬物店

這間廣受居民和廚師歡迎的漬物店在1942年開店，提供使用本地蔬果的自家漬物，人氣商品有長時間發酵的高菜古漬、青色的清脆葫蘆漬ひょうたん和加入柚子醃製的ゆず大根等，作為伴飯配菜都非常適合。

→ 梅類漬物包括有田舍梅乾和紅梅漬。

↑雲仙おろし¥250/100g
以本地白蘿葡乾、昆布和芝麻醃製，是店內的人氣之選。

→ 中央凍櫃的漬物由老闆娘自製，她更會熱情地讓客人試吃呢。

地 柳橋連合市場, 18
時 06:30-17:00
休 星期日及假期
電 (81)092-761-4779

↓魚肉可樂餅（魚ろっけ）¥60/個
混入蔬菜、蔥和魚肉的炸物，口感外脆內軟，味道微微帶鹹。

↑加入鳴門卷和豚骨拉麵的炸魚餅，口感偏鹹偏乾，試一次就當滿足好奇心。

← 選好炸物之後老闆會幫忙加熱，非常貼心。

1e 魚餅專門店
高松の蒲鉾

日本的魚餅不外乎用各種海鮮製作，不過位於柳橋連市場的高松的蒲鉾卻添上無限創意，創作出與別不同的魚餅，例如有加入豚骨拉麵的「とんこつラーメレ天」、內藏整顆小番茄的「とまべえ」、章魚小丸子口味的「たこ天」，以及模仿花見糰子的三色魚丸「色串」，獨特的口味讓不少遊人都駐足研究。

地 柳橋連合市場, 25
時 06:00-16:00
休 星期日及假期
電 (81)092-761-0722

② 結合0101丸井百貨
KITTE

於2016年春天開幕的KITTE商場，是一個結合了0101丸井百貨，走年輕時尚路線的多層商場，場內1-8樓主要是專門店，售賣小品品、潮流服飾、休閒運動服、生活雜貨和書局等，特別的是B1食店樓層裝修仿如屋台的概念，別幟一格。

MAP 別冊 M03 D-2

地：福岡県福岡市博多区博多站中央街9-1
時：10:00-21:00；餐廳9F-10F11:00-23:00
（各樓層略有不同）
網：kitte-hakata.jp
泊：有（付費）
電：(81)092-292-1263
交：JR博多站旁

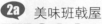

②a 美味班戟屋
THE Original PANCAKE HOUSE [2F]

美國家傳戶曉的老牌鬆餅屋，創辦人花費多年研究最美味的班戟食譜，每天鮮製的班戟麵糊幾乎不添加任何添加劑，使用天然酵母發酵3天，煎焗後再加入手工製忌廉和醬汁，製作出來的班戟蓬鬆香軟，可口非常。店內的班戟除了有經典的圓形鬆餅，還有充滿空氣感的疏乎厘鬆餅，以及德式鬆餅。

時：10:00-21:00 (L.O.20:15)
網：pancake-house.jp/p12-hakata
電：(81)0911-260-8009

→**Dutch Baby Pancake ¥1,518**
來自德國的焗鬆餅需要在焗爐慢慢烘烤，口感偏扎實，味道既有濃厚蛋香和牛油香，亦有清新檸檬酸，不會過膩或過甜，有一種微妙的平衡。

↓**雜果疏乎厘班戟（Fuwafuwa Pancakes）¥1,848**
輕盈蓬鬆的疏乎厘鬆餅也是不少食客的選擇。

↓麵包師會親自為在客人面前搽上牛油、檸檬汁和灑上糖霜，甚有驚喜！

WOW! MAP

（資料由客戶提供）

福岡縣

福岡縣資料

福岡市

太宰府・西新・中央區

小倉・門司港

系島

著名博多牛雜鍋專門店
博多もつ鍋おおやま KITTE博多店 [9F]

WOW! COUPON 優惠

↑おおやまセット1人前4,600元（含稅）最少2位起
套餐包括牛腸鍋、熊本直送的馬刺拼盤、長蔥博多明太沙拉、柔嫩牛腸、白菜泡菜、長崎炒麵等豐富套餐。

店舖起源於博多，目前在全日本擁有22家分店的著名牛雜鍋店。在福岡縣的銷售額位居第一，不僅受國內觀光客歡迎，也深受遊客的喜愛，因此經常排起長長的人龍。店舖使用九州產的牛為主要原料，只選用帶有最高品質油脂的年輕牛的小腸，每片約10克。這是為了確保牛腸的彈牙口感。店舖位於博多車站直結的KITTE博多9樓，另外，在博多車站周邊也開設了多達6家分店，交通便利。

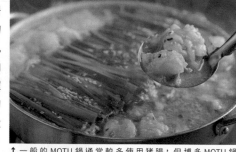

↑一般的MOTU鍋通常較多使用豬腸，但博多MOTU鍋OOYAMA用的是牛的柔軟內臟。再用自家製的柚子醬油進行調味，並搭配特製的柚子胡椒作及岩鹽調製而成，味道溫和而辣。

↓肉質柔軟，牛味豐富

地 福岡県福岡市博多区博多駅中央街9-1 KITTE博多9F
時 11:00-23:00(L.O.22:30)
休 不定休
網 www.motu-ooyama.com/foreign/chinese/
電 (81)092-260-6303

↑混合九州味噌和西京味噌等多種味噌，再加入了用昆布和鰹節精心熬制的高湯和ooyama特製醬汁。含豐富膠蛋白的彈牙牛腸與味噌融合在一起，帶來濃厚的風味，散發在口中。

WOW! MAP

博多もつ鍋おおやま

119

2b 令人幸福的美味雞皮
博多とりかわ大臣 [2F]

說到福岡最有名的串燒連鎖店，就必定要提這間「雞皮大臣」！名物雞皮串燒採用最嫩滑的雞頸皮，以醬汁醃製再輕烤去除脂肪，浸泡特製醬汁後再進行二次燒烤，令雞皮酥脆可口又不過乾。為了令更多人可輕鬆品嚐美味的串燒，因此串燒的定價都非常親民，雞肉、豚五花、魷魚串燒等劃一收費¥131/串，而招牌雞皮串燒則為¥142。

↘左起為博多雞皮（博多とりかわ）¥142，分醬油和鹽味兩種，接著是爽口的砂肝（砂ずり）¥131 和豬五花（豚バラ）¥131。

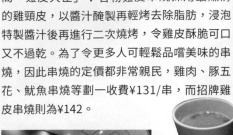

烤飯團（焼きおにぎり）¥264
略略帶焦的飯團香脆可口，附上特製湯清湯一杯。

時 11:00-23:30 (L.O.23:00)
網 hakata-torikawa.com
電 (81)092-260-6360

3 深宵美食ENCORE地
JRJP博多ビル

JRJP博多共三個樓層，其中於地下一樓的「駅から三百步橫丁」帶點屋台的色彩，結集了九間店舖，開放式的座位，加上有立食的枱子，價錢大眾化，來的大多是收工後上班族，晚餐過後尤其熱鬧。

MAP 別冊 **M03 D-2** ↑晚餐時間人流很多，很是熱鬧

地 福岡県福岡市博多区博多駅中央街8-1（B1-2樓樓層）
時 11:00- 24:00（各店略有不同） 休 各店不同
網 www.jrhakatacity.com/jrjp_hakata 泊 有（付費）
註 部份食店下午有休息時間 交 博多KITTE旁

↓店子有十來張桌子，全都是開放式的

↑黑豚焼き餃子
¥580/7 隻

3a 博多一口餃子ヤオマン

博多一口餃子ヤオマン的餃子餡料用上鹿兒島產的黑豚、本地產的野菜，份量剛好一口一隻，外皮薄而香脆，內裡的豚肉嫩滑多汁，保留了香濃的肉味，沾著醬油吃，不知不覺就會吃上十數隻！

時 星期日至四 11:00-23:00 (L.O.22:00)、
星期五六 11:00-24:00 (L.O.23:00) 電 (81)092-402-3858

WOW! MAP
3

④ 美食及手信 **DEITOS**

介乎DEITOS兩個美食樓層的是專門售賣土產和手信的ほろよい通り、みやげもん市場和いっぴん通り，場內三個區域各有十多間店舖：售賣made in japan雜貨的日本市和辣味明太子的海千等，想一次過買齊手信的朋友記得一到！

MAP 別冊 **M03 D-2**	
地	福岡市博多区博多駅中央街1-1
時	商店 08:00-21:00、 餐廳 07:00-24:00
網	www.jrhakatacity.com/deitos
電	(81)092-451-2561
泊	有(收費)
交	JR博多站步行約1分鐘

↓椰菜可選角切和碎切，非常貼心。

←炸豬扒咖哩飯（ロースかつカレー）¥1,150
使用特選豬里肌製成酥脆炸豬扒，濃郁的咖哩有微微辛辣。

↑芝麻可自行研磨，再加入濱勝的秘製醬汁和芥末醬。

4a 炸豬扒專門店
とんかつ濱かつ
【B1F博多のごはん処內】

連鎖炸豬排店濱勝在日本以至海外各地均有分店，品牌對優質食材十分重視，嚴格挑選國產豬肉、九州產麥米、長崎產紅白味噌、國內契約農園種植的椰菜等。招牌炸豬扒肉質軟嫩多汁，味清而美。

時 09:00-22:00 (L.O.21:30)
網 shop.hamakatsu.jp
電 (81)092-431-3363

4b 海鮮丼日の出 【B1F博多のごはん処內】

走在DEITOS想吃什麼確要花一花心思，因為各式各樣的食店也有。這間日之出海鮮丼全用上當天長濱魚市場的魚種，招牌博多ゴマサバ（博多芝麻鯖魚丼），使用長崎直送的新鮮鯖魚製作，豐富鮮味。

←博多ゴマサバ
¥1,580

電 (81)092-412-3003
網 www.kaisendon-hinode.com
時 11:00- 22:00(L.O.21:30)

⑤ 全九州最大手信店街
博多マイング

剛於數年前全面翻新的博多ming，現有九十多間店舖進駐，以七個不同的主題來區分：うまか通り、和菓子通り、スイーツ通り、和菓子工房、はかた銘品通り、しゃれもん通り和マイング横丁，當中大多以手信和特產店為主。

MAP 別冊 **M03 D-2**

地 福岡県福岡市博多区博多駅中央街1-1
時 09:00- 21:00；MING横丁07:00- 23:00
網 www.ming.or.jp　電 (81)092-431-1125
泊 有(收費)　交 JR博多站內

博多限定的明太子版
nemutaico手帕 ¥770

麻布質地的
刺繡鯛魚錢袋和零錢包。

↓朱印帖 ¥1,760
由京都尚雅堂出品的友禪紙製朱印帖，鮮艷的螢光色令人不能忽視。

⑤a 精緻的和式紀念品店
Nippon CHACHACHA
【はかた銘品通り】

匯聚來自日本各地的高質紀念品，品牌的宗旨是希望為客人帶來能讓生活變得幸福的小物。店內售賣的刺繡手帕、和服布料錢包、友禪紙書套等，精緻得令人想全部買回家。

時 09:00-21:00
網 kyoto-souvenir.co.jp
電 (81)092-409-0066

---

⑤b 雞蛋專賣店
うちのたまご直売所【マイング横丁】

就像這間專門賣雞蛋飯的店甚有人氣，店內全用上福岡縣內生產高品質的雞蛋，鮮紅的蛋黃打在飽滿的飯粒中再混和，黏口而帶甜的蛋漿就算不加醬油吃也很開胃。

簡單而美味的雞蛋撈飯

店內座位不多，
午餐要趁早

←たまご ¥440/6 顆
客人亦可買到新鮮的雞蛋。

時 08:00-21:00
電 (81)092-432-5362

←¥1,080
覺得好食的朋友可以買回家慢慢歎
↓店內只有十多個位置

❻ 福岡拉麵選舉第1名

らーめん二男坊 博多本店

好食 編者推介

鄰近博多站的二男拉麵是來自福岡春日原，是2009年「福岡ラーメン総選挙(福岡拉麵選舉)」第一名與「第3回くまもとラーメン祭(熊本拉麵節)」第一名，是九州縣內相當有名的拉麵店，它的豬骨高湯以特製魚貝熬成，鮮甜兼帶豚骨香，加上爽口的木耳和半熟蛋，客人可揀選自己喜歡的麵條軟硬度，而店內推薦的是かた（硬），彈牙的麵條吸了濃厚的湯汁，入口順滑滋味，推介！

MAP 別冊 **M03 D-2**

地 福岡県福岡市博多区博多駅前2-16-4
時 11:00-14:30、17:00-22:30 (星期五六沒有午休)；星期日 11:00-20:30
休 不定休
電 (81)092-473-5558
交 JR博多站步行5分鐘
網 r-jnb.jp
泊 有

❼ 回到過去的居酒屋

昭和大眾酒場 てくてく屋

遊人很多時都會對昔日的日本很好奇，尤其是昭和時期的日本。這間以昭和年代做背景的居酒屋，甫進入店內就令客人猶如走到時光隧道：誇張的電影海報、鐵皮公仔、駄菓子角落和懷舊唱片CD等，四周的裝飾都令人忍不住拍照。菜單上的大都是下酒菜，來了一客五串的炸物：很欣賞那超高膽固醇的炸鵪鶉蛋，外層香脆，內裡則滲有蛋漿，味道特別。邊歎著啤酒，邊吃著小食，不知不覺就沉浸在昔日的情懷中。

MAP 別冊 **M03 D-2**

地 福岡県博多区御供所1-18 リビング博多ビル B1F
時 11:30-22:30 (每日午休及關門時間略有不同)
休 星期日及假期、不定休
網 tekutekuya.owst.jp
交 地下鐵祇園站步行約1分鐘

四周的海報及佈置都很有味道！

↑唐揚 5 本セット ¥550　　↑炸餃子 ¥600

6　　7

8 來自尾崎牧場的黑毛和牛
やきにくのバクロ

老闆的父親在鹿兒島經營尾崎農場，因此可以優惠價錢每週購入整頭黑毛和牛，無論是牛肉的質素還是鮮度都具實在保證。餐廳提供¥1,000起的午市燒肉套餐，質優價廉，難怪被譽為市內最佳的和牛烤肉！

↗和牛三味套餐（バクロの和牛三味セット）¥1,900
午市的限定套餐，包括120g牛、內臟或雜菜，還提供沙律和無限任添的飯和湯。

←上ロース¥1,518、ミックスホルモン¥880、包み野菜盛り合わせ¥968

↓博多分店配有多間包廂，只要提前預約即可使用。

MAP 別冊 **M03 D-2**

地	福岡県福岡市博多区住吉1-1-9-202
時	11:30-15:00、17:00-23:30
休	不定休
網	www.bakuro09.com
電	(81)092-710-7029
交	乘福岡地鐵七隈線至「櫛田神社」站，步行約3分鐘

←鯛魚茶泡飯套餐（よし田名物鯛茶）¥1,650

9 逾60年歷史日本料理
割烹よし田

水炊き会席¥7,700
除了茶泡飯外，店內的會席料理亦相當有名。

鯛魚在日本屬高級食材，一般只會在喜慶場合吃到，這間1963年創業的老字號割煮料理店提供平民價錢的鯛魚茶泡飯，「鯛茶」套餐備有一碟鯛魚漬、一杯鯛魚湯、一桶白飯、綠茶和岩鹽，客人可先品嚐用醋、紫菜和芥辣製作鯛魚漬，再將剩下的鯛魚片鋪在白飯上，接著倒入綠茶和以鯛魚肉和骨頭製成的鯛魚濃湯，一味兩食，享受雙重美味。

MAP 別冊 **M03 C-2**

地	福岡県福岡市博多区店屋町1-16
時	11:30-14:30 (L.O.14:00)、17:00-22:30 (L.O.21:30) (星期六日及假日至22:00, L.O. 21:00)
休	每月第1及4個星期日
網	www.kappo-yoshida.jp
電	(81)092-721-0171
交	乘福岡地鐵箱崎線至「吳服町」站，步行約3分鐘

→把幾片醃鯛魚放在白飯上，再倒入清香綠茶和鯛魚湯，就成為一道新的菜式了。

WOW! MAP

↑早上到一番街是十分熱鬧的

⑩ 晨早出發尋美食
博多一番街

早起的朋友有福了，如果各位想用盡自己肚子來享受美食的話，大可以來這條博多一番街，場內的食店大多於晨早七時已開店，提供元氣的早餐給客人。當中亦不乏老店及人氣食店。

↑大多的客人都是上班族，匆匆吃完就走，不用等太久位

↑坐在吧枱，可看到廚房忙碌的樣子

⑩ₐ たんやHAKATA 好食 編者推介

這天一早走到たんやHAKATA估不到已出現人龍，只不過早上九時已有不少客人在等位，店內傳出陣陣燒香的肉味，早餐來了一客牛舌定食。牛舌的厚度適中，燒得剛好，帶點焦香，肉質嫩滑，只簡簡單單沾上蛋醬已很美味，吃完整整一大碗飯，再喝完熱湯，很滿足！

→牛たん麦とろろ定食 (L)
¥2,200

電 (81)092-415-1114

↑品牌一改「二手店」的刻板形像，店內環境寬闊明亮，客人可在店內安心慢慢行走。

↑二手黑膠碟區有不少經典作品。

⑪ 二手書籍玩具買賣店
BOOKOFF

日本是動漫電玩和流行音樂的基地，連帶它們的二手交易市場都非常暢旺，BOOKOFF正正就是一間二手賣買店，售賣書籍、黑膠、音樂光碟、遊戲、模型玩具和手機等用品，商品的大多狀態良好，價錢公道且有免稅服務，吸引不少知音人前來尋寶。

WOW! MAP

10　　11

12 看看昔日的小店
川端商店街

川端商店街連接在櫛田神社和地下鐵中洲川端之間,全街約400米,主要以招牌老店和特色小店為主,有婦人服、少女衣飾、手錶、和服

小飾物、文具、生活雜貨和鄉土特產為多,比較貼近當地居民的生活。

MAP 別冊 **M03 C-2**

地 福岡市博多区上川端町6-135
時 大約10:00-20:00(各店不同)
網 www.hakata.or.jp 電 (81)092-281-6223
泊 有(收費) 交 地下鐵中洲川端站步行約1分鐘

12a 源自門司港的水手咖哩
咖哩本舖 本店

店內的名物「懷舊咖哩」的做法源自50年代北九州市門司港的水手,據說他們把剩下的咖哩加上雞蛋再放入焗爐,意外地創出美味得令人印象難忘的「烤咖哩」,老闆受此啟發,加入芝士和忌廉,並將改良過的烤咖哩放入菜單。創出的「元祖烤咖哩」後來聞名全國,至今仍然吸引不少食客朝聖。

→懷舊咖哩(昔の焼きカレー)¥1,150
以黑毛和牛成的烤咖哩,面層帶焦香,內裡則嚐到香氣撲鼻的濃郁咖哩和半溶芝士,非常惹味。

→酸香爽口的醃菜正好中和咖哩的厚重味道。

地 福岡市博多区上川端町6-135
時 11:00-21:00 (L.O.20:30)
休 不定休
網 www.curry-honpo.com
電 (81)092-262-0010

WOW! MAP
12   12a

→善哉刨冰（氷ぜんざい）¥650
夏季提供季節限定的刨冰。

↓善哉（ぜんざい）¥650
紅豆湯的紅豆偏扎實，口感十足，不過就沒有預期中的甜糯，微焦的糯米糕帶一陣米香，反而有驚喜。

12b 糯米糕紅豆湯
川端ぜんざい広場

每星期僅開店3天，這間川端善哉廣場提供的是本地人熟悉的庶民美食「川端善哉」。店家的「善哉」將烤糯米糕放入香甜的紅豆湯內，而夏天則提供抹茶糖漿加紅豆的善哉刨冰。

地 福岡県福岡市博多区上川端町10-256
時 11:00-18:00
休 星期一至四 (*7月1至14日期間每日營業)
網 www.hakata.or.jp/shop_list/1451
電 (81)092-281-6223

↑店內的長期展示博多祇園山笠的第八代山笠。

WOW! MAP

12b

127

↑逛到累也有餐廳醫肚

↑不少上班族放工後都會逛個夠

MAP 別冊 **M03 C-2**

地 福岡市中央区天神2
時 10:00-20:00(各店略不同)餐廳至21:00
休 1月1日
網 www.tenchika.com
電 (81)092-711-1903
泊 有(收費)
交 地下鐵天神站或天神南站步行約1分鐘

⑬ 全九州最大天神地下街

てんちか

天神地下街是全九州最具規模的地下商店街,連結天神站,天花設計和地板都有點像19世紀歐洲的建築風格,尤其地下街的空間利用和石板道的走廊,很有歐式格局。商店街以中大型連鎖的衣飾店為主,以年青少女至上班族為對象,有不少都是日本當地品牌,衣飾和鞋履多都是沉穩時尚的風格,其他的生活雜貨和飾品店也很受歡迎。

⑬a 芋屋金次郎 天神店

沿自高知縣高岡郡日高村的老字號紅薯店「澀谷食品株式会社」,2005年創立的芋屋金次郎結合創始人澀谷金次郎對紅薯的心血結晶,專門提供由優質紅薯製作的傳統高知紅薯點心「芋けんぴ」。芋けんぴ是僅用紅薯、糖和油製成的菓子,長條狀的紅薯經油炸再裹上糖漿即成,故此對原料地瓜的品種和味道要求極高。

地 東 11番街 12
時 10:00- 20:00
網 imokin.co.jp

店內有超過十款不同的口味。

←特撰芋けんぴ ¥500/120g
經典口味的炸紅薯條,以優質砂糖製成的糖蜜與合約農民種植的紅薯製成,味道純粹。

→紅はるか芋チップ ¥500/120g
除了傳統的長條形紅薯條,更有紅薯薯片。

←美味的秘密除了來自紅薯品質,也因店家取用優質的菜籽油和米油混合成的金次郎油,炸出來的成品更清爽平衡。

WOW! MAP

13

13a

MAP 別冊 **M03 D-2**

地	福岡県福岡市博多区御供所町2-4
時	09:00-16:45
電	(81)092-291-4459
網	www.tochoji.net
註	要留意寺廟內有部份地方是禁止拍攝
交	地下鐵祇園站1號出口

14 重要文化財產 東長寺

東長寺由弘法大師創建，其中最為人所熟悉的是境內的一尊巨型菩薩，全用上日本國內的高級木材製造，全座都是由一根木材雕刻出來，沒有任何拼接，是國家重要的文化財產。

境內不時都人山人海

15 博多祇園山笠祭 櫛田神社

櫛田神社每到夏季7月的博多祇園山笠祭就會熱鬧非凡，堆滿湊熱鬧的人潮，不同隊伍的巨型山笠車就是從這裡出發。神社建於西元757年，境內有青銅色的駿馬鑄像，正殿供奉「大幡主大神」，是福岡人的信仰中心，平時也有不少人來參拜，祈求身體健康和生意興隆，也有不少新人選擇在此舉行傳統婚禮。

MAP 別冊 **M03 C-2**

地	福岡県福岡市博多区上川端町1-41
時	04:00-22:00 (參拜時間)
網	hakatayamakasa.com
電	(81)092-291-2951 泊 有
交	地下鐵祇園站步行約5分鐘

←每年7月的博多祇園山笠祭

可看到昔日的通訊器材

16 時光倒流200年 博多町家ふるさと館

博多町是一間紀錄了昔日博多人民生活的博物館，展示反映昔日生活的照片、生活用品、家居擺設模型，同時亦有介紹傳統手工藝製作的博多人形和眾多鄉土玩具。2樓的接待處保留了明治時期的風味。

↑館內有定期的手工藝示範

MAP 別冊 **M03 C-2**

地	福岡市博多区冷泉町6-10（櫛田神社正門鳥居前）
時	10:00-18:00 (最後入館為17:30)、7至8月09:00-18:00
休	每月第四個星期一、12月29-31日
金	大人¥200、中小學生免費
網	www.hakatamachiya.com
電	(81)092-281-7761
泊	有
交	地下鐵祇園站步行5分鐘

14

15

16

WOW! MAP

(資料由客戶提供)

No.1人氣！滿足牛雜鍋套餐

48年秘製湯底人氣和牛牛雜火鍋
元祖もつ鍋楽天地
天神今泉總本店

WOW! COUPON 優惠

店舖在福岡市內擁有12家分店的人氣牛雜火鍋專門店。使用六種最新鮮的高級和牛「牛雜」，精心清洗後去除了腥味，製作成新鮮美味的牛雜火鍋。鍋內堆滿新鮮嫩綠的蔬菜及六種新鮮的牛雜，包括小腸、大腸、腸粉、網油、紅腸粉和牛心，再加入口感幼滑的豆腐，豐富滋味溶入秘製湯中，瞬間變成讓人一試難忘的極品。牛雜鍋對美容和健康非常有益。據說有抗菌和預防癌症的效果，還能促進血液流暢。

↑精心泡製出出色的酸牛雜

↓彈牙爽口拉麵配上湯汁非常絕配

→有多達270個座位，店內座席具開放感，氣氛一流

MAP 別冊 **M04 B-3**

地 福岡市中央区今泉1丁目19-18 楽天地ビル 2F
時 17:00-00:00
休 年中無休
網 rakutenti.com
電 (81)092-738-1767
金 滿足牛雜鍋套餐3,135円(連稅)；牛雜鍋三味套餐3,729円(連稅)
交 西鐵福岡天神站步行5分鐘

WOW! MAP
元祖もつ鍋楽天地

 ⑰ 交通方便之選
Solaria plaza

Solaria plaza位於福岡西鐵天神站的中央出口，交通十分便利，場內也是天神高速巴士總站。商場有男女服飾、生活雜貨、食店和café等，不少店舖更提供免稅服務，對海外遊客來說，可是十分貼心。

MAP 別冊 **M03 C-2**　↑商場大約兩三小時就可逛完

地	福岡県福岡市中央区天神2-2-43
時	商店 10:00-20:00、餐廳 11:00-22:00
休	1月1日各店不同
電	(81)057-001-7733
網	www.solariaplaza.com
交	西鐵福岡(天神)站中央口直達

---

⑰a 值得等待的人氣壽司
ひょうたんの回転寿司
葫蘆迴轉壽司 [B2F]

福岡市內最具人氣的迴轉壽司店之一，由擁有逾25年經驗的資深壽司師傅經營，不但品質有保證，而且定價更是非常親民。常規提供的壽司中，最便宜的玉子壽司和飛魚籽軍艦由¥154起，最貴的則是¥638的三文魚籽軍艦和松葉蟹軍艦，當中尤以烤海鰻壽司、佐賀黑毛霜降和牛手卷和活鮑魚軍艦最受歡迎。

→由前至後分別是海膽壽司 ¥429、大拖羅壽司 ¥429、松葉蟹軍艦 ¥638 及烤海鰻壽司 ¥286。

↑就算是在午休時間前，店內都是人頭湧湧。

No.	ご希望のネタ	(1) サビ入 回數	(2) サビ抜 回數	(3) No Wasabi サビ抜	(4) Small Rice しゃり小 ご希望の方は○印
	⑤	2			
	⑪		1	○	
	24	2			
	37		1		

↑店內提供點紙，左起寫下壽司號碼，中間分別是要芥辣（サビ入）及不要芥辣（サビ抜），最右如果畫圈圈代表希望減少壽司飯份量。

→牆上貼滿當天供應的時令食材，不過如果有特定食材不在菜單的話也不妨與店員確認。

時	11:00-21:00
網	www.solariastage.com
電	(81)092-733-7081
交	乘福岡西鐵天神大牟田線至「天神」站或地鐵機場線至「天神」站，西6號出口步行約1分鐘

WOW! MAP

18 只有在這裡才有的熱情

中州の屋台
小島商店

位於中洲的這間小島商店深受當地人喜愛，當天晚飯時間到來已熱鬧非常，等了約10分鐘才有位置，甫坐下先來一杯凍冰冰的啤酒，店家轉眼已拿了英文菜單到來，點了一客炭火燒雞和燒魚餅。燒得焦香的雞肉，肉質嫩滑，味道帶鹹，配著啤酒吃一流！

店家忙著和客人傾談

↘ さつま地
雞の炭火燒
¥900

← 坐旁邊位置可
看到店家烹調

MAP 別冊 **M03 C-2**

地 福岡県福岡市博多区中洲1丁目
　　清流公園内
時 19:00-02:00
休 星期日
網 yatai.fukuoka.jp/nakasu/
　　kojimashoten
電 (81)090-9575-1200
交 地下鐵中洲川端站步行約6分鐘；
　　或博多站步行約15分鐘

じゃこ天の炙り ¥300

WOW! MAP

19 氣氛一流
あごだし亭
きさいち

因深深喜歡製作屋台料理，老闆私市佳太由東京移居到以屋台聞名的福岡地區，招牌關東煮的湯頭用上飛魚熬煮，食材吸盡精華，清甜美味！而另一款必點推介是玉子卷，柔軟富蛋香的玉子上澆滿熱騰騰的明太子醬汁，既香且甜，滋味非常！

明太子高湯玉子卷（明太あんかけだし巻き玉子）¥680

MAP 別冊 **M03 C-2**

地 福岡県福岡市中央区天神2-12-1
時 18:00-01:00
電 (81)080-4694-9187
交 乘福岡西鐵天神大牟田線至「天神」站或地鐵機場線至「天神」站，西3A號出口步行即達

→ 一整鍋燉牛肉感覺十分吸引。

達人教室

安心到屋台幫襯的小貼士

1. 到訪時段？
屋台一般在黃昏後開始營業，若果想輕鬆找到位子的話，最好在20:00前到訪，而在這時段光顧的多是上班一族，比較斯文。可是要真切感受鬧烘烘的氣氛，或要暢飲一番的話可以選在20:30後至尾班車的時間，這時可要有等位的心理準備啊！

2. 揀哪區的屋台？
總括來說初來報到的可揀選天神區一帶的屋台，因為顧客層較廣，比較多遊客、情侶及年輕人；如果想要較有個性的創作料理或多款酒品的，則可選中洲的屋台；而長濱則是出名吃拉麵，因為白濁豚骨湯底的細長拉麵，正是在這裡誕生。

3. 揀哪間屋台？
經過數十間的屋台還是決定不了？可以找間較多女性，氣氛較溫和的，而當然進去前最好選間有明確價目表的吧！

4. 一定要飲酒嗎？
日本人的屋台文化是定必點一杯酒……可是遊人來到，基本上只要點一杯非酒精飲品，或較受女性歡迎的雞尾酒還是可以的。

*屋台的價位，如果是兩人前往，大約¥4,000-5,000左右。

↑めんたい煮こみつけ麺(明太煮沾麵)
¥1,848
大大窩的濃湯充滿鰹魚香，麵條可揀100
克、200克或300克，價錢一樣。

地	福岡県福岡市中央区西中洲6-15
時	07:00-17:00
網	www.mentaiju.co.jp
電	(81)092-725-7220
泊	附近有收費停車場
交	地下鐵中洲川端站1番出口，步行約4分鐘

好食 編者推介

⑳ 拉麵的進化版
元祖博多めんたい重

流行於福岡的除了九州拉麵外，當地人還十分推介沾醬麵，而其中位於中洲的這間めんたい重可說當地有名的沾醬麵，尤其推薦它的鎮店之寶：めんたい煮こみつけ麺（明太煮沾麵），沾醬是用上明太子及十多款野熬製成的濃湯，黏黏且味濃，帶著明太子的鹹香和辛辣，又有香濃鮮甜的鰹魚味，粗身的麵條只要輕輕在濃湯內沾沾，就吸滿湯汁的精華，彈牙且令人回味無窮，不說不知原來場內供應的明太子全是師傅以人手逐一以昆布包好再醃製，難怪成為當地人推薦的麵店。

↑位於1樓及2樓的UNIQLO佔地兩層，是全九州最大分店。

←除了有3COINS+plus和Seria之外，場內亦有另一間百元商店DAISO。

地	福岡県福岡市中央区天神4丁目3-8
時	10:00-22:00
網	www.mina-tenjin.com
電	(81)092-713-3711
交	乘福岡西鐵天神大牟田線至「天神」站或地鐵機場線至「天神」站，東1A號出口步行約1分鐘

㉑ 重新開幕
mina天神

毗鄰地鐵天神站的mina天神由舊mina天神與NORTH天神合併而成，擴建成為面積超過6,700坪的大型商場，由地庫一層到8樓天台，每層進駐各個走親民路線的品牌，包括有九州最大UNIQLO、GU、生活雜貨店3COINS+plus、LoFt、AEON超市、二手買物店BOOK-OFF和百元商店Seria等，方便遊人一站式購物。

WOW! MAP

20　21

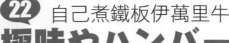

↓極味やburger steak ¥1,180/150g

22 自己煮鐵板伊萬里牛
極味やハンバーグ
福岡 PARCO店

好食 編者推介

極味や是一間無論任何時候到來都可以看到人龍的人氣店！它位於PARCO商場的地庫，未進入店內已聞到鐵板牛的香氣，當天等了約半小時就可以入座，店內只有二十多個座位，午餐來了一客150克的漢堡扒，店家用上油脂適中的伊萬里牛，牛型的鐵板附上圓形、燒燙了的石頭，每次吃多少就放多少在石頭上燙熟，生熟度自己調控，再沾上自己喜愛的醬汁，肉汁豐富且外焦內嫩，很適合拌飯吃。

←牛型的鐵板附有圓型熱石

↑店內座位不多，就算非午、晚餐時段到來，也要有排隊的心理準備啊！

MAP 別冊 M03 C-2

地 福岡県福岡市中央区天神2-11-1 福岡PARCO B1F
時 11:00- 22:00(L.O.21:30)
休 以PARCO商場為準
網 kiwamiya.com
電 (81)092-235-7124
交 西鐵福岡站步行約1分鐘

→牛肉記緊要逐少的放在石上慢烤

23 外型獨特
赤煉瓦文化館

赤煉瓦文化館的建築師和設計東京車站為同一人，它是明治時期所建的西洋派建築，在1990年以前是市立歷史資料館。由平成6年開始開放給市民使用，現今的文化館其中一部份改裝成文學館，展示出與文學相關的資料。文化館的外牆以紅白磚瓦砌成，入夜後打上燈光，十分耀眼。

←館內展出大量和文學相關的展品

MAP 別冊 M03 C-2

地 福岡市中央区天神1-15-30
電 (81)092-722-4666
網 bunkazai.city.fukuoka.lg.jp/cultural_properties/detail/51
休 星期一、12月29日至1月3日
交 地下鐵天神站步行約5分鐘
時 09:00-22:00
泊 有

各位老闆不如租這裡的會議室開會？

WOW! MAP

22 23

TEMARI寿司 ¥1,280
壽司板旁有額外的紫菜、唐辛子、抹茶鹽、岩鹽和粉紅色的鹽供客人調味。

24 網紅爭著打卡的話題餐廳
IZAKAYA New Style

這間位於今泉區的優雅食店吸引了不少遊人到來打卡，店內環境雅緻，店員送上那板猶如藝術品一般的人氣TEMARI寿司午餐：15款搓成球狀的小壽司，色彩繽紛：三文魚籽、心型蘿蔔、甜蝦、三文魚、魷魚等等，客人可簡單的沾上抹茶鹽或岩鹽等，一口一件，剛剛好的味道，剛剛好的大小，再配上沙律和味噌湯，令人嚐到幸福的味道。

內有不同的道具供客人打卡

MAP 別冊 M03 C-2

地 福岡県福岡市中央区今泉 1-17-22(3F)
時 午餐：11:30- 15:00(L.O.14:30)、晚餐：18:00- 00:00(L.O.23:30)
休 星期一、12月31至1月4日
電 (81)092-731-8115
交 西鐵天神站(南口)步行約5分鐘

→這道午餐很受女生歡迎

25 Bayside Place海邊商場
ベイサイドプレイス博多

Bayside Place是集美食、購物和玩樂於一身的地方。在灣岸市場更可買到玄界灘的新鮮海產及加工海產。逛完還可到「博多港海濱博物館」參觀或欣賞一下高8米的圓柱型水族館，內有上千條熱帶魚棲息。商場內另有天然溫泉設施「波葉之湯」，遊人可以歡完溫泉才離開。

商場會舉行不同的節慶，大家買完順道參觀水族館或遊船河。

MAP 別冊 M03 C-1

地 福岡市博多区築港本町13-6
時 11:00-21:00(各設施及店舖時間有所不同，須參考官網)
網 www.baysideplace.jp
電 (81)092-281-7701 泊 有 (收費)
交 JR博多站或天神站乘西鐵巴士99號或在博多碼頭(博多ふ頭)下車即達；或乘西鐵巴士80號在國際Bayside Place (国際センターサンパレス前)下車，步行約5分鐘

↑ 巨型的圓柱型水族箱可看到很多熱帶魚

WOW! MAP

24

25

吧枱前放滿了新鮮的魚類

お刺身階段盛り合わせ
¥2,080

26 人氣打卡居酒屋
博多炉端魚男
FISHMAN

↑當晚的付費
前菜是三文魚籽豆腐

這間今泉的FISHMAN居酒屋來的客人最多點的還是這個樓梯階的刺身拼盤,當天的刺身為拖羅、吞拿魚、帶子及魷魚等,而組合會視乎當造的季節及魚種由師傅決定。試了一口拖羅,帶有脂肪的甘甜、沒有筋,口感鮮嫩;而帶子雖說不上肉厚,可是同樣味道鮮甜,值得一試。另一樣特別的是店家為令客人可嘗到刺身的鮮味,提供了噴灑式的鼓油,令鹹味可以在魚身上更均勻,很是貼心。

↑晚餐過後,店內就會熱鬧起來

←店家提供噴灑式的鼓油

MAP 別冊 **M03 C-2**

地 福岡県福岡市中央区今泉1-4-23
時 11:00-14:00、17:00-22:00
休 不定休
網 sakanaotoko.com
電 (81)092-717-3571
交 西鐵福岡站步行約10分鐘;或地下鐵藥院站步行約5分鐘

WOW! MAP
26

137

㉗ 隱秘漁市場

長浜鮮漁市場會館

雖然長浜漁市場除了指定日期及時間（每月的第二個星期六9:00-12:00又或參加每天清晨3:00- 4:00的見學）對外開放外，其餘時間都是給內部魚販競標販售，可是要吃新鮮的魚穫的話，還是可到鄰近的市場會館，這裡是當地市民尋找新鮮美食的好地方。約有七八間的食堂都在會館的一樓，大多是海鮮料理，位於二樓則有一個資料館，介紹不同的魚穫和漁市場資訊。

MAP 別冊 M02 B-2

地 福岡県福岡市中央区長浜3-11-3
時 08:00-16:00 (各店不同)
休 星期日及假期、另有不定休
網 nagahamafish.jp
電 (81)092-711-6412
交 地下鐵空港線赤坂站步行約10分鐘

食堂的裝修保留了昔日的飯堂感覺

㉗a 老牌海鮮料理

おきよ食堂 [1F]

已創業七十多年的おきよ食堂可算是場內的老店，門外還保留了當初木製的店名牌匾。午餐時份點了一客店家推介的羽かつお刺身，厚切鰹魚的雖然油脂不多，可是肉質鮮明粉嫩，口感清爽，帶著淡淡的魚鮮味，配著白飯、豆腐和味噌湯吃很搭配。

↑特上海鮮丼 ¥2,500

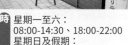

↑牆上掛著很多名人食客的簽名

時 星期一至六：
08:00-14:30、18:00-22:00
星期日及假期：
11:00-14:30、18:00-22:00
休 每月第一、三、五個星期日
電 (81)092-711-6303

WOW! MAP
27

海鮮丼 ¥900
份量頗大，味道鮮
味之餘亦很飽肚。

27b 特早營業
福魚食堂 [1F]

大清早來吃新鮮魚生的話可以到福魚食堂來，可能來的客人有外國人，所以店內的介紹都有英文譯本。店內約有十來張桌椅，店主是很有經驗的鮮魚買賣中間人，所以每天都可以為食堂買入既新鮮又便宜的海產。來了一客人氣的海鮮丼：飽滿的白飯鋪著新鮮的三文魚籽、海膽、油甘魚、墨魚和吞拿魚等，尤其海膽甘甜鮮味，口感黏稠，油甘魚則嫩滑帶甜。

時 07:00-15:00
休 星期日
電 (81)092-711-6300

↑兒童公園也很受小朋友歡迎

MAP 別冊 **MO2 B-2**

地 福岡市中央区大濠公園1番2号
網 www.ohorikouen.jp
電 (81)092-741-2004
交 地下鐵大濠公園站下車，步行
約2分鐘；或福岡美術館步行約
1分鐘

28 周末散步放電 **大濠公園**

大濠公園的前身是慶長年代博多灣的護城河，1927年為東亞工業博覽展而進行了景觀美化，此後作為縣立公園開放予民眾使用。大濠欲園佔地約39萬8千干方米，一年四季都可欣賞到美麗景色，園內設有長達兩公里的池畔步道、野鳥之森、兒童遊樂場、能劇劇場和日本庭園等休憩及娛樂設施，如果有時間，可以到來散步賞景。

WOW! MAP

28

一樓除了café也設有和服租借

↑店內琳琅滿目的調味料及茶葉

建築日系的格調在公園內完全沒有違和感

㉙ 以八女茶為主題
大濠テラス

這棟新建在大濠公園內的大濠Terrace是以九州有名的八女茶為主題。建築滲著柔和的日系格調：敞大的落地玻璃襯著木系色調，面向風景優雅的日式庭園，充滿大自然氣息。一樓是輕食的café，旁邊有一間租借和服的店家，二樓的開放空間則可欣賞到庭園的美麗景色。

MAP 別冊 M02 B-2

地 福岡県福岡市中央区大濠公園1-9
　大濠公園日本庭園南側
時 09:00- 20:00
休 星期一
網 ohori-terrace.jp
電 (81)092-401-0275
交 地下鐵大濠公園步行約10分鐘

㉙a &LOCALS

店內有八女茶各式各樣的商品，當然還可找到九州人氣的手信。特別的是這裡可以試到自家製的美味甜品，揀選一個開揚的座位，來了一客八女茶配小夾餅，小夾餅中間用上少有的北海道小豆製，味道清甜不膩，配著甘味清新的八女茶喝，真的很搭配；呷一口茶再望望眼前柳樹飄揚，感覺悠然自得。

↑賣店有福岡人氣的八女茶茶葉 ¥2,900

時 09:-00-18:30 (L.O. 18:00)
休 星期一
網 andlocals.jp

WOW! MAP
29

30 現代與古典藝術共融
福岡市美術館

美術館的建築由日本近代建築的巨匠前川國男設計，前廳設計得如洞窟一樣，透過穿過寬廣的空間使參觀者進入與日常生活分離的藝術體驗。

九州的美術館選擇很多，如果時間有限，推介大家來遊覽位於大濠公園旁的福岡市美術館。館內藏品極為豐富，逾16,000件作品中包括日本重要的文物和佛教藝術品，本地藝術家草間彌生的經典南瓜雕塑，以及世界級藝術家如米羅、達利和Andy Warhol等大師級傑作。除了常設展覽外，美術館更積極展出來自不同類型的藝術限定展覽，包括製作《螢火蟲之墓》的動畫導演高畑勳展、高達之父富野由悠季展以及日本浮世繪展等。

↑ Andy Warhol 的《Elvis》，是電影《烈焰之星》(1960)的廣告劇照，在他一生中從未公開，只是一直掛在他工作室的牆上。

→ 平安時代的木雕「藥師如來立像」，屬日本重要文化財產。

↑《南瓜》是草間彌生創作的首個戶外雕塑，於 1996 年被美術館收藏至今。

MAP 別冊 M02 B-2

地 福岡市中央区大濠公園1-6
電 (81)092-714-6051
時 09:30-17:30;
　 7至10月：星期五六 09:30-20:00
　 *閉館前30分鐘截止入場
休 星期一、12月28日至1月4日
金 成人¥200、高中及大學生¥150、
　 中小學生或以下免費

30a 美術館裡的咖啡店
AQUAM アクアム

這間位於福岡美術館，休館兩年後於2019年重開。大家除了可以欣賞館內美術品外，更推介大家來它的café坐坐，這裡除了有環境寧靜優雅外，甜點也很出色。下午茶試了一客人氣的忌廉泡芙，最底層的是帶有抹茶香的忌廉，中間是香濃的白忌廉，口感綿密，泡芙的質感也軟腍，味道可口。

↑ 大濠シュー ¥528
採用八女星野產抹茶及九州產牛奶製作。

↑ 大濠ドッグ ¥770
自家製的香軟麵包夾著豬肉香腸和沙律，是店內的人氣餐品。

↑ Wind大濠 ¥770
以門外的雕塑作品為靈感的雪糕。

地 1F
時 09:00-19:00 (L.O.18:30)
　 *7至10月 星期五六 09:00-20:00(L.O.19:30)

30

30a

WOW! MAP

福岡夜景

㉛ 裝修後全新登場 福岡塔

建於1989年的福岡塔於2019年大翻身後閃亮登場，旋即吸引了人龍到來打卡。樓高234呎的福岡塔，遊人可以由地上搭輭直達最高的展望台，黃昏時份到來，既可以看到日間的繁華景況，也可以等到華燈初上的magic moment，展望台整修後特設一個星星的角落，地板和天花都佈滿閃閃的星星，以福岡夜景為背景，令遊人爭相排隊打卡呢！

↑福岡塔高234呎

↑黃昏的城市景也很壯觀

↑這個角落是遊人必到的打卡位

MAP 別冊 M02 A-2

地	福岡市早良区百道浜2-3-26
時	09:30-22:00（最後入場21:30）
金	大人¥800、中小學生¥500、4歲以上¥200
網	www.fukuokatower.co.jp
電	(81)092-823-0234
泊	有
交	博多站前乘巴士306/312號，約25分鐘後在福岡塔南口或福岡塔下車；在天神站乘巴士302/ W1/ W2號，約20分鐘後在福岡塔南口或福岡塔下車。

WOW! MAP
31

32 悠閒逛街
Aeon Marina Town

距離福岡市約25分鐘車程的Marina Town是很適合遊人去放鬆一下心情的商場。場內面積不大，逛逛食食大約半天就可以了。可能這裡始終不是市中心，遊人不是太多，反而增添了一份悠閒。

↓正面玄關有一隻彩色牛牛

場內不是太多遊人，很好逛

MAP 別冊 **M02 A-2**

地 福岡県福岡市西区豊浜3-1-10
時 09:00- 22:00(各店不同)
休 各店不同
網 marina-town.aeonkyushu.com
電 (81)092-883-4147
交 地下鐵室見站步行約17分鐘；或JR姪浜站步行約15分鐘

↑店內女裝款式不論是上班或是休閒款都有
→圓領鬆身上衣¥2,900

32a **Bou Jeloud** [2F]

日本的人氣品牌，不論你是學生、上班族或是較成熟的都可以在店內找到心頭好。店內有舒適綿質的印花TEE、斯文連身雪紡長裙、卡其色的百褶長裙、仿皮黑色高踭鞋等，呎碼齊之餘亦價錢合理。

↑黑色高跟鞋 ¥5,900

時 10:00- 21:00
電 (81)092-885-1006

32b **アカチャリホリポ** [2F]

這間專門賣童裝及小朋友用品的店子，經常到日本的爸爸媽媽一定不陌生。這裡的店子面積頗大，由BB奶樽、奶粉、尿片到童裝浴衣、上學文具、書包、零食等都一應俱全，不少更寫明日本製造，加上不時有特價，大家要留定銀彈呢！

就連小朋友餐椅都有

主要的服飾不時都會特價

↑日本製浴衣 ¥1,580

↑波鞋 ¥2,900

時 09:00-21:00
電 (81)092-894-2380

32

33 玩樂購物一站過
六本松421

於2017年秋季開幕的六本松421是集購物玩樂
於一身的話題商場，它毗鄰地鐵六本松站，除
了商場內的超市、食店、café和蔦屋書店外，
旁邊就是福岡市科學館，所以即使是平日也有
一家大小到來逛街。

MAP 別冊 **M02 B-3**

地 福岡県福岡市中央区六本松4-2-1
時 10:00-22:00 (各店不同)
休 各店不同
網 www.jrkbm.co.jp/ropponmatsu421
電 (81)092-791-2246
交 地下鐵七隈線六本松站下車即到；
　 或福岡市駕車約8分鐘。

↑→館內有
很多遊戲予
遊人互動

33a 福岡市科學館 [3f-6f]

這個剛於2017年秋季的開幕的福岡市科學館，
瞬即成為市內人氣的親子景點，科學館的名譽
館長若田光一本身是一名太空人，所以館內的
主題亦多和太空人、天文學家及其相關的主題
為主。遊人可以試穿太空服留念、或體驗一下
無重狀態、了解到太空人日常的飲食和生活習
慣等；館內另有給小朋友玩樂的角落和圖書
角，給了小朋友一個互動的學習空間。

時 09:00-21:30
休 星期二、12月28日至1月1日
金 5F基本展示室大人¥510、
　 大學生¥310、中小學生¥200；
　 6樓Dome大人¥510、
　 大學生¥310、中小學生¥200
網 www.fukuokacity-kagakukan.jp
電 (81)092-731-2525

福岡市科學館

WOW! MAP
33

往來能古島交通

| 姪浜站(北口) | 西鐵巴士 15分鐘 ¥170 | 姪浜輪渡站 | 渡輪 10分鐘 ¥230 | 能古島輪渡站 |

34 治癒花園 **能古島**

能古島距離福岡市10分鐘船程,是福岡人的後花園,島上只有800名居民,以漁業土產為主,是個純樸恬靜的小島。無論是親子、情侶都非常適合到此郊遊,可以玩足大半天呢!

MAP 別冊 **M02 A-2**

地 福岡県福岡市西区能古島
電 (81)092-881-8709
(姪浜旅客候船處)

34a 海島公園
ISLAND PARK

島上的ISLAND PARK是遊人必到景點,一年四季開滿不同的花卉,3至4月開滿櫻花,其他季節還有杜鵑花、油菜花、波斯菊、雛菊和罌粟花等。呼吸清新的空氣,在樹林花田間散步,感受大自然的美好。

→能古島一年四季均有不同的花卉盛開。

→兔子站立的饞嘴樣子,萌爆!

地 福岡市西區能古島
時 09:00-17:30(星期日及公眾假期至18:30)
金 大人¥1,200、學生¥600、小童¥400
網 www.nokonoshima.com 電 (81)092-881-2494
交 能古島船場搭西鐵巴士10分鐘,在アイランドパーク下車。

↑樹木形狀非常可愛,好像一顆顆蘑菇。

34

34a

WOW! MAP

145

太宰府・西新・中央區

Dazaifu.Chuo Ward.Nishijin

必見！
太宰府

距離博多市中心 15 分鐘車程的太宰府，代表天神信仰的天滿宮和開滿商店的表參道，是遊人必訪之地；中央區一帶潛藏眾多不被潮流大勢掩蓋的個性原創小店，來這裡放空走走絕對會為你帶來驚喜；而西新則是本地人尋吃購買日常用品和尋找美食的小區。三個區域各有特色，今趟旅程你會想到哪區呢？

往來赤坂・藥院交通

西鉄福岡站	步行 約10分鐘	西鉄赤坂站
西鉄赤坂站	步行 約15分鐘	西鉄藥院大通

① 學問之神
太宰府天滿宮

位於福岡縣的太宰府天滿宮是日本天神信仰的總本社，御本殿建於日本史上最具影響力的學者菅原道真的墓地之上，1,100年以來被譽為學問、文化及藝術之神，吸引本地以至世界各地的學生專程前來參拜，祈求考試順利、學有所成。

↑傳說菅原道真死後，載著他遺體的牛突然躺下，於是他的後人就將他當場埋葬，成為今日「御本殿」的位置。

菅原道真喜好梅花，在被貶到九州前他曾與庭園的梅花道別，豈料梅花竟因思念主人而拔地而起，由京都飛到九州，成了著名的「飛梅」傳說，全國各地的善信紛紛「獻梅」，因此社內種植了6,000多棵不同種類的梅花，每年1月至3月梅花盛放之時，均吸引不少遊人前來賞梅。

↑每年3月第一個星期日天滿宮會舉行「曲水之宴」，參與者會穿上平安時代的貴族服飾，伴隨神道笛樂在梅樹林下作詩頌唱出來，儀式由中午十二時開始，遊人可在參道或心字池旁觀賞。

↑學業御守¥800
天滿宮最受歡迎的是學業成就御守，繡有神社的梅花標誌。

MAP 別冊 **M04 B-1**

地 福岡県太宰府市宰府4-7-1
時 開門：春分之日至秋分之日前一天06:00、其他日子:06:30；
關門：4、5、9-11月19:00；6-8月19:30；
12-3月18:30、12月31-1月4日 24小時(1月4日夜間參拜關閉)
網 www.dazaifutenmangu.or.jp
電 (81)092-922-8225　泊 有
交 太宰府站下車步行約5分鐘

↑5至6月繡球花盛開的日子，一片繽紛的手水舍都會成為打卡拍照的熱點。

WOW! MAP

2 神社前商店街
天滿宮表參道

走到太宰府的大道名為「天滿宮表參道」，一條5分鐘路程的大道，兩旁的特色商店卻是百花齊放，有梅枝餅專門店、精品店和菓子店等。來到天滿宮表參道，必定要嚐嚐當地的特產——梅枝餅。有關梅枝餅的起源眾說紛云，相傳管原道真（即太宰本人）很喜歡一位婆婆所製的餅，他死後婆婆將梅枝插在餅上供奉，及後就成了當地特色名產。

↑表參道的店舖多達80間，主要是土產店和茶店。

←表參道的盡頭就是太宰天滿宮

MAP 別冊 **M04 B-1**

地交 福岡県太宰府市宰府2-7-34
西鐵太宰府步行約需5分鐘

2a 萬中無一 starbucks

這間位於太宰府天滿宮附近的starbucks遊人如鯽，吸引大量遊人光顧，原來它是由日本著名建築師隈研吾氏所設計，一條條原木柱子在天花位置縱橫交替，形成亂中有序的獨特景緻。店內提供的食品依舊如一，不論是starbucks的死忠粉絲還是到此一遊的遊客都值得到訪。

在溫暖的木柱下進餐會否格外開胃？

→木柱與starbucks的標誌是來到這裡的必影位

咖啡杯¥1,140，福岡限定的starbucks咖啡杯。

MAP 別冊 **M04 B-1**

地 福岡県太宰府市宰府3-2-43
時 08:00-20:00　　**休** 不定休
網 www.starbucks.co.jp
電 (81)092-919-5690
交 太宰府站步行4分鐘

2b 太宰府名物
梅ヶ枝餅 かさの家

太宰府有一道不得不吃的獨特甜點「梅ヶ枝餅」，這道以麻糬麵團包裹著紅豆的甜點，又有傳源自一位老婦人不忍菅原道真遭軟禁，為他製作甜點裹腹，並把糕點黏在梅枝遞上，因而成了紀念他的食品。太宰府附近售賣梅枝餅的店家很多，當中這間創業於1923年的「かさの家」最具人氣，它的梅枝餅以糯米和粳米混合製作，紅豆蓉為餡，烤至外脆內綿，入口淡雅見簡單真味。

↑抹茶セット ¥650
除了外帶用的梅枝餅，客人亦可選擇「抹茶套餐」，安坐店內一邊銘茶一邊慢慢享用。

← 客人可從大玻璃窗一窺梅枝餅的製作過程。

梅ヶ枝餅 ¥150

MAP 別冊 **M04 B-2**
地 太宰府市宰府2-7-24
時 09:00-18:00
網 kasanoya.com
電 (81)092-922-1010

2c 鬼瓦最中 天山本店

這間在太宰府人氣非常的和菓店，店內的和菓子都有有趣的名字：不同味道的鬼瓦最中、鬼瓦勝手、季節限定的草莓鬼瓦最中等，內有用上十勝紅豆的豆沙餡、八女茶餡、白豆等，當天試了一客特別的栗子味，上下層的烙上鬼瓦圖案的餅皮，中間夾著甘甜的栗子和栗子蓉，味道清新，還可以邊走邊吃。

MAP 別冊 **M04 B-2**
地 福岡県太宰府市宰府2-7-12
時 10:00-17:00
休 不定休
網 www.monaka-de.com
電 (81)092-918-2230
交 西鐵太宰府站步行約2分鐘

→あまおういちご
大福最中¥700
士多啤梨麻糬最中，有紅豆餡、白豆餡和八女茶餡3款可選。

↑鬼瓦最中(白餡) ¥2,510/10個

2b

2c

WOW! MAP

客人也可選擇安坐店內的膳食區。客明太子茶漬餅套餐價錢¥864。

店內設有試食

2d 邊吃邊買
ふくや

這間專門售賣明太子的手信店客似雲來，無他，皆因店內設有多款不同種類的明太子供人試食，而且還準備好白飯和麵包讓客人逐款逐款慢慢試，相當貼心！此外，店內亦設有雅座供遊人坐下細意品嚐明太子拌飯。

←明太子屬於未煮熟的食品，必須冷藏，店內提供足夠8小時保冷的保冷套裝，內含保溫墊及保冷劑，售價¥100，強烈建議客人加購。

↙↓支裝明太子¥918
減鹽明太子¥1,296

MAP 別冊 **M04 B-1**

地 福岡県太宰府市宰府3-2-47
時 09:00-17:30
網 www.fukuya.com
電 (81)092-929-2981
交 西鐵太宰府站步行約3分鐘

---

3 當地人氣必去甜品店
coba café

這店就在西鐵站附近，14:00開始就是客人期待的甜品時段。店內只有數張桌子，點了一杯有夢幻顏色的檸檬汽水，再來了一客招牌的焦糖布甸，布甸充滿蛋香，口感綿密，和著甜而不澀的焦糖，再伴上一口甜得令人融化的雪糕和桃子，真的令人有著幸福的感覺呢！

←プレーン ¥550

→レモネード
¥600

MAP 別冊 **M04 B-2**

地 福岡県太宰府市宰府2-7-4
時 11:00-18:00
　(11:00-14:00為午餐時段)
休 不定休
電 (81)092-928-2211
交 西鐵太宰府站步行約1分鐘

2d

3

4 時間充裕的話
ださいふ遊園地

太宰府遊園地鄰近天滿宮，園內約有二十多款機動遊戲：木製室內遊樂場、迷你過山車、旋轉木馬、空中單軌單車、迷宮、小型賽車等，適合不同年紀的小朋友玩樂。

↑小火車適合年紀較小的小朋友

平日到來，遊人不多

MAP 別冊 **M04 B-1**

地	福岡縣太宰府市宰府4-7-8
時	10:30- 16:30、星期六、日及假期10:00- 17:00
休	不定休
金	中學生以上¥600、3歲至小學生¥400；任玩PASS中學生以上¥2,900、3歲至小學生¥2,700
網	www.dazaifuyuuenchi.com
電	(81)092-922-3551
交	西鐵太宰府站步行約8分鐘

5 日本第4間國立博物館
九州國立博物館

以「從亞洲史觀點掌握日本文化的形成」為重點主題，館內分為4層：1樓的「亞洲樂園」是個免費的體驗區，遊人可在此親身觸摸亞洲各國的民族服飾和傳統樂器童玩，展出日本自古以來與亞洲各地交流的所留下的文物，4樓則是文化交流展示室，亦即是以「海之道、亞洲之路」為主題的常設展館，展出逾800件見證日本由9萬多年前至今與各國文化交流的文物。

↑1樓的體驗區每逢星期日下午2點都會舉辦免費的導覽，帶領遊人參觀平常無法進入的博物館後台。

超巨型的山車展品

MAP 別冊 **M04 B-2**

地	福岡縣太宰府市石坂4-7-2
時	09:30-17:00 (最後入場16:30)
休	星期一、年末及不定休
金	大人¥700、大學生¥350、18歲以下免費
網	www.kyuhaku.jp　泊 有
電	(81)050-5542-8600
交	西鐵太宰府站步行約10分鐘或在九州國立博物館前巴士站下車步行約3分鐘

↑體驗區有各國的民族生活區

←遊人可免費試穿韓服飾拍照，最貼心的是有小朋友尺碼。

WOW! MAP

4　　5

⑥ 時光倒流咖啡館
珈琲 芽瑠辺

→投幣式撥輪電話也算是歷史遺物了。

↓店內的海報隱隱滲出年代感。

老闆島本榮三曾在日式西餐廳工作過，後來在1972年（昭和47年）於天神創立「芽瑠辺」，76年遷到西新區，成為本地的老字號咖啡店之一。店內的傢具和陳設一直沿用至今，紅色天鵝絨木餐椅、鐘擺吊鐘、撥輪式公用電話和宣傳海報等，全都有著舊時代的痕跡。人氣餐點炸蝦漢堡澆上特製醬汁，紅褐色的肉汁以5至6種蔬果燉煮一星期而成，味道深沉濃郁，與軟臉的手工漢堡非常匹配，館內的手作蛋糕配咖啡亦是人氣之選。

→逾70歲的老闆島本榮三以手沖形式為客人沖泡咖啡。

→炸蝦漢堡扒套餐（エビとハンバーグのセット）¥1,200

→蛋糕套餐（ケーキセット）¥850
套餐可選芝士抹茶、朱古力、蘋果金寶或芝士蛋糕，包咖啡或紅茶一杯。

MAP 別冊 M05 B-3

地　福岡県福岡市早良区西新1-7-10
時　11:00-22:30 (L.O. 22:00)
休　星期日
電　(81)092-851-9827
交　福岡地鐵西新站步行約3分鐘

❶ 烈火雞肉
もも焼きト酒 おがた

說到西新最受歡迎的餐廳，就不得不提這間以烤雞肉聞名的「もも焼きト酒 おがた」，它的烤雞腿肉以猛火炭烤，雞油滴下之際每每火冒三丈，老闆緒方和樹則依然氣定神閒，在旁輕輕翻動雞肉，彷彿燒烤過程都是表演一樣。招牌鹽燒雞腿肉嚴選來自宮崎的上等雞肉，醃過後原塊置放炭火直烤，不時補上雞油，並用刀切斷雞肉纖維，烤出來的雞肉輕輕帶焦同時又保拎鮮嫩多汁。除了燒雞腿之外，限定供應的雞骨醬油拉麵也是人氣之選。

↑雞肉以炭火直燒，火光紅紅，烤肉也成了客人最期待的表演。

←雞湯拉麵（淡麗塩鶏ラーメン）
¥850
以雞骨熬煮的清爽湯頭，配上製麵屋慶史的麵條，味道簡單中見真味。

↑烤雞腿肉吃得七七八八，即可加¥500另點一客香蒜飯（もも焼き後のガーリックライス），拌勻鐵板雞汁雞油精華同吃。

鹽燒雞腿肉（もも塩焼き）
¥2,200
雞皮帶焦香，半生熟的雞肉煙韌有彈性，送酒一流。

MAP 別冊 **M05 B-4**

地　福岡県福岡市早良区城西1-8-20
時　18:00-03:00 (L.O.02:00)、星期五六 18:00-24:00 (L.O.23:15)
休　星期日
電　(81)092-851-2840
交　福岡地鐵西新站步行約5分鐘

↑豚骨拉麵（豚骨ラーメン）¥680
湯頭意外地順喉，入口鮮鹹中略帶香甜。

→若嫌沾麵味道稍清淡，不妨添點酸辣醃菜提味。

⑧ 橫濱家系拉麵
海豚や

九州大多數拉麵都是豚骨系，這家「海豚屋」則主打在橫濱為中心流行的「家系拉麵」，結合九州豚骨湯頭與東京醬油湯頭，再添上土雞熬成金黃色的湯頭，以細直麵（可以自由選擇麵的硬度）配紫菜、叉燒、波菜和鵪鶉蛋等配料，味道比一般豚骨拉麵更濃郁，也更具鹹香。如喜好口味清淡，亦可點豬骨醬油沾麵（つけめん¥780）。

MAP 別冊 M05 B-3

| 地時電交 | 福岡県福岡市早良区西新1-11-16
11:30-05:00（L.O.04:00）
(81)092-822-8333
福岡地鐵西新站步行約兩分鐘 |

⑨ 街坊光顧
博多街道魚市

幾十年前，博多街道魚市僅接受鮮魚商店和餐廳批發，後來因應福岡居民的需求而擴展，成為一所小型魚市場，售賣白子、扇貝、蜆、蠔、鰤魚和鯛魚等新鮮海產。2樓食堂除了可以即場為客人加工海鮮之外，亦提供本日新鮮捕獲的海鮮料理，人氣套餐經濟實惠的市場海鮮丼（¥1,430），以及在即點即劏的活魚海鮮丼（¥1,980）。

MAP 別冊 M05 B-4

| 地時休網電交 | 福岡県福岡市早良区城西3-13-15
漁市場 11:00-18:00；食堂 11:30-15:00
（*星期五六設晚市17:30-22:00）
星期三
hakatakaidou-uoichiba.jp
(81)092-845-2711
福岡市營地鐵西新站步行約7分鐘 |

市場海鮮丼 ¥1,430
配有8至9款特選魚生，套餐還包括茶碗蒸、麵豉湯和白飯，相當抵食。

→榮螺（サザエ）
¥1,058
一份 3-4隻，可到樓上食堂燒烤加工。

肉質鮮甜的蓮子鯛
¥626/條

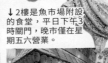

↓2樓是魚市場附設的食堂，平日下午3時關門，晚市僅在星期五六營業。

WOW! MAP

8　　9

⑩ 手工控天堂
Dua手芸屋

在店面小巧溫馨的手工素材店Dua裡，售賣超過5,000種來自世界各地的D.I.Y.材料，包括有五彩繽紛的串珠、款式多樣的鈕扣、精緻的黃銅墜飾、華麗的絲帶和各種材質的流蘇等，簡直是手工控的天堂。若嫌D.I.Y.太過麻煩，店內也貼心地提供手工成品如戒指、頸鏈和耳環。

↓立體黃銅片甚有復古感覺。

←鈕扣款式就算一樣，價錢也可能因顏色不同而異。

透明小罐裝有玻璃珠、陶瓷珠、膠珠等手工材料。

MAP 別冊 **M04 B-3**

地 福岡市中央区薬院1-7-16
時 11:00-20:00
網 dua.co.jp
電 (81)092-781-4220
交 福岡地鐵城南線薬院站步行約5分鐘

---

⑪ 手作店 X CAFE
Pita

位於Dua斜對面的Pita是它的姊妹店，同樣專門售賣手作材料，不過主攻的是不同材質的絲帶、綿線和布料，更會不定期舉辦製作手工飾物如編織杯墊、布藝刺繡和絲帶耳環等工作坊。最特別的是店內還有各種自家製飲品和甜品供應，讓客人可以邊閱讀手作書邊享用輕食。

←草莓芭菲（パフェ）
¥1,100
由杏仁薄脆、蜜餞和果醬都是自家製食材，芭菲材料會根據季節更替轉換。

→紗質刺繡絲帶 ¥990/米（左）、
¥1,430/米（右）

↑湖水綠浮雕鈕扣耳環 ¥1,980

MAP 別冊 **M04 B-3**

地 福岡市中央区薬院1-6-16
時 百田興産ビル201
11:00-20:00；Café 11:30-20:00
(L.O.18:30)
網 www.instagram.com/pita_fukuoka
電 (81)092-781-4220
交 福岡地鐵城南線薬院站步行約5分鐘

WOW! MAP

10　　11

福岡縣資料 ─ 福岡市

太宰府・西新・中央區

小倉・門司港 ─ 糸島

⑫ 北歐傢具店
TRAM

平日瀏覽社交平台的時候，總是特別欣賞日本北歐風的設計，如果閣下也是同好的話，這間「TRAM」就非常適合你！它是一間售賣北歐舊家具和家居用品的Showroom，展示以柚木、松樹、橡木製作的原色木櫃和木檯、粗糙的手工製燭台、寬敞結實的木椅，芬蘭製的玻璃餐具器皿，每件都極有質感，簡約樸素的風格叫人心動不已。

甫進內聽到店內播放的北歐民族音樂，浮現出濃厚的北歐氛圍。

MAP 別冊 **M04 B-3**

地 福岡市中央区薬院1-6-16,
　百田興産ビル202
時 12:00-19:00
休 星期三、四
網 tram2002.com
電 (81)092-713-0630
交 福岡市地下鐵城南線
　薬院站步行約5分鐘

⑬ 北歐傢具店
福岡生活道具店

以「為日常帶來多一點美好」為理念，由任職設計師的老闆兼小嶋健一經營，不僅出售搜羅自福岡以至九州的的家品雜貨、飲食器皿、餐具和食品，同時也售賣由他設計的家品，這些家品設計以人為本，例如本身已具防潮、防蟲、抗菌功用的大容量桐木米缸、可自由組合的座檯鏡盒、不易燃的桐木燈罩等，美觀又實用，深受本地及海外客人歡迎。

↑店內的木製傢具集實用和美觀於一身，大多由店主親自設計。

↓瑠璃釉小碟 ¥1,430

↑ HAKKIN Warmer ¥5,280
日本 HAKKIN 孔雀牌鉑金懷爐暖手器，可持續 24 小時發熱。

↑の収納箱¥2,750，由店主親自設計的多用途收納箱，具有防潮、防蟲、抗菌等特點。

MAP 別冊 **M04 B-4**

地 福岡市中央区薬院4丁目8-30
　P&R薬院, 2F
時 10:00-19:00
休 星期一
網 fukumono.com
電 (81)092-688-8213
交 福岡市地下鐵七猥線薬院大通站
　步行約1分鐘

WOW! MAP

12

13

一樓是售賣家品為主

↑Riki Clock ¥5,000

14 生活品味 B.B.B POTTERS

B.B.B POTTERS是區內有名的生活家品店，理念是向客人售賣耐用性高及帶有品味的生活雜貨：廚具、浴室用品、茶品、餐具和小文具等等，二樓的小小咖啡店，令客人在逛街的同時，亦可坐低融入悠閒的生活感。

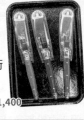

→牛油刀 ¥1,400

MAP 別冊 M04 B-3

地　福岡県福岡市中央区薬院1-8-8 1・2F
時　11:00-19:00
休　不定休　　網 www.bbbpotters.com
電　(81) 092-739-2080　　泊 有
交　地下鐵藥院大通站步行約1分鐘；西鐵藥院站
　　步行約5分鐘

↑café的空間既明亮又開闊

貨品擺放整齊，猶如走進示範單位

15 生活雜貨之藝術 SOMEWARE

對生活有品味的遊人，推介SOMEWARE這間專賣生活雜貨的小店。店內集合了日本國內的工匠設計、手作的生活小品：餐具、文具，其中有350年歷史的有田燒瓷器餐具，很值一看。

→一日限造20個的手製木裝飾 ¥470

MAP 別冊 M04 B-3

地　福岡市中央区薬院1-12-19
　　ロマネスク薬院第2-103
時　12:00-19:00
休　星期三
網　www.instagram.com/someware_theshop
電　(81)092-713-4565
交　西鐵藥院站步行約5分鐘

14

15

WOW! MAP

↑酒店共有 286 間客房 - 客房營造出精緻的氛圍，牆面分別以黑色、黃色和綠色三種顏色呈現，每個房間都展現出不同的風格，為您帶來獨特的「放鬆體驗」。

酒店中感受治癒之旅

クロスライフ博多天神

Cross Life博多天神位於春吉地區，該地區位於博多和天神區繁華街之間，呈現著充滿人情味的街道，人們在這裡生活蓬勃發展。酒店周圍有許多受歡迎的觀光景點和當地人才知道的秘境，非常適合享受福岡之旅。酒店內設有多功能的社區活動中心（360° Hub）、大浴場、洗衣房和更衣室等設施，為您提供舒適的住宿體驗，就像第三空間一樣。

↑→除了福岡餐牌外，還有 55 款自助早餐。種類豐富的牛角包也很受歡迎。

↑大浴場（PUBLIC BATH）配有桑拿和數字藝術設施。數字藝術作品以「自然療癒」為主題，展示了隨時間變化的屏幕，描繪了自然現象（森林、天空、雲、光、水、生命）。在這個幻想世界中體驗治癒，享受寧靜的時光。

MAP 別冊 **M03 C-2**

地	福岡県福岡市中央区春吉3-26-30
時	24小時
休	無休
網	https://mycrosslife-tenjin.jp/?lang=tw
電	(81)092-733-0130
金	2人一室每位7,000円-22,000円
交	地下鐵七隈線「天神南站」徒步5分鐘

WOW! MAP
クロスライフ博多天神

結合藝術與文化的酒店
クロスライフ博多柳橋

酒店位於柳橋聯合市場旁，前往天神區和博多區非常方便。同時，酒店位於結合了傳統街道風景和年輕藝術家畫廊等新文化的「樂在步行街」中，建築物內的藝術品和設計融入了這個地區傳統與現代文化共存的特色。建築物以博多絲織品為靈感，天花板上則以具有約300年歷史的精緻木工文樣大川組子創作，展現出地區的特色。特式早餐包括福岡名物「牛蒡天婦羅烏龍麵」及「鰹魚茶漬飯」。

↑ 以福岡的傳統小石原燒陶器用為樓層號碼和房間號碼的指示

MAP 別冊 **M04 B-3**

地 福岡県福岡市中央区春吉1-6-5
時 24小時
網 https://mycrosslife-yanagibashi.jp/?lang=tw
電 (81)092-733-3900
金 2人一室每位6,000円-20,000円
交 地下鐵七隈線「渡辺通駅」徒歩4分鐘

休 無休

←共有 242 間客房，多款客房適合商務或家庭使用。在現代時尚又溫馨的客房空間中，享受寧靜的時光。

→「360°Hub」共享空間可在上午 11 點至晚上 9 點之間自由使用

↓ 福岡名物「牛蒡天婦羅烏龍麵」及「鰹魚茶漬飯」。

🔟 日台拉麵控必到
秀ちゃんラーメン

秀ちゃんラーメン不只在九州縣內廣為人知，它於2012年曾跨界和Mastermind Japan合作於台北街頭，變身成為Master Noodle期間限定的拉麵店，所以為不少台灣人所熟悉。店內主打的王道拉麵是100%的豚骨湯底，是地道的博多濃味豚骨拉麵，香濃的豚骨湯底，配上客人自選的麵條，而湯面的兩片叉燒則滷得入味，上枱前店家還會放下大量芽菜及蔥花，又或自行添加芝麻或蒜頭，是一間很地道的拉麵店。

↑ 王道ラーメン加玉子 ¥850

MAP 別冊 **M04 B-3**

地 福岡県福岡市中央区警固2-13-11
時 11:30-14:00、19:00-24:00 (星期六日及假期至14:30)
休 星期一、星期日休下午
網 twitter.com/tomboramen
電 (81)092-734-4436
交 地下鐵赤坂站2號出口步行8分鐘
泊 附近有收費停車場

↓ 棉質印花童裝 ¥3,500

↑ 復古風的百摺長裙 ¥7,800

↑ 一樓是較大路的服飾

🔟 明亮乾淨古著店
Bingo Bongo

古著店亦即二手服飾店，在日本大行其道的原因是因為人們都很環保，對穿著過的衣飾、手袋、飾物和鞋都保養得很好，專門賣二手的店家更會整理妥當才會出售，所以不少的古著店走進去時跟本不察覺到是二手的。這間Bingo Bongo二手服飾店乾淨明亮，衣飾和配飾都是新簇簇的，更有小孩的古著，有興趣的朋友可以一到。

MAP 別冊 **M04 B-3**

地 福岡市中央区大名1-1-26
時 11:00- 20:00
電 (81)092-716-2658
交 西鐵福岡站步行約7分鐘

←毛公仔和飾物也有

WOW! MAP

16   17

顧客都是年青一族

↑布織涼鞋 ¥8,000
←藍底印花恤衫 ¥13,000

18 型格潮流 LIFE's

到這區逛除了看看日本的雜貨家品，還可以到衣飾店逛逛。這間 LIFE's 是走潮流路線之服飾店，內裡有素色的針織上衣、連身裙、卡奇色的吊腳褲，同時也有用色大膽誇張的 oversize 外衣，喜歡走型格系的遊人可以一到。

MAP 別冊 M04 B-3

地 福岡市中央区大名 1-1-31-1
時 11:00-20:00
網 lifes-203.com/user_data/shop.php
電 (81)092-791- 8311
交 西鐵福岡站步行約6分鐘

店內全是男士服飾

19 男士限定 proof of power

這間專賣男裝的衣飾店，內裡款式眾多，由休閒的板仔大碼 TEE、用色誇長的連帽上衣到文質彬彬的皮鞋都有，而放在窗前陳列的三角型小包包更是特別，可以慳位地擺放零錢之餘，也很有設計美感。

→修剪不規則的 TEE ¥22,000

→帶點復古味的皮鞋 ¥28,000

MAP 別冊 M04 B-3

地 福岡市中央区大名1-2-49
時 12:00- 20:00;
　 星期六、日及假期11:00- 20:00
網 proofofpower.wordpress.com
電 (81)092-712-5151
交 西鐵福岡站步行約7分鐘

---

20 二手復古潮服 2nd Street

在日本國內有多間分店的二手服飾店，部份店舖更有家具和小型家電售賣。有衣飾、皮帶、鞋履和包包等，雖是二手古著店，可是店內亦設有試身室，大家可以放心試身才決定是否買。

MAP 別冊 M04 B-3

地 福岡縣福岡市中央区大名1丁目12-49
時 11:00-21:00
網 www.2ndstreet.jp
電 (81)092-718-7766
交 西鐵福岡站步行約4分鐘

↑部份大褸只要數百円就有交易

→民族風外套 ¥1,600

18　19　20　WOW! MAP

↑泡足湯的位置只有數個，遊人要親密一點坐

㉑ 鎮守福岡城鎮 警固神社

就在西鐵福岡站不遠處的警固神社是消除惡運和祈求合格的能量點。那個佇立在眾多商圈中的鳥，給遊人感覺很大的反差，大家到來朝拜後大都會走到旁邊的免費足湯泡泡，放鬆一下。

MAP 別冊 **M04 B-3**

地 福岡市中央区天神2-2-20
時 06:00-18:00
網 kegojinja.or.jp
電 (81)092-771-8551
註 神社事務所可買到毛巾 ¥100

↑貓貓都很自在地走來走去，小朋友都覺得很新奇。

MAP 別冊 **M04 B-3**

地 福岡県福岡市中央区大名
　 1-10-15
　 WATTビル1F
時 星期一、三至五15:00-21:00；
　 星期六、日及假期13:00-21:00
　 (最後入場20:30)
金 ¥1,150/30分鐘、¥1,300/1小時
網 nekocafe-keurig.com
電 (81)092-406-8980
交 地下鐵赤坂站步行約5分鐘

點了飲品後，幸運地有隻小貓來陪飲

㉒ 超治癒的貓痴落腳點
Neko Café Keurig

這間café內有大約二十多隻小貓，每隻小貓都有自己的小過去，有不少都是被遺棄的。店內滿佈了貓咪最愛的架子和貓抓板，有些會活潑地跳來跳去，有的會很樂意和客人拍照玩樂，來這裡和小貓們玩樂真的很治癒呢！

21

22

WOW! MAP

↑以木色為主調的咖啡店
↓在這裡喝咖啡是很適合慢慢來的

23 讓咖啡香縈迴在旅途上
屋根裏 貘

位於樓上的屋根裏，貘是Art Space Baku藝術空間附設的咖啡店，古老的鋼琴配著黑膠唱片的菜牌，暗暗地瀰漫著artistic的味道。午餐時分點了一客燒豚肉飯配咖啡，燒香的豚肉帶點焦香，配自家的醬汁和香滑的蛋卷，很惹味；在充滿古色古香的咖啡店內，客人享受的不只是頓美味午餐或是一杯香濃的咖啡，更重要的是要身心慢下來，在謐靜的環境下，把自己融入周遭的悠閒氣氛。

→燒豚肉飯
¥1,100

MAP 別冊 **M04 B-3**

地 福岡県福岡市中央区天神3-4-14 時 11:00-00:00
網 www.artspacebaku.net/wiki 電 (81)092-781-7597
交 地下鐵天神站步行7分鐘

老虎獅子是必看的吧！

↑園內有單軌電車可以代步

↑動物園一到假期就會熱鬧起來

MAP 別冊 **M04 B-4**

地 福岡県福岡市中央区南公園1-1
時 09:00-17:00（最後入場16:30）
休 星期一、12月29至1月1日
金 大人¥600、中學生¥300、中學生以下免費 泊 有（付費）
網 zoo.city.fukuoka.lg.jp
電 (81)092-531-1968
交 地下鐵藥院大通站下車，步行約15分鐘。

↑迴廊溫室可看到巨型的仙人掌

24 市民周末玩樂點
福岡市動物園 親子

福岡市動物園距離地鐵站約十五分鐘步程左右就到達，交通尚算方便，園內有各式的動物和飛禽：長頸鹿、猴子、河馬、大象、企鵝、斑馬和小白兔等，還有動物科學館、遊戲設施、小朋友動物園、食堂和賣店等，邊走邊看，大約兩小時可走完，周末到來會較熱鬧。

23

24

WOW! MAP

小倉・門司港
Kokura・Mojiko

必見！
門司港レト
口展望室

北九州是由五個城市組成：小倉、若松、八幡、戶畑和門司港，而其中小倉和門司港是最為港人熟悉的北州城市，北九州市接通本州和九州，是重要的交通玄關。門司港在大正時代與本州貿易頻繁，港口附近建了很多有特色的洋式房子，充滿異國風情！

往來小倉・門司港交通

福岡天神巴士中心	🚌 西鉄巴士ひまの号 約1小時29分鐘 ¥1,350	小倉站前
JR博多站	🚆 JR山陽新幹線 約20分鐘 指定席 ¥4,350	JR小倉站
JR小倉站	🚆 JR鹿兒島本線 約13分鐘 ¥280	JR門司港站

↑車頂介紹的是門司港的人氣景點

MAP 別冊 **M06 B-2**

地 北九州市門司區西海岸1-7-1
時 星期六、日10:00- 17:00
休 指定運行日外
金 單程中學生以上¥300、
　 小學生¥150
網 www.retro-line.net/about
電 (81)093-331-1065
交 JR門司港站步行約2分鐘

這裡是潮風號的起首站

① 懷舊觀光列車**潮風號**

這條全長只有2.1公里的觀光鐵道是遊人周末暢遊門司港的必到景點，它由九州鐵路紀念館出發，途經出光美術館、諾福克廣場，然後穿過隧道就到達終點關門海峽和布刈站。海藍色的小火車只有兩卡，坐在木製的座位上，倘大的車窗看著門司港、關門海峽的景色，令人陶醉。

② 特色精品店
Platz (Great Unknown)

這間很有個性的小店位於門司港站的轉角處，店內放滿了帶有個人style的作品，每一件製成品都富有特色：型格的布袋、印有可愛圖案的print tee、色彩沉實的眼鏡袋等，客人細心留意每件作品，是否可以分享到創作者的世界？

↑i-phone套 ¥3,465

↑眼鏡袋很有心思 ¥3,200

↑這件造型獨特的tee原來是一個鐘！ ¥6300

←小模特兒示範不同造型的環保袋 ¥3,800起

MAP 別冊 **M06 B-2**

地 福岡縣北九州市門司區港町7-8
時 11:00-20:00；星期六、日及假期10:00-20:00
休 第二及第三個星期二
網 www.instagram.com/greatunknown.co
電 (81)093-331-5251　泊 有(收費)
交 JR門司港站步行約2分鐘

1　　2

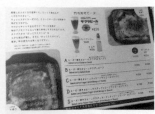

↑ 餐單上有英文，方便海外遊人

MAP 別冊 **M06 A-2**

地　福岡県北九州市門司区西海岸
　　1-4-7門司港センタービル1
時　11:00- 21:00、星期五、六及假
　　期前至22:00(L.O.關前30分鐘)
網　bearfruits.jp
電　(81)093-321-3729
交　JR門司港站步行約1分鐘

③ 女神上戶彩推薦
燒咖喱BEAR FRUITS 本店

這間鄰近門司港站的燒咖喱店就是因為有女神上戶彩的加持，吸引了不少遊客到來試試。燒咖喱上面鋪滿厚厚的芝士和辣粉，超濃稠的芝士和著微焦的咖喱，還稍辣的味道為味蕾帶來刺激，令人胃口大開，大啖咖喱後，再吃一口清新的沙律，沒有太多的罪惡感吧！

鋪面的拉絲芝士和燒咖喱口感濃郁❸

④ 獨特八角形設計
旧大阪商船

已登錄有形文化財產的舊大阪商船建於1917年，是一座樓高2層，帶有西洋風格的建築物。外牆橙紅色的磚瓦以及獨特的八角形塔頂為其賣點。昔日的門司港海路頻繁，這裡是旅客等船的候船室；現在的1樓是設計室，售賣地域作家作品，而2樓則是出光美術館。

MAP 別冊 **M06 B-2**

地　福岡県北九州市門司區港町7-18　　時　09:00-17:00
金　展覽館大人¥150、小童¥70
網　www.mojiko.info/spot/osaka.html
電　(81)093-321-4151　　交　JR門司港站步行約3分鐘

⑤ 一代天才愛恩斯坦都曾入住的
旧門司三井俱樂部

舊門司三井俱樂部是一棟充滿歐洲味道的旅館，位於門司港站的斜對面，它建於1921年，原本是一棟屬於三井物產的昔日的旅館，今天成為觀光名勝。俱樂部有一洋式餐廳，可食到美味的河豚料理。

←舊門司三井俱樂部之所以出名是因為愛恩斯坦夫婦來日本期間曾經入住，並在此度過聖誕節。他們曾入住的2樓房間亦保留至今。

MAP 別冊 **M06 B-2**

地　福岡県北九州市門司區港町7-1　　時　09:00-17:00
金　2樓入場費大人¥150、中小學生¥70
網　www.mojiko.info/spot/mitui.html
電　(81)093-321-4151　　泊　有
交　JR門司港站步行約3分鐘

WOW! MAP

3

4

5

❻ 溫馨小茶房
門司港茶寮

這間粉綠色的小茶房，店內木色的主調襯著鏤空的格子窗，暗暗地散發著昔日港口的味道。試了一客水果紅豆雪糕，砌得很有心思的水果和著甜甜的紅豆和雪糕，最底層還有抹茶味的果凍，吃完後心情頓時愉快起來呢！

茶室的鑲格窗很有味道

↑ クリームあんみつ
（鮮果餡蜜）¥759

MAP 別冊 **M06 B-2**

地 福岡県北九州市門司区港町7-8 門司郵船ビル1F
時 10:00-21:00 (隨季節略有不同)　網 mojikosaryo.com
休 不定休　電 (81)093-332-7122
泊 有　交 JR門司港站步行約1分鐘

↑ 遊人可以看到當時的洗手間

MAP 別冊 **M06 A-3**

地 福岡縣北九州市門司區西海岸一丁目5-31
電 (81)093-321-8843
交 JR門司港站

❼ 重現大正時代 JR門司港站

自1891年啟用至今已超過百年歷史的門司港站，可謂見証著北九州的發展。它於2019年重開後，不論外觀或是內裡的設計都保留了大正時代和洋兼容的獨特風格。

❽ 海邊吹吹風
門司港レトロ海峽プラザ

海峽廣場是北九州的shopping mall，分東西兩館，東館多以各國美食的餐廳為主，有壽司、茶室、西餐和拉麵等，1樓的海鮮市場有琳琅滿目的新鮮海產、漬物、明太子和一夜干，過百款小食任君選擇。而西館則售門司港限定的紀念品。

MAP 別冊 **M06 B-2**

地 福岡県北九州市門司区港町5-1
時 10:00-20:00 (餐廳11:00-18:00)
網 www.kaikyo-plaza.com
電 (81)093-332-3121　泊 有(收費)
交 JR門司港站步行2約分鐘

兩個香蕉造型的公仔，吸引很多遊人留影。

WOW! MAP

坐在餐廳內，帶點歐陸風情

↑キーマ焼きカレー ¥1,000

MAP 別冊 **M06 B-2**

地 福岡県北九州市門司区港町2-14
時 11:30- 14:00、17:30- 22:00
休 星期三
網 mitsubachicurry.com
電 (81)093-332-4511
交 JR門司港站步行約4分鐘

⑨ 咖喱小酒館
MITSUBACHI CURRY

別以為吃燒咖喱就只是吃咖喱的店家！這裡大家可以一邊喝酒，一邊吃燒咖喱，店家將燒咖喱和酒館的概念混合一起，午餐客人還不少，試了一客推介的肉碎燒咖喱，肉碎混著原始keema咖喱的香味，蔬菜帶著微微的蜂蜜甜味，嚐一口咖喱，帶著洋蔥、番茄及多重香料的味道，口感豐富且和一般的日式咖喱味道不同。

↑関門タコのラグーパスタ ¥1,200

MAP 別冊 **M06 B-2**

地 福岡県北九州市門司区港町3-14
時 11:30-15:00(L.O.14:00)、
　 18:00-22:00
休 星期三
網 www.facebook.com/propellerkitchen
電 (81)050-5600-0958
交 JR門司港站步行約6分鐘；或門
　 司港レトロ観光線出光美術館站
　 步行約1分鐘

深啡色的木地板配著純白的牆壁，有別於一般的酒吧

⑩ 特別的擺設意粉
プロペラキッチン

來這裡午餐真的要推介大家吃這款造型特別的章魚意大利粉。這個意大利粉是不少遊人必點的，純白的碟子上，放上一個傾斜的小瓦杯，灑滿芝士粉和鮮番茄的意粉，就看似由杯中傾瀉而出，旁邊伴著煮得軟腍的茄子，味道濃厚且帶著番茄的鮮甜，軟硬剛好的意粉，口感也是無可挑剔的。

WOW! MAP

9

10

不少電視、電台都介紹這店家

⑪ 有名和菓子店 なごし 本店

這間なごし是區內有名的和菓子店，它人氣的「星野村抹茶生大福」和「栗きんとん栗まんじゅう」（栗子饅頭）更獲全國菓子大博覽會的名譽獎，當然還有西式的和菓子也可以一試，包裝精美，買作手信絕對得體。

MAP 別冊 **M06 B-2**

地 福岡県北九州市門司区錦町2-7
時 09:00-18:30、星期日及假期09:00-18:00
休 不定休
網 www.nagoshi.co.jp
電 (81)093-321-3292
交 JR門司港站步行約9分鐘

星野村抹茶生大福 ¥205
採用福岡八女的星野村產抹茶和丹波紅豆製作，是當店人氣第一的和菓子。

⑫ 新鮮水果甜品
Moon de Retro

這間位於站旁的甜品店，隨季節有不同的當造水果：蜜柑、哈密瓜、士多啤梨、桃子等。下午茶時份點了一客雜果啫喱，有鮮甜的奇異果、杜果、西柚和提子，下面底層則是果肉啫喱，味道清新。

静岡メロンパルフェ×ストロベリー ¥2,000
香甜靜岡蜜瓜與完熟士多啤梨製作出豪華的水果芭菲盛宴。

↑ 客人可以選擇坐在海邊吃甜品

MAP 別冊 **M06 B-2**

地 福岡県北九州市門司区東港町
1-24旧門司税関 1F
時 11:00-17:00
休 不定休
網 www.ff-mooon.com/mooon-de-retro
電 (81)093-321-1003
交 門司港レトロ観光線出光美術館站步行約2分鐘

MAP 別冊 **M06 B-2**

地 福岡県北九州市門司区栄町5-7
時 09:00- 18:00
休 星期日、假期
電 (81)093-321-1275
交 門司港レトロ観光線出光美術館站步行約4分鐘

店內有不同類型的酒品

⑬ 百年老酒舖 山口酒店

這間位於榮町的酒舖創業於1908年，至今已超過100年，可說是一間不折不扣的老店。店的老闆是第三代的山口仁先生，店家自十年前裝修後給人摩登的感覺，木架上可以找到門司港的燒酎、店家推介的純米大吟醸－「門司港レトロ夢伝説」，還有北九州生產的「猿喰1757」等等。

11

12

13

WOW! MAP

14 日本唯一步行者專用吊橋
藍翼門司

當吊橋升起時仿如一雙藍色的鳥翼，所以命名為藍翼門司(Blue Wing Moji)，是日本全國最大型的步行者專用吊橋，以往吊橋開啟是為了讓船隻進入門司港，吊橋仍然伴隨音樂定時開橋閉橋，重現昔日的樣貌，讓遊人可以參觀。

↑遊人可步行在橋上欣賞風景

MAP 別冊 M06 B-2

地 福岡県北九州市門司區港町
電 (81)093-332-1032(北九州港灣局)
交 JR門司港站步行5分鐘

泊 有(收費)

樓高5層的小倉城在春天櫻花季節時，甚有氣勢。

15 俯瞰小倉市
小倉城

小倉城帶點唐式的味道，是400年前由日本武將細川忠興建。在1樓的展館，遊人可看到當時小倉城下町的模型，有貿易船和街景，反映出昔日人民的生活。

MAP 別冊 M05 B-2

地 福岡県北九州市小倉北區城內2-1
時 4月至10月09:00-18:00；11月至3月
　 09:00-17:00 (最後入館為關門前30分鐘)
金 大人¥350、大中學生¥200、小學生¥100
網 www.kokura-castle.jp/
電 (81)093-561-1210
交 JR小倉站步行20分鐘或JR西小倉站步行約10分鐘

泊 有

←在小倉城隔鄰的小倉城庭園，亦暱稱「小笠原會館」，遊人可繞池一周，可欣賞到園內展示區、庭園區、體驗區和書院區。

↑豚骨拉麵(細)　¥650
濃郁的豚骨湯底，配上彈牙的拉麵，滋味無窮。

16 街邊小檔
丸和前ラーメン

來到九州當然要試下道地的街邊檔，體驗一下當地的飲食文化。在魚町銀天街的對面街道上，晚間會有小攤販擺檔，丸和前便是其中一間，只賣關東煮和拉麵，雖說是街邊檔，但食物卻出奇地美味，坐在路邊吃一碗熱辣辣的拉麵，別有一番風味。

不少日本人下班後都來吃拉麵

MAP 別冊 M05 B-2

地 北九州市小倉北区魚町銀天街的對面
時 星期一至五 20:30-04:30；星期
　 六 20:30-05:00
休 星期日、天氣不佳時
電 (81)093-962-4064
交 單軌電車旦過站步行約2分鐘

14　　15　　16

17 和當地人一齊逛過夠

旦過市場

旦過市場是由大正時代的漁業起貨場演變而來的，至今已超過100年歷史，市場內約有200多家店舖，由早上8時開始就會熱鬧起來，價格也便宜，大多以新鮮的海產、當造蔬菜為主，也有乾貨和特色手信。值得一提的是這裡的刺身尤其新鮮，色澤光鮮之餘，口感爽甜，只要數百円就有交易，另有不少熟食：烤雞串、炸雞和天婦羅等香口小食，各位如果來小倉市不妨一逛，記得早一點呢，因為大約5點過後，店舖就會陸續收舖。

↑市場內有水果和熟食，排列整齊。

→現場即製的豆沙夾餅，軟滑新鮮。

MAP 別冊 **M05 B-2**

地	北九州市小倉北区魚町4-2-18
時	09:00-19:00
網	tangaichiba.jp
泊	有 (收費)
休	星期日及假期
電	(81)093-513-1555
交	JR小倉站步行約10分鐘

---

18 北九州最大商場

北九州Riverwalk

集文娛康樂及購物於一身的北九州Riverwalk，商場外型獨特，設計新穎，而場內亦很有開放感，四周被歷史悠久的小倉城和勝山公園包圍，內有時裝店、特色小雜貨、藥妝店、拉麵等等，是一個很適合一家大小同來的複合式商場。

←↑QsQs裡的家品令人大破慳囊

←→Kiddy Land可買到可愛文具及配飾

←其中一間Jeans mate專賣便服，不少Tee只要千多円有交易。

MAP 別冊 **M05 B-2**

地	福岡県北九州市小倉北区室町1-1
時	10:00-20:00；餐廳至21:00；娛樂至21:00
網	www.riverwalk.co.jp
電	(81)093-573-1500
交	JR小倉站步行約10分鐘；西小倉站步行約3分鐘

WOW! MAP

17 18

171

系島
Itoshima

必見!
**Palm Beach
The Gardens**

往來系島交通

福岡市 — 駕車 約40分鐘 → 系島

距離福岡市約40分鐘車程的系島，它緊鄰優美的玄海灘、有白色的小屋、海景Cafe、在夕陽美景和椰林樹影襯托下的異國情調，難怪成為當地人度週末和網民打卡的熱點。

遊人就這樣坐在巴士旁，成了路邊一道獨特的風景

1 英倫風格
LONDON BUS CAFE

香港人面對這架紅色的巴士總會有點熟悉的感覺吧！這架鮮紅色的巴士就隨意的停泊在路邊，售賣食品的小窗口放著藍白的太陽篷，客人點好食物後，可選揀坐在後面café的開放式座位，又或登上旁邊的巴士。喜歡看風景的我，豪不猶豫的就登上了巴士的上層，透過車窗看著無邊海景，一邊享受著美味的熱狗和熱辣辣的炸薯條。

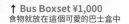

↑ Bus Boxset ¥1,000
食物就放在這個可愛的巴士盒中

↑ 巴士上層可看到絕美的海景

MAP	別冊 M16 A-1

地 福岡縣糸島市志摩野北2289-6
時 11:00-日落
休 不定休 電 (81)070-4350-0455
網 itoshimalbc.theshop.jp 泊 有
交 PALM BEACH THE GARDENS
駕車約8分鐘；或福岡市駕車約
45分鐘

↑ 服務生會將客人點選的食物送到巴士上

WOW! MAP
1

② 藍天白雲
PALM BEACH THE GARDENS

第一站可以先來PALM BEACH。這裡位處沙灘旁，有專賣特色滑浪衣飾的店子、雪糕店、餐廳等。自駕的遊人大可以泊低車子，穿過草地，赤腳到沙灘走走、坐在木鞦韆上盪盪、讓腦子盡情放鬆一下。

MAP 別冊 **M16 B-1**

地 福岡県福岡市西区西浦285	電 (81)092-809-1525
時 10:00-18:00（各店略有不同）	泊 有（付費）
網 pb-gardens.com	
交 JR今宿站乘車約20分鐘；或福岡市駕車約40分鐘	

②a 天使の羽

來系島遊樂的遊人，定必會來這個天使之翼打卡。這幅巨型的天使之翼壁畫就在PALM BEACH THE GARDENS旁的沙灘。

③ 日本夕景100選
桜井二見ヶ浦

這兩塊大小相仿的海岬就是「夫婦岩」，是系島有人氣的Power Spot，據說情侶或是夫婦到來祈願，緣份就可以長長久久呢！

↑夫婦岩「筑前二見ヶ浦」就在櫻井神社宇良宮前，日落時份特別美麗。

MAP 別冊 **M16 B-1**

地 福岡県糸島市志摩桜井4227
電 (81)092-327-0317
交 PALM BEACH THE GARDENS步行約9分鐘

↑新人更到這裡拍婚照

WOW! MAP
2　　3

④ 定必要來逛逛的景點 イタル

↓塩ぜんざい¥850

這間イタル集合了三間店家在內，有イタル喫茶店、新三郎商店和SUMICAFE（休業中），它們全是製塩所工房とったん旗下的直營店。店家是百年町家的建築，保留了昔日的木材、挑高的天花板和格子窗等，很有懷舊的味道。下午時份在イタル點了一客熱的鹽味紅豆湯，悠閒地坐在榻榻米上，一邊看著窗外謐靜的風景，一邊嚐著溫熱帶甜的紅豆湯。

店內座位寬敞舒適

MAP 別冊 **M16 B-2**

地 福岡県糸島市本1454
時 11:00-17:00 (午餐至 15:30、喫茶至16:30)
休 不定休
網 mataichi.info/itaru
電 (81)092-30-8732
交 PALM BEACH THE GARDENS駕車約30分鐘；或JR一貴山駕車約7分鐘

三款不同的食鹽
¥2,500

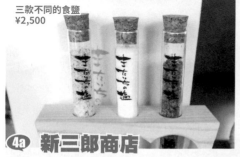

↓キャラメル ¥450

↑花鹽的鹹味令布甸的牛奶味更突出

④a 新三郎商店

時 10:00-17:00　　休 不定休

新三郎商店售賣區內的調味料、雜貨和食品等，當然推介大家必試的是人氣的鹽味布甸。小小玻璃瓶盛滿軟滑的布甸，口感甜中帶著鹽的淡淡鹹味，這些花鹽是用上系島的海水提煉成的高級食鹽，混著焦糖吃，猶如人間美食，一試難忘。

WOW! MAP

4

店內有農產品和特產

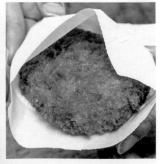

↑特製万歩鶏コロッケ ¥180
以薯仔和萬步雞肉製成的可樂餅。

MAP 別冊 **M16 B-1**

地 福岡県糸島市志摩桜井5250
時 09:30-17:00
網 natural-egg.co.jp
休 不定休
電 (81)092-329-4800
交 LONDON BUS CAFÉ駕車約5分鐘

⑤ 買新鮮農產品及特產
緑の農園直売店
にぎやかな春

這間專門售賣有名本地雞蛋，它是天然的，低膽固醇、蛋黃黏稠帶有蛋香，令客人吃得安心。臨走前更點了一個人氣的萬步雞的炸薯餅，外層香脆，內裡的肉質鮮嫩彈牙，很美味！

↑塩麹キャラメルのロールケーキ ¥578
加入塩麹核桃的捲蛋，味道甜中帶點鹹。

MAP 別冊 **M16 B-1**

地 福岡県糸島市志摩桜井5234-1
時 10:30-17:00
休 星期二、年末年始
網 natural-egg.co.jp
電 (81)092-327-5850
交 緑の農園直売店にぎやかな春
步行約2分鐘；或LONDON BUS
CAFÉ駕車約6分鐘

⑥ 鹹甜交錯的美味
つまんでご卵ケーキ工房

店內有蛋捲、朱古力蛋糕、牛油蛋糕和雞蛋糕等，試了一客人氣的鹽漬焦糖蛋糕卷，外層糕香軟，內裡的甜甜忌廉混著鹽漬焦糖的微鹹，口感豐富。

WOW! MAP

5   6

裝修優雅

↑ 紅莓芝蛋糕 ¥450、番石榴汁 ¥600

↑ 天氣涼快時，建議客人揀選戶外座位。

⑦ 優雅的下午茶

CURRENT Bakery Cafe

甫推開店門，你會有點驚訝，因為店內的裝修帶點古典的優雅、又帶點大自然的氣息，木椅木桌配上綠油油的植物作點綴。天氣清涼的日子揀了露天雅座，一邊望著玄界灘的風景、一邊呷著番石榴汁、再細啖那濃厚的芝士蛋糕，恨不得就窩在這裡過一個下午。

MAP 別冊 **M16 A-1**

地 福岡縣糸島市志摩野北2290
時 08:00-10:00(L.O 10:00)、11:00-18:00 (L.O.17:00)*星期日 19:00閉店
休 星期三、另有不定休　網 www.bakeryrestaurantcurrent-2007.com
電 (81)092-330-5789　交 LONDON BUS CAFÉ對面

MAP 別冊 **M16 A-2**

地 福岡縣糸島市志摩芥屋677
時 4月至11月09:00 - 16:30
休 第2、4個星期三；天氣不佳時會停航
金 大人¥1,000、
　3歲以上至小學生¥500
網 www.keyaotokankousha.jp
電 (81)092-328-2012　註 7-8月無休
交 PALM BEACH THE GARDENS駕車約18分鐘；或JR筑前前原站乘巴士於芥屋下車，步行約10分鐘

這條六角柱隧道好壯觀，洞內的玄武岩最高有 64 米

⑧ 日本最巨型玄武岩

芥屋の大門

想近距離欣賞日本最大的玄武岩洞，最好的方法就是參加這個25分鐘的遊覽船，身在其中看到四周被指定為國家天然紀念物的六角柱狀石，令人難忘。

WOW! MAP

7　　8

↑體驗教室有多達二十多款天然精油供選擇

MAP 別冊 M16 A-2

地	福岡県糸島市志摩小金丸1763-1
時	11:00-17:00（體驗教室至16:00）
休	星期一、二
金	香薰製作體驗¥1,760
網	kaorinomiya.com
電	(81)092-327-2964
交	PALM BEACH THE GARDENS駕車約15分鐘；或JR筑前前原站駕車約16分鐘

⑨ 自製與別不同的香薰
アロマの工房 香の宮

喜歡手作體驗的遊人，可以到香の宮為自己製作一支獨一無二的香薰。店內用上百份百的天然精油，款式多達二十種，大家可以試試製作潤唇膏、保濕霜或香水等。

↑環境乾淨，沒有太大油煙

↑客人點選後，店家就會從水缸中撈起海鮮，新鮮度十足

MAP 別冊 M16 A-2

地	福岡県糸島市志摩芥屋677-2
時	11:00-22:00 (L.O.21:30)
網	www.hamayaki-shirahamaya.com
電	(81)092-328-3282
註	冬季會變成燒蠔小屋
交	芥屋の大門碼頭步行約1分鐘

焼き海鮮盛り合わせ ¥1,980

⑩ 海鮮燒烤
浜焼き白浜家

冬季的系島，遊人必定會來這裡吃燒蠔；若果夏天到來，則可以在這裡吃到海鮮燒烤。當天坐完遊覽船就徒步過來，來了一客海鮮雜錦燒烤：有生蠔、海蝦、帶子及蜆等，然後逐一慢慢將海鮮放在爐上，大家要留意為保留海鮮濕潤度，要避免燒得太久令水分和油脂消失。

WOW! MAP

9

10

除了銅鑼燒還有其他士多啤梨的特產

↑士多啤梨脆多士 ¥410

⑪ 草莓控必到
伊都きんぐ本店

伊都きんぐ有自己的農園，栽種出自家研發的士多啤梨品種，然後加工成各式美味的和菓子和甜品。其人氣的產品有士多啤梨銅鑼燒：外層的麵皮軟嫩，中間夾著草莓奶油、鮮奶油和草莓醬，味道天然鮮甜，沒有人造色素，可以吃出士多啤梨的原味。

←どらきんぐエース
（士多啤梨銅鑼燒）
¥580

→いちごの卵 ¥1,400
內藏福岡縣產士多啤梨的朱古力。

MAP 別冊 **M16 B-2**

地 福岡県糸島市南風台8-4-11
時 11:00-18:00；星期六日10:00-18:00
休 不定休　網 www.itoking.jp
電 (81)092-321-1504
交 JR美咲が丘站步行約13分鐘

↑木造小動物擺設 ¥1,000

MAP 別冊 **M16 B-2**

地 福岡県糸島市前原中央3-9-1
時 10:00-18:00
休 星期二、不定休
網 www.coconoki.com
電 (81)092-321-1020
交 PALM BEACH THE GARDENS駕車約20分鐘；或JR筑前前原站步行約6分鐘

各式商品都整齊的放在架上

⑫ 手作的藝術
糸島くらしxここのき

這間小店集合了島上約70位從事手作藝術的愛好者的作品，他們大多用上木材和天然素材，塑造作出各式的餐具、裝飾、雜貨和食品，每件都用心製作，值得遊人一一細看。

11　12

● 異國風情之海港

長崎縣

nagasaki ken

往來長崎縣交通

JR博多（福岡）	JR特急海鷗號 約1小時31分鐘 ¥5,520	JR長崎站
天神巴士總站	巴士 約1小時51分鐘 ¥2,900	長崎站前
長崎空港	空港巴士（5號乘車站） 約43分鐘 ¥1,200	長崎站

長崎的街道充滿異國味道的建築、歐式殖民地的府邸、熱鬧非凡的中華街、可以玩一整天的豪斯登堡主題樂園等。又或想體驗溫泉魅力的話，就一定要到雲仙和島原溫泉，穿起浴衣悠閒地逛逛溫泉街。自香港快運提供直飛長崎的航班後，更加吸引了不少遊人到來這個充滿異國風情的城市。

長崎縣資料

長崎市

雲仙・島原溫泉

佐世保

長崎縣旅遊資料

來往長崎縣的交通

■ 空港至長崎

遊人在機場，可以搭乘空港巴士到達長崎站前 (5 號乘車站)，約需 43 分鐘，大人為 ¥1,200 ；雖然 4 號乘車站同樣到長崎站，可是卻需時約 1 小時。若果趕時間的話可以搭的士，約需 40 分鐘，費用約 ¥12,400。

■ 空港至豪斯登堡

由長崎空港也可乘船到豪斯登堡，全程約 50 分鐘，大人為 ¥2,000，小童 ¥1,000。

長崎縣資料

長崎市 ─ 雲仙・島原溫泉 ─ 佐世保

來往長崎縣的交通

■ JR

差不多每隔 30 分鐘就有列車由博多開至長崎，需時約 1 小時 36 分鐘，自由席 ¥6,210，途經新鳥栖和武雄溫泉等地。留意其中有不少班次不會在長崎停站，只會開往佐世保及豪斯登堡，上車前先確認。

■ 長途高速巴士

福岡至長崎

在博多巴士總站開出，途經西鐵天神巴士中心、福岡空港國際線等地。乘西日本鐵道巴士車程約 1 小時 50 分鐘，價錢為 ¥2,310，乘九州號的話車程約 1 小時 30 分鐘，單程為 ¥2,900，來回優惠 ¥5,400。

網 www.nishitetsu.ne.jp/kyushugo/

長崎縣內交通

佐世保至長崎

佐世保至長崎乘搭高速巴士前往長崎市，車程約 1 小時 30 分鐘，單程費用 ¥1,550。或乘 JR 由佐世保到長崎約 1 小時 33 分，單程費用 ¥2,250。

網 www.keneibus.jp/highway/?rt=sasebo

長崎市內電車

全程均一收費，大人只要 ¥140；小學生以下 ¥70。每隔約 5 至 10 分鐘就有一班，十分方便。

網 www.naga-den.com

佐世保至豪斯登堡

由佐世保乘 JR 前往豪斯登堡，時間只要 19 分鐘，費用 ¥280。

長崎至島原／雲仙

由長崎前往島原先乘 JR 往諫早站，再轉乘島原鐵道約 1 小時 40 分鐘，車程約 1 小時 40 分鐘。如乘搭長崎縣巴士由長崎站到雲仙公園巴士站，全程需 2 小時，車費 ¥1,850。由島原到雲仙則可乘搭島鐵巴士，車程約 49 分鐘，費用 ¥850。

網 www.keneibus.jp/local/express/unzen/

觀光資訊

長崎市觀光網站

有不同地區的景點、歷史、交通、節日和食宿等資訊。（日文、繁體中或英文）

網 www.nagasaki-tabinet.com

佐世保市的觀光網站

有不同地區的活動、漢堡包美食、觀光、交通、天氣、自然及住宿資訊。（日文、繁體中文或英文）

網 www.sasebo99.com

雲仙溫泉的觀光網頁

提供雲仙的觀光、天氣、溫泉住宿、交通和節日資訊。（日文）

網 www.unzen.org

■ 長崎縣節日

時間	活動	內容	地點
1月1日	長崎燈會	在唐人區中華街附近有燈會	長崎市新地中華街、中央公園、唐人居住區遺址、興福寺、鍛冶市、浜町（步行街）、孔子廟
7月最後一個星期六及日	長崎龍舟比賽	傳統節慶	長崎港
8月上旬	島原水まつり	在島原市內的湧水處放有竹燈	島原市內
8月上旬至中旬的周末	長崎夜市	會舉行夜市，遊客會穿上浴衣，有攤位遊戲，中島川有200多個提燈	袋橋～眼鏡橋～魚市橋
8月下旬	島原花火大會	有盛大的煙花表演及於國道251號沿路800米約有100多間露天店舖	島原港
10月中旬	島原不知火祭	有約2000多名演出者連同山車巡遊	島原市
10月下旬	Yosakoi佐世保祭	會有大型巡遊舞蹈表演	佐世保市

長崎市

Nagasaki-shi

必見！
軍艦島

在長崎有很多帶有異國風情的住宅和花園建在斜坡上，遊人可以搭乘市中心的路面電車，漫遊市內中西交融的景點，又或在黃昏坐纜車上稻佐山，欣賞日本三大夜景。

往來長崎市交通

JR博多站	🚄 新幹線 海鷗 約1小時51分鐘 ¥6,050	
博多巴士客運站	🚌 九州號巴士 約2小時30分鐘 ¥2,900	長崎站
福岡空港國際線	🚌 九州號巴士 約2小時30分鐘 ¥2,900	

① 人生必遊之世界遺產
軍艦島

軍艦島是一個距離長崎港約20公里的小島，總面積為480公尺長、150公尺闊，可是卻住了5000多人，成為史上最高人口密度的的世界紀錄。二戰期間，島上的煤礦業興盛，島上一半都劃為礦場，居民大都以採礦為生，另建有學校、餐館、商店、公共浴室和醫院等。於2015，軍艦島正式登錄為世界遺產。

↑ 島上到處頹垣敗井
→ 昔日的住宅和學校已面目全非

↓ 10 米高的岸壁包圍全島

30 號棟是日本首棟鋼筋混凝土公寓

WOW! MAP
1

電影
《天凶之城》
《進擊的巨人》
《大逃殺2》
《軍艦島》

↑ 起重機的基座

↑ 2014 年曾被英國報章選為「世界十大鬼城」

↑ 驚濤拍岸時很震撼

軍艦島原名為「端島」，1890起開始作為採海底煤礦的基地，被三菱財團以十萬円買起，島上有10米高的岸壁包圍全島，用作抵抗海嘯，由於它的外觀酷似加賀級戰艦土佐號，所以亦稱「軍艦島」。隨著時勢轉變，60年代起島上礦場陸續倒閉，在1974年4月20日全島居民要撤離，從此全島被封鎖，直至數年前才再次開放供遊人參觀。

1

↑ 要參觀軍艦島，就要參加旅行團。

2

↑ 在棧橋等候上船，船程約 30 分鐘。

3

↑ 登島後導遊會在島上作簡單的講解。

4

↑ 遊人有自由拍照的時間，結束後乘船回去。

MAP 別冊 M18 A-2

地 長崎県長崎市常盤町1-60
常盤ターミナルビル102号
網 www.gunkanjima-concierge.com
電 (81)095-895-9300
泊 有
註 建議網上預約
交 JR長崎站步行約20分鐘就可到達常盤棧橋集合處

軍艦島上陸+周遊Plan
時 櫃檯售票時間：09:00-09:30或12:00-12:30
金 大人￥4,000、中高生￥3,300、
小學生￥2,000

館內的黑白照片是昔日島上的寫照，感覺震撼。

↑ 30 號棟是日本首棟鋼筋混凝土大廈

② 伤如經歷一之真實之旅程

軍艦島デジタルミュージアム

這間博物館用相片、紀錄片和VR等科技介紹了軍艦島的歷史、島民生活日常、採炭場景、建築的實況等。其中VR的部份攝錄了島上禁止進入的區域，遊人只要戴上VR眼罩，就如在島上飛行，「涉足」禁區，經歷一次非一般的航程。

MAP 別冊 **M18 B-2**

地	長崎市松が枝町5-6
時	09:00-17:00（最後入館16:30）
休	不定休
金	中學生以上¥1,800、中學生¥1,300、小學生¥800、3歲以上¥500
網	www.gunkanjima-museum.jp
電	(81)095-895-5000
註	若同時參加軍艦島登島行程，可以購買套票，半價入博物館
交	市內電車大浦天主堂步行約2分鐘

小朋友上學校的情況

↑店內附設café

手燒のカステラ

③ 百年老店

長崎堂本店

甫走進店內就感受到昭和時代的氣氛，這間百年老店最受歡迎的同樣是長崎蛋糕。這裡的蛋糕較乾爽，口感綿密彈牙，難怪店內掛滿受賞的獎牌呢！

MAP 別冊 **M18 B-2**

地	長崎市松が枝町5-6
時	08:30-18:00
網	www.kasutera.co.jp
電	(81)095-822-2438
交	市內電車大浦天主堂步行約2分鐘

↑長崎蛋糕5件 ¥1,390

④ 歐風建築
東山手洋風住宅群

於石橋附近的西洋住宅，外牆漆上淡淡的草綠色，是明治30年期間租賃給外國人的住宅，附近亦是昔日各國設立領事館之地。住宅群共有7棟，其中的5棟已開放給遊人參觀，展示出明治時期開始長崎的黑白舊照片。

↑古寫真資料館可看到昔日長崎市的舊照片

MAP 別冊 **M18 B-2**

地	長崎縣長崎市東山手町6-25
休金	星期一、12月29日至1月3日
	古寫真資料館及埋藏資料館共通券：大人¥100、中小學生¥50
網	www.nagasaki-tabinet.com/guide/86/
電	(81)095-892-1193
交	乘搭市內電車在石橋下車步行約3分鐘
時	09:00-17:00
泊	有

↑粉藍色的住宅群是打卡之處，唯獨小路較窄。

④a 薈萃世界美食 地球館 [C棟]

地球館是市內指定文化財和國際交流的場所，不時會有各式各樣的活動舉行：英語會話、國語會話等講座，是不同文化交流的場地，在1樓的Café Space更提供世界各地的美食，廚師來自世界不同角落，輪流為顧客造出特色料理：意大利、印度、泰國、中國和法國料理等，味道一流！

↑手作りヨーグルト
アップルケーキ ¥300
店內手製的乳酪蘋果批很軟滑，帶有香濃乳酪味，別具特色。

時	10:00-17:00
電	(81)095-822-7966
休	星期三、年末年始
泊	有

←每種口味都有特色包裝
¥1,080/盒

→芝士味和朱古力味也很清甜

MAP 別冊 **M18 B-2**

地	長崎縣長崎市南山手町2-6
時	10:00-17:00 網 www.seifudo.jp
電	(81)095-825-8541
交	乘搭市內電車在大浦天主堂下車步行約5分鐘

⑤ 長崎必買Castella蛋糕
清風堂

代表長崎的「Castella」蛋糕，流傳已久，它的口感有點似莎莉蛋糕，鬆軟有蛋味，清風堂出品的有不同口味：蜂蜜、朱古力、抹茶和芝士味，店內最受歡迎的是獨創的芝士味，長期高踞人氣產品NO.1！清風堂鄰近Glover 花園，各位經過時記得入店試試。

WOW! MAP

6 鳥瞰市內美景
Glover Garden

哥拉巴花園是遊人到長崎必到的景點之一。哥拉巴是幕末時期的軍火商人，他建造的這個花園，亦是蝴蝶夫人的故居。園內有長崎傳統藝能館、舊Ringer住宅及舊Glover住宅等，不少更是國家指定重要文化財產。逛累了還可以到自由亭喫茶室來件美味的蘋果蛋糕，休息一下。

MAP 別冊 **M18 B-2**

地 長崎縣長崎市南山手町8-1
時 08:00-18:00（最後入場17:40）；特別期間延長開放時間
金 大人¥620、大中學生¥310、小學生¥180
網 www.glover-garden.jp 電 (81)095-822-8223
泊 有 交 乘搭市內電車在大浦天主堂下車步行約7分鐘

第一站：舊三菱第二船塢宿舍

步下扶手電梯第一眼便可以看到這棟以洋式建築的舊三菱第二船塢宿舍，這裡是昔日船舶維修時給船員休息的場所，館內現展示著幕末的文物。遊人到二樓可看到長崎港和庭園美景。

↑ 宿舍前有一個錦鯉池

↑ 這裡可看到長崎市的美景

第二站：舊長崎地方裁判所長官宿舍

原來是舊長崎地方裁判所長官宿舍，現在已變成復古影相館，大家可以租借中古時期的歐州服飾，在庭園拍照散步。

←遊人租借西洋的貴族服飾拍照

館內有露台保留了明治時期建築

第三站：自由亭喫茶室

大家逛累了，可到這間喫茶室坐坐，店內有咖啡和甜點，設有戶外的庭園座位，其中一客長崎蘋果派真的很美味啊！

長崎蘋果派 ¥500

茶室是最初西洋料理餐廳的雛形

第四站：舊リンガー住宅

舊林格住宅昔日是英國商人Frederick Ringer的故居，而市內有名的餐廳Ringer Hut更是參照其名字而起，現今這故居已被列入重要文化財產。

↑內裡可看到昔日的西洋裝潢

↑窗台可看到長崎港景色

第五站：哥拉巴住宅

這棟建於1863年的哥拉巴住宅，是日本現存最古老的木造西式建築，是商人哥拉巴和他妻子的住宅。屋邸用了幸運的四葉草做設計概念，庭園還隱藏了心形的石頭。

←園內的心型石，你們找到嗎？

第六站：手信店

逛過哥拉巴花園，最後一站當然要到這裡的手信店逛逛，店內有不少限定的特產，可以買作手信。

→哥拉巴芝士蛋糕 ¥500

Glover Garden曲奇 ¥500

店內可買到glover garden特產

WOW! MAP

① 一站式美食購物玩樂
みらい長崎 ココウォーク

距離長崎市約5分鐘車程的COCOWALK，是市內一所多元的商場，場內樓高六層，有巴士中心、商店、美食街、超級市場、摩天輪等設施，若果遊人已逛過站前的商店，大可到來逛逛。

→二樓的超市 Red Cabbage 可買到水果和零食

↑大型摩天輪是商場的標誌

MAP 別冊 **M18 B-1**

地 長崎縣長崎市茂里町1-55
時 10:00-21:00；摩天輪最後搭乘為20:30
休 各店不同　網 cocowalk.jp
電 (81)095-848-5509
交 市內電車錢座町 / 茂里町站下車，步行約1分鐘；或JR浦上站步行約3分鐘

⑦ᵃ Hers Her (2F)

喜愛日系小雜貨的遊人，只要到店內逛逛，必抵受不到各式小物的誘惑：動物手霜、Doraemon系列風呂劑、文具，還有背包、銀包和小毛巾等，大多有可愛的卡通人物，很是有趣。

← Doraemon 系列風呂劑 ¥240

時 10:00-20:00
網 tensho1990.jp
電 (81)095-801-5276

⑦ᵇ 浦上ホルモン (4F)

這間專吃牛內臟的鐵板燒居酒屋裝修明亮舒適，沒有太大的油煙；坐下點了一客牛心鐵板餐，熱辣辣的口感紮實、清脆柔嫩，沒有多餘的脂肪；鐵板煮蜆則味道較帶鹹鮮，是一道很好的下酒菜。

電 (81)095-894-8312

店子乾淨明亮

和牛ハツ鉄板 ¥600

アサリバター ¥520

WOW! MAP

8 賞百萬夜景
稻佐山ロープウェイ

長崎是日本三大賞夜景的人氣地，遊人在山麓的長崎纜車淵神社駅買票後就可依序搭乘了。纜車的車程約6分鐘，到達山頂站後，遊人沿著LED燈的小路走，就會到達山頂展望台。站在頂層的展望台，可以360度看到長崎海灣和市區的夜景，雖然算不上很震憾，可是在黃昏前後的30分鐘到來，還是可以拍出亮麗的照片。

展望台擠滿等華燈初上的遊人

↑ 到達山頂後，遊人沿著 LED 燈小路走大約 3 分鐘，就會到達展望台。

↑ 入夜後展望台較大風，遊人可轉移陣地到室內打卡。

↑ 周末纜車約 10-15 分鐘一班

MAP 別冊 **M18 A-1**

地	長崎県長崎市稲佐町364-1
時	09:00-22:00
休	6月中旬保養停駛
金	來回大人¥1,250、大中學生¥940、小學生¥620
網	www.nagasaki-ropeway.jp
電	(81)095-861-6321
泊	有
註	每晚19:00-22:00期間，每小時提供一班免費接駁巴士來往長崎站至纜車站
交	JR長崎站前乘搭巴士約7分鐘，在空中纜車前下車約步行1分鐘

WOW! MAP

❾ 歷史的痛苦刻痕
平和公園

公園內有長崎之鐘、平和之泉、平和祈念像和原爆落下中心碑等，全部都是悼念1945年8月9日那日原子彈襲下長崎的一剎，公園於每年的8月9日也會舉行追悼會，除了悼念慘劇的死難者外，也希望喚醒世人和平的重要性。

這裡是遊人必到的拍照地

MAP 別冊 **M18 B-1**

地泊	長崎県長崎市松山町2400-2 有	電交	(81)095-829-1171（長崎市みどりの課）市內電車在松山町下車步行約2分鐘

❾a 原爆資料館

館內展示了當年相關原爆的資料：當年投下的原子彈名為「小胖子」，威力是之前投在廣島的1.5倍，亦紀錄了長崎由被原爆破壞到現今的復興情況，讓遊人對這個城市更加了解，亦令人佩服這市的居民如何在悲痛中堅毅地站起來！

展出原爆後的地形改變

→ 一個永遠停在原爆當下時間的鐘，令人永記這悲痛的一天。

↑ 天花有一顆模擬的原子彈

地 長崎県長崎市平野町7-8
時 9-4月 08:30-17:30(最後入場17:00)；5-8月 08:30-18:30(最後入場18:00)；8月7日-9日08:30-20:00(最後入場19:30)
休 12月29日至31日
金 大人¥200、中小學生¥100；「ながさき平和の日」8月9日免費入場
網 nabmuseum.jp
電 (81)095-844-1231
泊 有

❿ 獨腳鳥居 山王神社

山王神社的特色是它神社前的一本柱鳥居，它於1868年創立，後來因原子彈而摧毀而只剩下一支柱，卻仍屹立不倒，現今保留了斷剩的一支柱，供遊人參觀。

MAP 別冊 **M18 B-1**

地 長崎県長崎市坂本2-6-56
網 sannou-jinjya.jp
電 (81)095-844-1415
交 JR浦上站下車，步行約10分鐘；或市內電車於大學病院站下車，步行約6分鐘

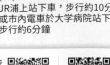

←山王神社

↑ 不少當地學生都會到來參觀這個歷史遺留下來的痕跡

WOW! MAP

9

9a

10

⑪ 必逛入貨店
AMU PLAZA長崎

這個商場位於長崎站旁，有手信街、餐廳食店、男女服飾及雜貨小物等店舖。而其中位於地下的手信街是最人氣的，不論任何時候都有遊人忙著搜羅手信：必買的長崎蛋糕、站前限定的和菓子、可愛文具等，大家一定要逛逛。

↑位於地下的手信街是最受遊人歡迎的地方

↑商場環境光猛

MAP 別冊 **M17 A-3**

地	長崎県長崎市尾上町1-1
時	10:00-20:00（各店略有不同）
休	各店不同
網	amu-n.co.jp
電	(81)095-808-2001
交	JR長崎站站旁

⑫ 必到打卡地
眼鏡橋

石造拱橋橫越中島川，在水中的倒影看，兩個拱型的橋洞就像一副眼鏡，因而命名。據說是最早建成的石拱橋，於1960年成為日本重要文化財產。

MAP 別冊 **M17 B-3**

地	長崎県長崎市魚の町
交	市內電車在賑橋下車步行約3分鐘

⑬ 有名茶碗蒸
吉宗本店

這間已有超過150年歷史的和食店，獨特之處是它的茶碗蒸（蒸蛋料理）是和蒸壽司一同配對吃的，所以亦稱作夫婦蒸。茶碗蒸的蛋口感嫩滑，沒有多餘的調味，可以嚐到高湯的清甜。

←吧枱位置可看到庭園景緻

→茶碗むし ¥1,350
蒸壽司外觀色彩繽紛

MAP 別冊 **M17 B-4**

地	長崎県長崎市浜町8-9
時	11:00-15:30、17:00-21:00
休	星期一及二（假日除外）、1月1日、8月15日及12月31日
網	yossou.co.jp　電 (81)095-821-0001
交	市內電車觀光通り站步行約3分鐘

WOW! MAP

11　12　13

泛黃的老照片和藤籃裝著手製的和菓子等等，令人仿如回到從前。

14 如藝術品般的和菓子
岩永梅寿軒

創業已有180多年的和菓子店岩永梅壽軒，店內保留了明治時期的裝修，它的長崎蛋糕全人手製，每日限量40條，遊人想買就要趁早了！除了長崎蛋糕外，這裡的和菓子也很精緻，遊人可以散買又或整盒買也可，很適合作手信。

MAP 別冊 **M17 B-4**

地 長崎縣長崎市諏訪町7-1
時 10:00-16:00
休 星期日 星期二及四不定休）
網 www.baijyuken.com
電 (81)095-822-0977
交 市內電車めがね橋站步行約4分鐘

↑長崎蛋糕 ¥¥1,998

↑栗鹿の子 ¥420

15 慢活的美味
ノスドールCafé

距離眼鏡橋約5分鐘步程的noces d'or café，店內環境優雅，不論是枱椅、牆紙、食物櫃、鐵罐裝的和菓子、餐具或是放在角落的洋娃娃擺設，都帶著懷舊歐陸味道，在這裡時間都仿如慢下來一般，來一客人氣的梳乎里，份量比想像中大，完美的表面充滿空氣感，蛋味濃郁，甜度和溫度剛好，軟綿綿的口感配著甜甜的水果茶來喝，對！這就是慢活的味道了。

↑店內彌漫著謐靜優雅的氣氛

↓店內有精美的罐裝洋菓子，很適合買作手信

MAP 別冊 **M17 B-4**

地 長崎縣長崎市古川町6-33
時 10:30-19:00(L.O.17:00)
休 星期三
網 noces-dor.jp
電 (81)095-827-6766
註 梳乎里是即點即製，製作時間約30分鐘
交 市內電車めがね橋站步行約3分鐘

スフレセット ¥950

WOW! MAP
14 15

16 庶民味道
浜市商店街

浜市商店街是當地人逛街首選，橫跨了西浜町、浜町Arcade、めがね橋和思案橋四個電車站，成為四通八達的十字型商店街，街上有服飾、鞋店、餐廳、Café、生活雜貨店和百貨公司，由於全街都有圓拱型天窗，不怕打風下雨之餘，也可體驗當地市民的生活方式。

MAP 別冊 **M17 A-4**

地 長崎縣長崎市浜町
時 09:00-18:00（各店不同）
休 各店不同 電 (81)095-823-0278
網 www.hamanmachi.com
交 市內電車思案橋站步行約2分鐘

商店街四通八達

16a 石丸文行堂

這間於1883年創業的石丸文行堂在長崎市是歷史悠久的文具店，店內可買到傳統日式文具、墨水筆、印章雕刻和各種的美工用品。細心留意的話，可看到店內保留了昔日的招牌呢！

紙品的款式多樣

↑包裝精美的罐裝手霜 ¥1,300

↑很有童年回憶的鴨仔漿糊

地 長崎縣長崎市浜町8-32
時 10:30-19:30 休 1月1日
網 www.ishimaru-bun.co.jp
電 (81)095-828-0140

16b とれとれ旬家

這間超市可以買到新鮮的蔬果、漬物、酒品、長崎蛋糕和甜點等；來光顧的都是當地市民，價錢亦便宜，一個簡單的便當只要數百円，二樓更可吃到農家料理自助餐。

↑遊人可在最後一站到來掃新鮮水果和手信

地 長崎縣長崎市浜町3-26
時 09:00-19:30 休 1月1日
網 www.n-izumiya.com/syunya
電 (81)095-821-7711

↑士多啤梨果醬 ¥560

→柚子羊羹 ¥450

16　16a　16b

WOW! MAP

195

17 歷史最悠久的長崎蛋糕店
福砂屋本店

福砂屋創業於1624年，至今已有差不多四百年歷史，是市內人氣的和菓子老店。本店的外牆保留了昔日店家蝙蝠的商標，內裡的裝潢亦古色古香，主要售賣長崎蛋糕為主，它的蛋糕糯軟帶蛋香，味道清甜，很有質感。

→Giftset2個入
¥729/兩個裝

保留了昔日古老的裝潢

MAP 別冊 **M17 B-4**

地	長崎縣長崎市船大工町3-1
時	09:00-17:00
休	星期三、12月31至1月1日
網	www.fukusaya.co.jp
電	(81)095-821-2938
交	市內電車案橋站步行約3分鐘

18 昔日洋人聚居地 出島

出島並不是真的一個離島，它位於長崎市內，建於1636年，是為了隔離昔在市內行商的葡萄牙商人而造的，後來葡萄牙人被逐後，就成了荷蘭人的聚居地。區內保留了很多歷史建築：倉庫、住宅、浴室、菜園等，是昔日西方人唯一可合法逗留的地方，也是當時跟西歐等國的經濟及文化交流之地。

↑不少遊人都會租借和服在園內拍照

↑三番藏是商人用作收納的地方

MAP 別冊 **M17 A-4**

地	長崎縣長崎市出島町6-1
時	08:00-21:00（最後入場20:40）
金	大人¥520、大學生¥200、中小學生¥100
網	nagasakidejima.jp
電	(81)095-823-7200
泊	有
交	市內電車在出島下車步行約1分鐘

商館長的住所很奢華

WOW! MAP
17   18

19 日本三大唐人街之一
新地中華街

長崎新地中華街、神戶及橫濱的中華街合稱日本三大中華街。街上由東南西北四個門柱，規劃出兩條呈交叉十字型的街道，總長超過200米，約有40多家中華料理、傳統雜貨、手工藝品、服飾和唐餅店舖等……每年的農曆新年更有傳統的舞龍舞獅等慶祝活動。

MAP 別冊 M17 A-4

地 長崎縣長崎市新地町
時 約為11:00-21:00（各店不同）休 各店不同
網 www.nagasaki-chinatown.com
電 (81)095-822-4261（會樂園中華料理電話）
交 市內電車在築町下車步行約2分鐘

↑不少店舖都可買到傳統的中國生活用品

↑就算是平日，街上也紅噹噹，帶點喜慶的氣氛。

20 野餐休憩地
水辺の森公園

公園林蔭處處，小朋友都玩得不亦樂乎。

水邊之森公園是當地人休息的好去處，這裡綠意盎然，可以踏單車，又可以坐在樹下盡情發呆，遊人不妨在跑景點的同時，找一兩個小時，靜靜坐下來休息一下，看看長崎港的景色。

MAP 別冊 M17 A-4

地 長崎縣長崎市常盤町1-60
電 (81)095-818-8550
交 JR長崎站步行約20分鐘；或市內電車在正覚寺站下車，步行約3分鐘。
網 www.mizubenomori.jp
泊 有

21 文青最愛
長崎県美術館

↑美術館鄰近長崎港和水邊公園，遊人參觀美術館之餘，也可欣賞港灣美景。

→館內有非常有趣的休息空間

特別的玻璃外牆，極具開放感，是由日本著名建築師隈研吾操刀。館內設有常設展館、美術館展覽室、收藏室，也有開放式咖啡店，很適合過一個悠閒下午。

MAP 別冊 M17 A-4

地 長崎縣長崎市出島町2-1
休 12月29日至1月1日；每月第二及四個星期一
金 免費；特定展覽除外
網 www.nagasaki-museum.jp
泊 有
時 10:00-20:00
電 (81)095-833-2110
交 水邊之森公園內

WOW! MAP

雲仙・島原溫泉

Unzen・Shima bara

必見！雲仙地獄

島原和雲仙位於長崎縣的東南面，是縣內有名的溫泉區。島原的湧泉到處可見，有「水之都」的美譽。雲仙地獄可看到周遭瀰漫蒸氣，附近有享負盛名的百年溫泉旅館，在隆冬時份，遊人只要乘搭纜車登上妙見岳，更可看到晶瑩剔透的樹冰。

往來島原・雲仙溫泉交通

福岡市		🚗 自駕 約2小時30分鐘			
JR熊本站	🚌 巴士 約26分鐘 ¥560	**熊本港**	🛳 熊本渡輪 ¥1,500	**島原外港**	🚌 島鉄巴士 約40分鐘 ¥760
JR博多站	🚆 JR 約1小時38分鐘 ¥4,230 指定席		🚌 島鉄巴士 約1小時17分鐘 ¥1,500		**雲仙溫泉**
博多巴士總站	🚌 西鉄巴士 約2小時25分鐘 ¥2,900	**JR諫早站**		🚌 巴士 約1小時26分鐘 ¥1,500	
島原站	🚌 島鉄巴士 約48分鐘 ¥850	**雲仙**		🚌 島鉄巴士 約24分鐘 ¥560	**小浜**
長崎空港	🚌 島鉄巴士 約65分鐘 ¥1,320	**雲仙市役所前**		🚌 島鉄巴士 約41分鐘 ¥950	**島原站**
			🚆 JR 約47分鐘 ¥640		**JR諫早站**

198

① 有名的雲仙湯燒餅
遠江屋本舖

這間遠近馳名的手作湯燒餅，是老闆堅持每天在店內親手烘烤，用心的逐片逐片烤出來，味道帶有淡淡的蛋香，脆口而溫熱，那份心機及堅持真的值得我們買來嚐嚐。店內還有其他溫泉區內的特產，是買手信的好選擇。

MAP 別冊 **M20 A-2**

地	長崎縣雲仙市小浜町雲仙317
時	08:30-22:00
休	不定休
網	tohtoumiya.theshop.jp
電	(81)0957-73-2155
交	雲仙巴士總站步行約1分鐘

↑湯燒餅是老闆一塊塊手造出來的

↑懷舊版
波子汽水

→湯せんぺい
（湯燒餅）
¥1,880/40塊

←店內全是區內有名手信

② 保留傳統的美味
普賢茶屋

普賢茶屋佇立在巴士站旁，店內除了售賣雲仙溫泉區內的特產：燒魚、昆布、湯燒餅、波子汽水等，亦設有座位供遊人休息喝茶。當天試了一客推介的きなこだんこ，這是昔日的和菓子，黏黏的糯米粉沾上黃粉吃，口感軟糯香甜，配著茶的甘香，頓時令人身心放鬆。

↑きなこだんこ
¥300

↑裝修保留了昔日的古舊

MAP 別冊 **M20 A-2**

地	長崎縣雲仙市小浜町雲仙319
時	10:00-17:00
休	不定休
電	(81)0957-73-3533
交	雲仙巴士總站步行約1分鐘

→噴火溫泉
饅頭 ¥1,080
自熱式，要留意不可帶上機啊！

←店內設有數個座位，免費讓遊人休息喝茶。

1

2

WOW! MAP

長崎縣資料

長崎市

雲仙·島原溫泉

佐世保

③ 順道一遊
溫泉神社

佇立在雲仙八万地獄旁的溫泉神社於701年建造,不少遊人會順道到來求家宅平安、祈求好運,而近年更興起在境內求姻緣呢。

↑ 當天不少遊人都來求好運

→ 求姻緣的繪馬用色可愛 ¥1,000

縁

MAP 別冊 **M20 A-2**
地 長崎県雲仙市小浜町雲仙320
電 (81)0957-73-3533
交 雲仙巴士總站步行約1分鐘

④ 交通最方便
八万地獄

在雲仙溫泉區內不時都會看見荒涼地形升起裊裊輕煙,間中夾雜著硫磺味,就像走進地獄一樣。這裡有多達三十個大大小小的地獄:泥火山、清七、邪見等,而八万地獄就是其中一個最多遊人到來。

↑ 入口處可買到溫泉雞蛋

MAP 別冊 **M20 A-2**
地 長崎県雲仙市小浜町雲仙319
時 雲仙巴士總站步行約1分鐘

↑ 遊人只要沿著步道走,邊行邊影大半個小時就可走完。

⑤ 雲仙國立公園
雲仙地獄

自駕遊**MAPCODE** 173557 302 *22

雲仙地獄到處蒸氣騰騰,稱之為地獄是因為昔日豐臣秀吉要禁止天主教的傳播,曾在這裡將不少天主教徒處死,亦是著名天主教傳教士集體殉道的地方,現今的雲仙已成為遊人的避暑勝地。遊人沿着木棧道步行,約1個多小時就可看盡不同的奇景,但同時也要忍受陣陣硫磺味。

相對八万地獄,雲仙地獄的坡道較多。

MAP 別冊 **M20 A-2**
地 長崎県雲仙市小浜町雲仙320
網 www.unzen.org/tourism/spot1.html
電 (81)0957-73-3434 泊 有 (收費)
交 島原大手出發乘雲島鐵巴士約45分鐘,在雲仙公園下車;或在JR諫早站乘島鐵巴士,約1小時20分後,在雲仙お山的情報館前下車,步行5分鐘。

WOW! MAP

3

4

5

6 試試無妨
グリーンテラス雲仙

這間可愛小屋的外表吸引進去，環境清潔明亮，窗邊位置還可以看到外面的草地和陽光，試了一客黑毛和牛燴飯，牛肉燉得軟腍拌著醬汁，味道不錯，唯獨份量較少，胃口大的人可能會不夠喉。

環境坐得舒適

MAP 別冊 **M20 A-2**

地 長崎県雲仙市小浜町雲仙320
時 11:00-15:30
網 greenterrace-unzen.jp
電 (81)0957-73-3277
交 雲仙巴士總站步行約6分鐘

←雲仙牛のビーフシチュー¥2,130
燉雲仙牛肉味道香濃，可配麵包或白飯。

→黑毛和牛のハヤシライス¥1,280

7 美味而溫柔的小咖啡店
かせやCafé

這間鄰近巴士站旁的小café售賣新鮮的麵包、咖啡，裝修雅緻舒適，以木系為主調，給人窩心的感覺。侍者送上一個炸咖哩包和手作布甸。咖喱包還有點溫熱，味道微辣刺激味蕾，配著甜甜的布甸，好一種味蕾的衝擊。

各式新鮮烘焙的麵包

↑雲仙ばくだん¥170
手作り焼きプリン¥220

MAP 別冊 **M20 A-2**

地 長崎県雲仙市小浜町雲仙315
時 07:00-16:00
休 星期三、星期四不定休
電 (81)0957-73-3321
交 雲仙巴士總站步行約1分鐘

↑ Café 引用自然光，給人溫暖感。

↑角落放有書架，客人可隨意翻看。

WOW! MAP
6　7

長崎縣資料 — 長崎市

↑ ¥3,400 一部古董蛇腹相機，不知道影不影到相？

←甫入店內就令你目不暇給

↑什麼叫禿毛飲！？

←店內也有分可買品及非買品

⑧ 尋回小時候回憶
駄菓子屋博物館

在雲仙的商店街很容易就會發現這間放滿玩具的駄菓子屋博物館，館內藏有超過2,000種的兒時玩具：鐵皮機械人、汽水糖、塑膠公仔、紙面具和小甜甜、大眼公仔文具等，遊人可以細心遊覽，雖然身在日本，卻可以勾起兒時回憶，莫非日本人小時候和我們小時候都是玩大同小異的玩具？

MAP 別冊 M20 A-2

地	長崎縣雲仙市雲仙310
時	10:00-17:30
休	不定休　金 ¥200
電	(81)0957-73-3441
泊	有
交	雲仙巴士總站步行1分鐘

超人同怪獸是每一個人小時候的集體回憶

⑨ 體驗高速火山熔岩
雲仙岳災害記念館

雲仙的火山自1990年到1996年爆發，期間不只對居民做成災難，同時也令大自然生態備受威脅。在館內遊人可以透過極具震撼的圓頂螢幕，體驗模擬火山塵暴和土石流，當中也有不少活動和遊戲令大家更了解火山和人類生活的相關訊息。這是全日本唯一一個可以讓遊人親眼目睹和體驗的火山博物館。

MAP 別冊 M19 B-3

地	長崎縣島原市平城町1-1
時	09:00-18:00（最後入場17:00）
金	大人¥1,050；中高生¥740；小學生¥530
網	www.udmh.or.jp
電	(81)0957-65-5555　泊 有
交	島原港駕車約10分鐘；在島原站乘島原巴士約20分鐘，在紀念館下車即到。

雲仙‧島原溫泉 — 佐世保

10 謐靜優雅
山カフェカ

→晴天的日子可坐戶外曬曬太陽

位於福田屋旅館內的山café的確是午餐的好地方。Café的環境寧靜優雅，木色的枱子配著格子布的椅子，客人都是喁喁細語。午餐點了一客人氣的蛋包飯，炒得嫩滑的雞蛋包著飽滿的飯粒，外層淋上微辣的醬汁和軟腍的牛肉，再配上牛肉湯和清新的沙律，份量剛好。

↓雲仙ハイカラオムハヤシ ¥1,320

MAP 別冊 M20 A-2

地 長崎県雲仙市小浜町雲仙380-2
　雲仙福田屋 山照別邸 3F
時 11:00-15:00 (L.O.14:30)
休 不定休
網 www.fukudaya.co.jp/y_ricky.html
電 (81)0957-73-2151
交 雲仙巴士總站步行約7分鐘

Café 的氣氛寧靜

---

11 乘纜車看絕景
仁田峠第二展望所

展望台可看到溫泉街

要飽覽雲仙溫泉區的美景，可以到標高1,080米的仁田峠，這裡附設展望台，可以遠眺島原、有明海及天草等，腳下是白煙輕飄的溫泉街。想更上一層樓的遊人，可以到隔鄰的雲仙登山纜車，近距離欣賞普賢岳的美景，冬日時份更可看到皚皚白雪呢！

↑強烈建議遊人可選天晴時到訪

MAP 別冊 M20 B-1

地 長崎県雲仙市小浜町雲仙551
時 4至10月 08:00-18:00；
　11月至3月 08:00-17:00
休 天氣不佳時
金 成人¥1,300、
　小童¥650（來回費用）
網 unzen-ropeway.com
電 (81)0957-73-3572
註 駕車經過仁田峠會收¥100
交 雲仙溫泉公園乘路線巴士約20分鐘，在仁田峠下車，步行約2分鐘；或雲仙溫泉街駕車約11分鐘

↑隔鄰就是纜車站

10

11

WOW! MAP

半開放式的座位，令心身身心放鬆

⑫ 町家茶座 **茶房速魚川**

走在島原這樣寧靜的小街上，總想找間傳統的日式茶屋坐坐吧！這間附設在五金店內的小café真的有點特別，穿過了五金小店，走進中庭，半開放式的庭園，看似隨意的擺著座位，揀了一個看到鮮花的位置，來了一客透心涼的白玉團子，用上蜂蜜、黑砂糖等，甜甜的糖水泡著如湯丸般的白玉，有如夏天的一道清泉，亦成了島原特有的一道甜品。

↑寒ざらし ¥462

MAP 別冊 **M19 B-3**

地 長崎県島原市上の町912
　　猪原金物店中庭
時 11:00-17:30 (L.O.17:00)
休 星期三、四
網 www.inohara.jp
電 (81)0957-62-3117　泊 有
交 島原鐵道島原站步行約3分鐘

↑門外有清涼的泉水

↑客人亦可隨意的坐在走廊

↑另一旁的榻榻米座則看到中庭的花園

WOW! MAP
12

↑ 那麼老舊的電話還是頭一次看到

12a 猪原金物店

這間日本舊式的五金店的確吸引到不逛五金店的我。店內有過千款的生活小物:砂煲罌罉不在話下,還有各式各樣的廚具用品、掠衫的小衣架、日本本地產的鋼製熱水袋、出自大師手的刀具、藤織的隔熱墊等等,分門別類地放在架上或是吊在半空中,猶如一個小型的展覽廳。

店前放著不同款式的掃帚

時 09:30-18:00　休 星期三

13 特色料理
元祖具雜煮姫松屋本店

好食 編者推介

在島原和長崎不時都看見有具雜煮的食店,具雜煮廣傳於島原地區,以往是新年或有特別祭典等隆重場合的料理,材料包括日式年糕、野菜、豆腐、魚類及肉類等,到現今已變成島原特有的家庭料理。這間姫松屋具雜煮的刺身很鮮甜,小鉢的餸精美,全是當造菜式。尤其海螺肉質彈牙,帶有淡淡海水味,年糕和野菜的湯也很健康清甜!

↑ 松膳 ¥2,500
共有5品及2種小鉢,更有甜品,份量頗多。

MAP 別冊 M19 B-3

地 長崎縣島原市城內1-1208
時 11:00-19:00　休 不定休
網 www.hime
matsuya.jp
電 (81)0957-63-7272
泊 有
交 島原鐵道的島原站下車步行約7分鐘

↑ 店內裝修雅潔

→ 豚肉丼 ¥800
鋪滿上層的滑蛋配上肉質鮮嫩的豚肉,好味!

WOW! MAP

14 溫馨喫茶店
水都

夏天走在島原的街頭，逛著逛著就不期然走進這間喫茶室。坐下要了一個客冰凍的士多啤梨刨冰，甜甜的士多啤梨醬和著綿密的刨冰，偶爾再來一口白玉，簡直是一大享受！店內除了可以吃到甜品外，也放了不少市內的手工藝品：手作的環保袋、兔仔小擺設、印花手巾等，款式多樣。

↑店內把茶室和賣店結合一齊

↑精品款式有趣

←白玉士多啤梨刨冰 ¥500

MAP 別冊 **M19 B-3**

地 長崎県島原市新町2-245-2
時 10:00-18:00
休 不定休
網 www.sweetmulberry.net
電 (81)080-8735-6427
交 島原鐵道島原站步行約8分鐘

---

15 到島原必看的風景
鯉の泳ぐ町

稱為水都的島原，不但湧水豐富，當地的居委會早於1978年開始，更於水道放養了色彩繽紛的錦鯉，而位於中堀町商店街和新町通附近水道的湧水尤其充沛，錦鯉數量亦多，不少遊人專誠到來打卡。

MAP 別冊 **M19 B-3**

地 長崎県島原市新町周邊
交 島原鐵道島原站步行約7分鐘

16 中途休息站
清流亭

於平成27年開辦的清流亭是一處為遊人提供休息、觀光資訊和買手信的地方。館內設有休息的座位、免費wifi，戶外亦有水池、湧水等設施，讓遊人可以好好休息一下。若果大家想到四明莊參觀，就記得要在這裡買票呀！

↑ 小孩子都忙著玩水

←四明莊的售票機

↑ 舒適的座位

↑ 可買到島原的手信

MAP 別冊 **M19 B-3**
地 長崎縣島原市新町2-247-1
時 09:00-18:00
電 (81)0957-64-2450
交 島原鐵道島原站步行約10分鐘

---

17 了解昔日武士生活
島原武家屋敷

島原武家屋敷是江戶時代下級武士的住所，內裡保留了當時武士家的模型，令遊人可以到訪屋內，透過室內的陳設和傢俱，更了解昔日武士的生活細節，最繁華時曾有多達700多戶宅邸。最特別的是屋舍與屋舍之間有一條水道流過，在古時為日常生活所用，同時有防火及防災的作用。

屋內免費開放給遊人參觀

MAP 別冊 **M19 B-3**
地 長崎縣島原市下の丁1995
時 09:00-17:00
電 (81)0957-62-1111
泊 有
交 島原鐵道島原站步行10分鐘

16　17

長崎縣資料 — 長崎市

18 市中心的綠色庭園
四明莊

在島原市街的引水道隨處看到清澈透明的泉水和錦鯉，於湧水庭園四明莊可欣賞到日式庭園和每日1,000噸湧水的水池。四明莊是明治後期的建築，湧水所含豐富的礦物質，令園內可種出獨特的植物，四季有不同的景致：赤松之楓、杉苔等。

四明莊是建在水上的，遊人可坐在這裡打卡

憑入場券可換到熱茶一杯及名信片

MAP 別冊 **M19 B-3**

地 長崎縣島原市新町二丁目125
時 09:00-18:00
金 大人¥310、小中高生¥150
網 www.nagasaki-tabinet.com
電 (81)0957-63-1121　泊 有
註 四明莊的入場券要到前方的清流亭購買，步行約2分鐘
交 島原鐵道的島鐵原站步行約6分鐘

園內的庭園景緻優美

---

19 花7年時間建造
島原城

島原城由建城至今的250年間，經歷了19代，樓高5層純白色的外牆，在藍天的襯托下份外奪目，由於鄰近有明海，景色怡人。城廓是連廓式平城，石垣高而堅固，5層的天守閣，給人高聳入雲的感覺，不少當地人也通稱為「森岳城」或「高來城」，同時亦是島原市的重要史跡。

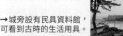

→城旁設有民具資料館，可看到古時的生活用具。

MAP 別冊 **M19 B-3**

地 長崎縣島原市城內1丁目1183-1
時 09:00-17:30
金 成人¥700、高中生或以下¥350
網 www.shimabarajou.com
電 (81)0957-62-4766
泊 有
交 島原鐵道的島原站步行4分鐘

↑小朋友也忙著打卡

↑城內的工作人員是穿著古時的武士服

雲仙・島原溫泉 — 佐世保

WOW! MAP

18

19

抵食 編者推介

20 新鮮抵食
寿司レストラン鬼へい

迴轉壽司向來是港人至愛，來到日本當然也不可錯過，這間位於島原城附近的鬼平迴轉壽司，用料新鮮上乘，價錢僅由¥115起，非常親民！加上餐廳每天均營業至晚上22：30，最適合喜愛吃平價宵夜的朋友。

不想淨食壽司也可點客天婦羅

入夜後客人亦不少

↑ 轉下轉下，忽然發現連師傅張相都有！

↑牆上掛着不同顏色碟價錢，絕不取巧。

MAP 別冊 **M19 B-3**

地 網 泊	長崎県島原市城内3-1596-1 onihei-s.jp 有
時 電 交	11:00-22:00(L.O.21:45) (81)0957-63-8822 島原城步行7分鐘

---

21 平民晚餐聚腳點
味処湯処 よしちょう

這間位於足湯對面的餐廳，交通可謂十分方便。晚餐時份，客人都是住在附近的街坊或是酒店遊人，位於二樓的餐廳有適合一家大小坐的榻榻米座及小枱子，枱上的炸豬扒飯，炸得鬆化的豬扒，配上味噌湯，讓人很是滿足。

カツ重 ¥1,070

↑來的都是附近住的客人，不是太嘈雜。

MAP 別冊 **M17 A-1**

地 時 休 電 交	長崎県雲仙市小浜町北本町903-32 11:00-22:00(L.O.21:30) 每月第2及4個星期三、元旦 (81)0957-75-0107 小浜巴士站步行約5分鐘；或小浜溫泉足湯 ほっとふっと105步行約2分鐘

小浜ちゃんぽんとにぎり寿司セット¥1,520
一次過品嘗小浜麵和壽司的套餐，非常划算。

20

21

WOW! MAP

雲仙・島原溫泉

佐世保

座位寬敞舒適

雪櫃放滿食材，客人可自由點選。

↑每款海鮮都清楚標明價錢

② 溫泉蒸海鮮

好食 編者推介

海鮮市場蒸し釜や

遊人來到小浜又怎能不試這個特色的蒸海鮮呢？店家利用小浜溫泉的蒸氣來把新鮮的海鮮蒸熟，提升了鮮味，亦成為有趣的特色海鮮餐。客人先在海鮮櫃點選喜歡的海鮮：蝦、貝類、鮮魚、蟹，另一邊廂也有蔬菜、燒賣、飯和腸仔等，然後店員就會幫大家計時將食物蒸熟，等大家好好享用。採訪當天點的海蝦和蟹也很鮮甜，肉質鮮嫩，令人回味。

MAP 別冊 **M17 A-1**

地 長崎県雲仙市小浜町マリーナ19-2
時 11:30-15:00、17:30-21:00、星期六日及假期11:00-15:00、17:30-21:00（*蒸氣料理L.O.20:00）
休 星期二、不定休
網 musigamaya.com/zh/top-zh
電 (81)0957-75-0077
交 小浜巴士站步行約7分鐘（小浜足湯旁）

蒸海鮮拼盤(大) ¥1,320

↑揀選後店員就會幫忙清潔並放入蒸籠

→一旁的賣店
可買到小食和
足湯用毛巾

23 話題足湯
小浜温泉足湯
ほっとふっと105

這個全日本最長的足湯就座落
於橘灣旁，全長105公尺，分
健行足湯、安坐式足湯、蒸釜
式，更有寵物足湯。足湯旁設
有蒸し釜，遊人可租借蒸食物
專用的木箱，把帶來的食物：
雞蛋、蔬菜、番薯等，用溫泉
的地熱蒸熟慢慢享用。

蒸釜附有教學，教
導遊人怎樣利用。

MAP 別冊 **M17 A-1**

地 長崎縣雲仙市小浜町北本町
　 905-70
時 10:00-19:00、11月至3月至18:00
休 每月第3個星期三、
　 1月4至5日、不定休
註 附設的蒸し釜可免費蒸雞蛋或其他
　 食物，蒸釜用的箱子則要付費。
交 小浜巴士站步行約5分鐘

遊人一邊欣賞海景，一邊泡足湯。

---

24 小浜手信匯集地
山口海產

小浜溫泉區面積不算太大，若
果想有效率地買手信，建議大
家泡完足湯過來這間專賣海產
及其副產品的店家看看。店內
有佃煮、白飯魚乾、一夜干、
海鮮湯和昆布等等，價錢不
貴，很適合買作手信。

↑貨品有過百款

↑店內的一夜干選擇很多

MAP 別冊 **M17 A-1**

地 長崎縣雲仙市小浜町マリーナ
　 20-2
時 08:00-19:30
電 (81)0957-74-3002
交 小浜巴士站步行約5分鐘

魷魚乾 ¥648

蟹味噌 ¥432

WOW! MAP

佐世保
Sasebo

必見！
豪斯登堡

往來佐世保交通

長崎站前	巴士 約1小時25分鐘 ¥1,550	佐世保站前
JR長崎站	新幹線 約1小時40分鐘 ¥3,390	JR佐世保站
	新幹線 約1小時20分鐘 ¥2,370	JR豪斯登堡
JR佐世保站	步行 約10分鐘	松浦鐵道西 九州線佐世 保中央站
長崎空港	安田產汽船 約60分鐘 ¥2,200	豪斯登堡

說起佐世保，可能未必個個聽過，可是說起豪斯登堡，就一定聽過！它是日本歷史上重要港口，也是美國在亞洲的海軍基地，在中西融合下，保留了許多美國的特色食店、酒吧和小店舖等，各位遊人來到佐世保，記得食漢堡！

1 特色防空壕
ベースストリート
防空壕店

因二戰期間而建的防空壕，今天就變成了鈴山先生的特色漢堡包店。店內裝修保留昔日的味道：圓拱型的牆角、天花的燈泡、牆上放著五十年代的美國舊照片……來了一客煙肉蛋芝士漢堡包，超厚的煙肉配著芝士，還有獨門的醬汁，很是滋味。

↑ベーコンエッグチーズ ¥710

MAP 別冊 **M21 B-2**

地	長崎県佐世保市戸尾町5-28 とんねる横丁
時	12:00-20:00
休	不定休
電	(81)0956-25-0488
註	賣完就關門，建議早些到。
交	JR佐世保站步行約8分鐘

店內的防空壕裝修是特色之一

2 悠閒Café歎漢堡
Grain Dainer

抵食
編者推介

距離市中心15分鐘路程的 Grain Dainer，店內很有空間感，木造的桌椅令人放鬆。客人亦可選擇坐在半露天茶座進餐，店內的漢堡全都自家製的，人氣第一的ベーコンバーガー（煙肉漢堡）份量十足只售¥480，厚厚的煙肉及漢堡很 juicy，加上大片番茄和芝士，想起都口水流！

煙肉漢堡 ¥480
有大塊煙肉和漢堡，正！

↑店內面積不大，卻給人舒適感。

MAP 別冊 **M21 A-1**

地	長崎県佐世保市比良町17
時	10:00-19:00；星期六11:00-19:00(L.O.18:30)
休	星期日及假期
電	(81)0956-23-0578
泊	有
交	JR佐世保站步行15分鐘

WOW! MAP
1   2

ベーコンエッグバーガー ¥825

就算過了午餐時間，仍有人龍。

❸ 火熱人氣金賞漢堡包

好食 編者推介

佐世保バーガー ビッグマン京町本店

↑ 甫入店就看見牆上貼滿名人到來的簽名和媒體採訪的資料。

來這裡食漢堡包要有排隊的心理準備啊！因為這間人氣爆燈的 BIG MAN 店內只有十來個座位，所有漢堡包都是即叫即製的。坐下毫不猶豫的點了一客元祖的煙肉蛋漢堡包，用料是100%的國產牛，加上半熟的太陽蛋、焦香的厚煙肉、芝士、生菜和獨家的醬料，蛋醬和著濃厚的牛肉味、生菜的清新混和了煙肉的油脂，口感層次豐富，很有飽足感！

↑ 店家很大方，在海報上公開七大美味的秘密。

← 座位只有十多個，如果大班朋友到來建議外賣好過。

MAP 別冊 **M21 B-2**

地 長崎県佐世保市上京町7-10
時 09:00-20:00 (L.O.19:30)
休 不定休
網 www.sasebo-bigman.jp
電 (81)0956-24-6382
交 JR佐世保站步行約10分鐘；或松浦鐵道西九州線佐世保中央站步行約3分鐘

佐世保漢堡介紹

達人教室

佐世保是美國在亞洲的海軍基地，二次大戰後，美軍把西式飲食文化帶進日本，佐世保是日本最早傳進漢堡包的地方。市內佈滿美式風情的漢堡店，每間漢堡包店都堅持新鮮製造，用心手作，各有特色，成為遊人必試的在地美食。

④ 感受當地人生活節奏
させほ四ケ町

這條位於市中心的商店街，全長500多米，約有200多間小店：雜貨店、衣飾店、一百円店、小食店、玩具店和café等，雖然不是最潮的，可是卻是最貼近當地人的生活方式。

MAP 別冊 **M21 B-2**

地	長崎縣佐世保市本島町4-15
時	10:00-18:00（各店不同）
休	各店不同　**網** yonkacho.com
交	JR佐世保步行約10分鐘；或松浦鐵道西九州線佐世保中央站步行約1分鐘

↑午飯時份到來亦有頗多當地人

↑店內的火車玩具有過百款，簡直是小朋友天堂

④a おもちゃのあおき [本島店]

創業130多年，是九州和山口縣內最古老的人形玩具店之一。店內除了有現代的機械人、子彈火車、洋娃娃等，最特別的是有昔日的羽子板、五月人形和盆提燈等傳統玩具。

超級戰隊DX 變身武器玩具套裝 ¥7,380

地	長崎縣佐世保市本島町3-9
時	10:00-19:00
休	元旦
網	www.aoki-toy.co.jp
電	(81)0956-24-1500

---

⑤ 了解海軍的歷史
海上自衛隊
佐世保史料館

館內展示了日本海軍的歷史，可以看到海上自衛隊的各種戰艦模型、相片、海戰圖和各船艦的介紹，也有戰爭相關的歷史。

←有各式戰艦的模型

MAP 別冊 **M21 A-2**

地	長崎縣佐世保市上町8-1
時	09:30-17:00（最後入場16:30）
休	每月第3個星期四、12月28日至1月4日
網	mod.go.jp
電	(81)0956-22-3040
交	JR佐世保站步行約13分鐘

WOW! MAP

4　　5

6 逛街涼冷氣好地方
佐世保五番街

這個佐世保五番街商場自2013年開幕以來，就成了市內的地標，商場樓高3層，約有八十多間店舖，走年輕人路線，帶點潮味，由於鄰近碼頭，四周的環境悠閒優美，不失為一個週末放鬆心情的好地方。

MAP 別冊 **M21 B-3**

地 長崎県佐世保市新港町2-1
時 10:00-21:00（各店略有不同）
休 各店不同
網 sasebo-5bangai.com
電 (81)0956-37-3555
交 JR佐世保站步行約2分鐘；或松浦鐵道西九州線佐世保中央站步行約9分鐘

商場的中庭不時都有活動舉行

逛完商場可到戶外的碼頭散散步

7 眺望九十九島美景
船越展望所

自駕遊MAPCODE 307 458 282*82

這個位於九十九島動植物園步行距離約10分鐘的船越展望台，可看到九十九島的美景。不論是晴天還是毛毛細雨都別有一番景緻，是自駕遊朋友到來打卡的好地方。

MAP 別冊 **M20 A-4**

地 長崎県佐世保市船越町147
電 (81)0956-22-6630
　 (佐世保観光情報センター)
網 www.sasebo99.com/spot/61464
交 九十九島動植物園步行約10分鐘

8 看最美的日落
石岳展望台

自駕遊MAPCODE 307547173*72

這裡是欣賞日落的人氣景點，遊人沿著坡道步行約5分鐘，就會到達展望台，在這裡可以鳥瞰九十九島的動人景緻，每到假日黃昏，更有不少攝影愛好者到來拍下這美景。

MAP 別冊 **M20 B-3**

地 長崎県佐世保市船越町227
交 JR佐世保站乘路線巴士（下船越或展海峰方向）約25分鐘，於動植物園前下車，步行約10分鐘

←遊人都徒步上來欣賞美景

WOW! MAP

6　　7　　8

⑨ 海上燒蠔屋
マルモ水産

列入國立自然公園的九十九島盛產品質上乘的「九十九島蠔」，這間飄浮在九十九島海域的燒蠔小屋，真身是佐世保市船越町養殖蠔場，蠔場建設在鹽濃度高的沿海地區，養殖出來的蠔尺寸雖然較小，但味道卻更為濃鬱，因此廣受嗜蠔之士歡迎！店內即點即烤的蠔鮮度十足，除了有肥美的九十九島蠔之外，亦提供栄螺、鮑魚、扇貝及魷魚一夜干等食材，點套餐的話更可品嚐以蠔入饌的濃湯和烤蠔竹葉飯呢！

↑帶點鄉土料理氣息的竹葉蠔烤飯。

↓夏九十九島セット ¥2,500/一人
套餐包括1公斤九十九島蠔、蠔湯和烤蠔竹葉飯2個。

↑迷你套餐（ミニセット）¥650
包含一個烤飯糰和兩條法蘭克福香腸。

←九十九島蠔的體型較小，每公斤約有6件。

MAP 別冊 **M20 B-4**

地 長崎県佐世保市船越町944
時 09:00-17:00 (L.O.16:00)
休 正月及盂蘭節
網 marumo99.jp
電 (81)0956-28-0602
交 JR佐世保站駕車約16分鐘

WOW! MAP

洋溢著異國風情的打卡點

⑩ 17世紀歐洲風一天遊 **親子**

豪斯登堡主題樂園

佔地152萬平方的豪斯登堡以17世紀的荷蘭為樂園主題，公園的街全是參考12至20世紀的歐洲街道而設計，HUIS TEN BOSCH一字在荷蘭一文中代表「森林之家」，園中最引而為傲是一條長6公里的運河，環繞整個公園，引進大村灣的海水，更將污水處理後重複利用，加入了環保的先進概念。

↑一家大細到來可在園內踏家庭單車

↑オランダの館內
可體驗彩繪荷蘭木屐

MAP 別冊 **M20 B-4**

地 長崎県佐世保市 ハウステンボス町1-1

時 早上09:00開園，閉園時間不定，最早閉園為21:00（最後入場為關門前1小時）*時間常有變動，建議出發前查詢網站

金 1日入園Passport＋利用券可利用設施：大人¥7,000、國高中生¥6,000、小童¥4,600

網 www.huistenbosch.co.jp
電 (81)0570-064-110
泊 有
交 JR博多站乘特急豪斯登堡號約1小時45分鐘即達；在長崎車站乘巴士約1小時20分鐘到達豪斯登堡；在長崎空港乘高速船50分鐘可到達

↑歐風村內可買到各式的紀念品

↑夏季期間會有限定的水上活動

↑膽子大一點的小朋友可在冒險公園挑戰高空迷宮

遊人置身異國風情的環境，可以漫步於荷蘭風車下，或在玫瑰園欣賞世界各地超過1,000種的玫瑰，小朋友可盡情在新城市區的遊樂場中探險，玩過痛快！樂園更會因應不同的季節舉辦各樣的特色節日，例如聖誕節亮燈、夏天水上樂園等，令遊人不論任何時間到來都可以體驗不一樣的風景。

入夜亮燈後的公園別有一番景致

↑ 園內有巨型的 Teddy Bear 館

輕鬆遊園小貼士

全個豪斯登堡佔地152公頃，由入口處步行到最遠的豪斯登堡宮殿約需時30分鐘，如果是盛夏到來會有點辛苦，建議遊人預先預約以下交通工具，輕輕鬆鬆遊園：

陸上交通

園內有接送巴士、Cart Taxi（￥300/1人，最多4人）、機械巴士（持入園Passport免費；散策Ticket￥100）和優雅的馬車（大人￥1,500，4歲至小學生以下￥800）供遊人使用，想自由自在一點的朋友，可租借單車（￥500起），一家大小的話也可租4人單車或2人的情侶單車。

海上交通

運河遊艇之旅（持入園Passport免費，event期間或有收費），要浪漫的話更可租私人王室遊艇繞園一周（約20分鐘，大人￥1,000，4歲-小學生以下￥800，最多可坐12人）。

歷史之城 溫泉之鄉

saga ken

佐賀縣

往來佐賀縣交通

JR博多	JR長崎特急 約40分鐘 指定席¥2,500	**JR佐賀站**	
福岡空港	西鉄巴士 約1小時15分鐘 ¥1,300	**佐賀巴士 中心**	
天神巴士總站	西鉄巴士 約1小時20分鐘 ¥1,100		

說起佐賀縣，或者大部份人只有聽過佐賀牛，其實佐賀縣有多姿多彩的景點，它位於九州西北部，在福岡縣和長崎縣之間。自8世紀已有記載的嬉野溫泉，每天湧出3,000噸天然溫泉、超過1,200年歷史的武雄溫泉、彌生時代的吉野里歷史公園、出產昔日皇室貴族用的陶瓷之地伊萬里，一切就從早上熱鬧非凡的呼子朝市開始……

佐賀縣旅遊資料

來往佐賀縣的交通

佐賀縣就在福岡縣隔鄰，不論乘JR、高速巴士或自駕遊也只要大約1小時，交通十分便利。

■ JR

遊人乘 JR 長崎本線的特快列車由博多車站到佐賀站，只要約 40 分鐘，每小時有 3 至 4 班；由長崎出發，則要 1 小時 30 分鐘。同時也可以乘搭由博多車站到唐津的 JR 筑肥線，需時約 1 小時 26 分鐘，車費為 ¥1,170。如果要去嬉野溫泉，大家可以由佐賀乘 JR 特急みどり号約 24 分鐘，到達 JR 武雄溫泉站，再轉乘 JR 巴士約 30 分鐘 (¥670) 到達嬉野溫泉。

■長途高速巴士

福岡至佐賀巴士中心
可乘西鉄バス的長途巴士來往福岡天神至佐賀，車程約1小時55分鐘，價錢為¥2,310。

網 www.nishitetsu.co.jp

福岡空港至佐賀巴士中心
可乘西鉄バス的長途巴士來往福岡空港至佐賀，車程約1小時42分鐘，價錢為¥2,310。

網 www.nishitetsu.co.jp

福岡空港至唐津大手口巴士總站
遊人也可以在福岡空港乘昭和巴士，途經博多及天神，到達唐津，全程約2小時，價錢為¥1,250。

網 www.showa-bus.jp

來往佐賀縣的交通

佐賀至唐津
遊人遊覽完佐賀，可在JR佐賀站乘唐津線前往唐津，單程1小時10分鐘，車費¥1,130，每小時數班。

唐津至呼子
因為兩地沒有JR連接，所以最常用的就是由唐津站開至呼子的昭和巴士路線（湊・呼子線），車程約35分鐘，由唐津站開出，車費為¥710。

網 www.showa-bus.jp/goannai/jikokuhyou/karatsu.htm

旅遊資訊

佐賀縣觀光協會網站
佐賀縣觀光協會網站，有不同地區的景點、溫泉、歷史、交通、節日、食宿及店舖資訊。(日文、繁體中或英文)

網 www.sagabai.com

■佐賀縣節日

時間	活動/節日	內容	地點
1月下旬	九洲熱氣球大賽	色彩繽紛的九洲熱氣球比賽	嘉瀨川河川
2月3日	節分祭	在佐嘉神社有慶祝節分的巡遊及表演	佐嘉神社
6月第一個星期日	呼子拔河比賽	在呼子町有大繩拔河比賽	呼子町
7月上旬至8月上旬的星期六	銀山夜市	在JR佐賀站步行15分鐘的白山活動廣場，設有夜攤、撈金魚等活動	佐賀市內
農曆6月14至15日	小友祇園祭	在潮漲時，會在山笠在海中巡遊	呼子町
8月上旬	佐賀城下花火大會	在佐賀城有煙花大會	佐賀城北濠
8月上旬	水光呼子港祭り花火大	在呼子港有煙花大會	呼子港
10月下旬至11月上旬	佐賀熱氣球大賽	國際性的熱氣球比賽	佐賀市嘉瀨川河川敷
11月2-4日	唐津御九日祭	大型花車：曳山巡遊的秋季節慶	唐津神社

佐賀市
Saga-shi

必見!
Saga Balloon Museum

佐賀市是縣內最大的都市,市內保存了很多有歷史價值的博物館和資料館,遊人在市內散步可欣賞以往的舊城邑。而最享負盛名的當然是每年的 11 月佐賀會舉行「佐賀國際熱氣球大賽」,屆時可看到過百個七彩的熱氣球升空,蔚為奇觀。

往來佐賀市交通

博多市	自駕 約50分鐘	佐賀市
福岡空港	西鉄巴士 約1小時15分鐘 ¥1,300	佐賀巴士中心
JR博多	JR長崎特急 約40分鐘 指定席¥2,500	JR佐賀

❶ 乘時光機的歷史之旅
吉野ヶ里歷史公園

2000年前彌生時代(公元前3世紀至公元後3世紀)的日本究竟是甚麼模樣?來到吉野ヶ里歷史公園大家就可親身感受到。這個日本第二大的歷史國家公園佔地70多公頃,園內有彌生時代的遺址,古時丘陵地帶村落的雛型:有城門、瞭望台、集會館和統治階層以及平民住屋的分佈,也有舉行祭祀的地方和古時的市場。遊人可透過鑽木取火、陶笛製作等活動體驗古時人民的生活。

↑ 草地上設有大型波波供小朋友玩樂

↑ 隔鄰亦有遊樂場

↑ 較高階的士族居住

↑ 生時代平民的房屋

MAP 別冊 **M29 B-1**

地	佐賀県吉野ヶ里1843
時	09:00-17:00/6月1日至8月31日 09:00-18:00
休	12月31及1月第3個星期一及翌日
金	大人¥460、65歲以上￥200、中學生以下免費
網	www.yoshinogari.jp
電	(81)0952-55-9333
泊	有
交	JR吉野ヶ里公園站下車,步行約15分鐘。

❷ 一家大小來逛街
モラージュ佐賀

─ 商場分南北館

這間樓高兩層的商場分南北館,是當地人周末血拼的好地方。AS KNOW AS PINKY的和式雜貨衣飾、生活雜貨的百円店Seria、童裝西松屋等,而其中北館的一樓設有一個わくわく廣場,可以買到新鮮出產的縣內蔬果。

MAP 別冊 **M29 A-2**

地	佐賀県佐賀市巨勢町大字牛島730
時	10:00-21:00;餐廳11:00-22:00
網	www.mallage-saga.com
電	(81)0952-41-6000
交	JR佐賀站乘巴士約15分鐘,於モラージュ佐賀下車。

WOW! MAP
1   2

遊人可即場拍照，然後化作熱氣球的乘客

色彩繽紛的小型熱氣球

↑ 大堂的一比一熱氣球是打卡點

③ 全亞洲第一個熱氣球博物館
SAGA Balloon Museum

佐賀每年舉行的熱氣球大賽是國際間知名的賽事，而這間於2016年開幕的熱氣球博物館更是全亞洲首間，甫走進館內就看見一個比例一比一的巨型熱氣球，好不壯觀；展廳內介紹了熱氣球升空的歷史發展，也有解釋熱氣球升空的原理，其中更有一個可以讓遊人體驗在空中飛翔的模型呢！

↑ 佐賀黑毛和牛咖喱飯 ¥500

↑ 食堂旁設有休息空間和小朋友的遊玩角落

MAP 別冊 **M29 A-2**

地	佐賀県佐賀市松原2-2-27
時	10:00-17:00(最後入場16:30)
休	星期一、12月31至1月1日
金	大人¥500、中學生¥200、小學生免費
網	www.sagabai.com/balloon-museum/main
電	(81) 0952-40-7114
交	JR佐賀站步行約17分鐘；或JR佐賀站乘巴士約5分鐘，於縣庁前下車，步行約1分鐘

↑ 遊人體驗操作熱氣球

WOW! MAP

餐廳的裝修優雅

④ 佐賀市 歷史民俗館
浪漫座café

位於柳町的佐賀歷史民俗館其實是由七座很有歷史價值的建築物組成：舊三省銀行、舊古賀家、舊牛島家、舊古賀銀行、舊福田家、舊森永家和舊久富家。午餐時份，走進位於舊古賀銀行內的浪漫座來個悠閒午餐，是很不錯的選擇。點了一客數量限定的浪漫座午餐，每天的菜式略有不同，當天的主菜是茄汁豬扒配清新的沙律，也有前菜和熱湯，份量剛好，味道亦討好。

MAP 別冊 **M29 A-2**

地 佐賀県佐賀市柳町2-9(佐賀市歷史民俗館・旧古賀銀行內)
時休 星期一、假期翌日及12月29至1月3日
　　10:00-16:30
電 (81)0952-24-4883
交 JR佐賀站乘巴士（佐賀大學・相應線）約5分鐘，於吳服元町下車，步行約3分鐘

→ 採用能古島産檸檬製作的檸檬梳打，味道清爽。

↑ 店內陳設依然維持著大正時代風格。

↑ 浪漫座ランチ ¥1,080

午餐後的甜品是Tiramisu，很creamy亦不太甜。

→ホルモン ¥580

横隔膜帶有嚼感，肉質扎實甘甜。

↑極上和牛ハラミ ¥1,500

個室設計，令客人坐得自在。

⑤ 深宵吃燒肉首選
燒肉 華守

華守店內的座位以個室設計為主，牛肉由國產牛到A5的佐賀牛也有，客人可選炭火燒、壽喜燒和鐵板燒，當天晚餐到來點了一客人氣的極上橫隔膜，肉質粉嫩，用慢火烤半分鐘，約五成熟後散發出牛油香，霜降的脂肪和著嫩滑的肉質，口感扎實且回味無窮！而另一客的牛腸則建議烤得熟一點，讓外層有點焦香，會越嚼越滋味。

MAP 別冊 **M29 A-2**

地 佐賀縣佐賀市駅前中央2-9-1
時 11:00-15:00、17:00-23:00 (星期日晚間至22:00)
網 www.hanamori-k.jp 電 (81)0952-30-4100 泊 有
交 JR佐賀站北口步行約3分鐘

⑥ 小奢華晚餐 季樂

好食 編者推介

季樂是一間人氣的佐賀牛餐廳，它亦是JA佐賀直營的店家，牛肉的質素有保証。晚餐時段價位較高，套餐約四千円左右起跳，有前菜、主菜、熱湯和甜品，看著餐牌點了一客烤國產牛扒(里脊肉)，烤到約七成熟，肉質仍然嫩滑、完全沒有筋、霜降的脂肪帶著牛油香，味道甘甜香口。雖然晚餐價錢比午餐貴，可是如果不想浪費時間等位的話，還是可以考慮。

→有別於一般烤肉店，店內裝修乾淨明亮

↑里脊肉的紋理清晰，帶有豐富脂肪。
↓國產牛ステーキ(ロース) ¥4,200

MAP 別冊 **M29 A-2**

地 佐賀縣佐賀市大財3-9-16
時 11:00-15:00；17:00-22:00 (L.O.為關門前1小時)
休 星期三
網 kira.saga-ja.jp/honten
電 (81)0952-28-4132
交 JR佐賀站步行約9分鐘

WOW! MAP

5　6

227

武雄溫泉・嬉野溫泉

Takeo Onsen・Ureshino Onsen

必見！武雄市圖書館

有1,300多年歷史的嬉野溫泉，浸後皮膚滑溜，被譽為「日本三大美肌之湯」。武雄溫泉的朱紅色樓門是日本有名設計師辰野金吾之手，若果要數人氣之地，當然定必要到武雄市圖書館打卡吧！

往來武雄溫泉・嬉野溫泉交通

武雄溫泉	→自駕 約20分鐘				**嬉野溫泉**
福岡空港	→九州巴士(要預約) 約1小時20分鐘 ¥2,200				**嬉野溫泉巴士站**
JR佐賀	JR長崎特急 約25分鐘 ¥1,320	**JR武雄**		JR巴士 約30分鐘 ¥670	**嬉野溫泉**

1 武雄溫泉地標
大眾浴場 鷲乃湯

這座醒目的朱紅色樓門就是武雄溫泉的地標，又稱天平樓門，是國家指定的重要文化財產。樓內是一個公眾溫泉，亦設有露天溫泉及桑拿，每個星期天更會有樓門朝市。

MAP 別冊 **M28 B-3**

地 佐賀縣武雄市武雄町武雄7425
時 06:30-24:00(最後入場為關門前1小時)
金 成人¥740、小童¥370；新館參觀免費
網 www.takeo-kk.net/spa/001333.php
電 (81)0954-23-2001
交 JR武雄溫泉站步行約15分鐘

↑新館的廊下和資料館都是舊有的建築

2 搜購佐賀特產
武雄溫泉物產館

距離JR站約5分鐘車程的物產館是一個買手信給朋友的好地方，館內有陶器、佐賀牛燒餅、羊羹、牛奶布甸和漬物等等，價錢合理，很適合想一次過齊買手信的遊人。

↑新鮮的農產品及特產琳琅滿目

→印上武雄溫泉樓門的豆沙餅 ¥800

MAP 別冊 **M28 B-3**

地 佐賀縣武雄市武雄町大字昭和805
時 08:30-17:00
網 takeo-onsen-bussankan.com
電 (81)0954-22-4597
交 JR武雄溫泉站乘車約5分鐘

3 賞櫻賞楓勝地
御船山樂園

MAP 別冊 **M28 B-4**

地 佐賀縣武雄市武雄町武雄4100
時 08:00-22:00(各季節略有不同)
金 成人¥500；白天或晚上：中學以上¥600、學生以下¥300；白天晚上共通：中學以上¥900、小學生以下¥400
網 www.mifuneyamarakuen.jp
電 (81)0954-23-3131
交 JR武雄溫泉站步行約30分鐘；或JR武雄溫泉站乘巴士約8分鐘，於御船山樂園下車

位於御船山山麓的御船山樂園，五十萬平方公尺的庭園用了三年時間打造出來的，因為它外形貌似唐朝的海船，所以被稱為「御船山」。園內不同季節有各式各樣的花卉盛開：櫻花、杜鵑、紫藤等，景色壯麗，有如一幅優雅的山水畫。每年櫻花季、夏季和紅葉季，更有不同的節慶活動。

春夏是賞花的季節

WOW! MAP

1   2   3

設有指定位置給遊人打卡！

4 充滿藝術性的閱讀空間

武雄市圖書館

這座圖書館原本只是一間簡單的公立圖書館，可是2013年經由東京代官山蔦屋書店裝修後，就變身成為遊人必到的景點。館內的星巴克咖啡店完美地融入了建築中，給人舒適的空間感，營造出一個高雅的閱讀空間。

↑圖書館創造了一個極具人文藝術的閱讀空間

MAP 別冊 **M28 B-3**

地 佐賀県武雄市武雄町大字武雄5304-1
時 09:00-21:00
電 (81)0954-20-0222
網 takeo.city-library.jp
交 JR武雄溫泉站步行約15分鐘

4a 武雄兒童圖書館

隔鄰的兒童圖書館是很適合小朋友來看書的，因為它的設計就如一間玩樂的小屋。看完書，不妨到附設的Kyushu Pancake Café來個悠閒的午餐，又足電再出發吧！

→塩麴からあげ, ¥680
很香口的炸雞配五穀飯

⑤ 三千年的大楠樹 武雄神社

武雄神社是市內最古老的神社，它境內豎內著一顆屹立三千年的大楠樹，樹高有三十多尺，是日本第七大巨木。神社已有千二年歷史，以白色為主，有別於其他赤紅屋頂的神社，門前有一茅輪，據說來的遊人只要穿過茅輪，就可以驅除疫病，帶來好運。

↑周末有不少遊人到來祈福

↑神社內另有兩棵連在一起的夫婦檜

↑遊人都穿過茅輪，祈求帶來好運。

MAP 別冊 M28 B-3

地 佐賀県武雄市武雄町大字武雄5327
網 takeo-jinjya.jp
電 (81)0954-22-2976
交 武雄圖書館步行約3分鐘；或JR武雄溫泉站步行約20分鐘；或JR武雄溫泉站乘巴士約5分鐘，於武雄高校前下車，步行約3分鐘

⑥ 寓學習於娛樂 親子 佐賀縣立宇宙科學館

這個以宇宙為主題的科學館，就算是大人小朋友也可享樂其中。館內有各式各樣的科學體驗，適合不同年紀的遊人參與，其中最有趣的是可以體驗坐在鋼纜上踏單車，模擬在太空中踏單車的狀況，有點刺激！

↑就算是平日到來仍有很多一家大小同來

MAP 別冊 M28 B-4

地 佐賀県武雄市武雄町永島16351
時 09:15-17:15、星期六日及假期09:15-18:00(最後入場為關前前30分鐘)
休 星期一、12月29至1月1日；另有臨時休館
金 大人¥520、大學生¥310、中小學生¥200、4歲以上¥100；天體廳另收費
網 www.yumeginga.jp
電 (81)0954-20-1666
交 JR武雄溫泉站乘的士約10分鐘；JR武雄溫泉站乘祐德巴士，於永島站下車，步行約15分鐘

WOW! MAP

5　6

7 地道平民拉麵店
佐賀ラーメン喰道樂

走在武雄街頭想來碗熱騰騰的拉麵，可以到佐賀ラーメン喰道樂吃個午餐，來的客人多是本地居民，拉麵的價錢亦很便宜，來一客生雞蛋拉麵，雞骨湯底味道清淡，和著蛋漿後則變濃郁嫩滑，食堂中央放著清物：芽菜、蘿蔔乾、娃娃菜等，免費供客人享用。

MAP 別冊 **M28 B-3**

地	佐賀県武雄市武雄町大字昭和794
時	10:30-21:00
休	1月1日
網	sagaramenkuidouraku.web.fc2.com
電	(81)0954-22-6539
交	JR武雄溫泉站步行約10分鐘

↑很平實的食堂裝修

← ゆで卵入り
ラーメン¥680

8 大鯰魚神社
豐玉姬神社

位於溫泉街上的豐玉姬神社是供奉的是日本神話故事中的海神之女豐玉姬，在洗手池中更放了祂的使徒純白色大鯰魚，傳說遊人只要撫摸這條白色的大鯰魚後，皮膚就會變得幼嫩白皙，所以吸引不少女遊人到來參拜。

白色大鯰魚就在洗手池上。

MAP 別冊 **M28 A-4**

地	佐賀県嬉野市嬉野町大字下宿乙2231-2
電	(81)0954-43-0680
網	toyotamahime.wixsite.com/bihada
交	嬉野溫泉巴士站步行約5分鐘

MAP 別冊 **M28 A-4**

地	佐賀県嬉野市嬉野溫泉街
時	08:00-23:00
電	(81)0954-42-0257(中川莊旅館)
交	嬉野溫泉巴士站步行約5分鐘

9 特色足蒸
湯宿廣場

↑遊人都過來試足蒸，只要打開蓋子，把雙腳放進去便可。

「湯宿広場」位於溫泉街上(中川莊旅館對面)，除了有傳統的足湯外，也備有一個類似木箱的位置，讓各位朋友試試新意思：足蒸。大家只要坐定定，把腳放在箱中，就會感覺到陣陣蒸氣在箱中瀰漫，令小腿放鬆，非常舒服！

WOW! MAP

7 8 9

10 意式料理
イタリア料理店
オステリア ウーヴァ

抵食 編者推介

位於溫泉街的オステリア ウーヴァ是一家充滿異國風情的意大利餐廳，由店外的裝修到內裡的擺設都富異國風情，最出色的是自家製Pizza，薄脆的餅底，加上厚芝士及番茄，未上枱已聞到香濃的芝士味，再配上意大利火腿作前菜，滿足感非筆墨所能形容，不過要留意Pizza只有在晚餐時段供應。

↑ウーヴァランチ ¥2,750

↑イタリア産生ハムの盛り合わせ（大）¥1,550
意大利火腿大集匯，風乾的火腿很惹味。

←モルタデッラハムと目玉焼きのピッツァ ¥2,100
絕不欺場，用真正的Mortadella ham，加上半生熟蛋，滋味滿分！

MAP 別冊 M28 A-4

地	佐賀県嬉野市嬉野町下宿乙1273
時	11:30-14:00（L.O.13:00）、18:00-22:00（L.O.21:00）
休	星期三及不定休
網	uva-ureshino.com
電	(81)0954-43-0231
泊	有
交	シーボルトの足湯步行約15分鐘

11 民居中吃宵夜
はらぺこ千両

由溫泉街步行約10至15分鐘，就會來到這間可以吃到地道拉麵及嬉野出名的湯豆腐。這間居酒屋充滿和風特色，木造的屋頂配上門口的窗簾，給人很懷舊的感覺。店內食材全由嬉野當地出產和種植，且是當造食材，湯豆腐滑溜軟脆，溶在湯中，有點像香滑的粥，完全和香港的豆腐不同。

↑有不少的明星幫襯過更留言讚賞！

←和榻榻米座和吧枱，任君選擇。

↑溫泉湯豆腐 ¥720
用100%嬉野大豆和溫泉水熬製，多吃更有美肌功效呢！

↑千両拉麵¥600
湯底用了嬉野溫泉水和嬉野產大豆，很清甜。

MAP 別冊 M28 A-4

地	佐賀県嬉野市嬉野町大字下宿乙355
時	18:00-22:00
休	星期日
電	(81)0954-42-0983
泊	有
交	溫泉街步行約15分鐘

WOW! MAP
10　11

唐津・呼子

Karatsu・Yobuko

必見!
呼子朝市

往來唐津・呼子交通

福岡空港	自駕 約1小時5分鐘	唐津
博多巴士中心 天神巴士中心	巴士 約1小時30分鐘 ¥1,160	唐津城入口
唐津巴士中心	巴士 35分鐘 ¥760	呼子
JR佐賀	JR唐津線 約1小時10分鐘 ¥1,130	JR唐津

距離福岡市只有約 1 小時車程，是不少自駕遊朋友的第一站，富有漁村風味的弄巷、充滿朝氣的呼子朝市，在陽光燦爛的日子，遊人會看到一排排架起曬乾的烏賊，空氣中瀰漫淡淡的海水味。

① 日本三大朝市之一
呼子朝市

呼子鄰近海港，每天清晨一早7時多，充滿活力的婆婆就會沿着朝市大街張羅，將自家製的漬物、海味雜貨、新鮮海產和蔬果等井井有條的呈現面前。

MAP 別冊 **M30 A-2**

地 唐津市呼子町呼子朝市通り
時 07:30-12:00　休 1月1日
網 www.karatsu-kankou.jp
電 (81)0955-82-0678　泊 有
交 JR呼子站步行約5分鐘

就算飄著白雪的冬日早上還是有遊人到來買海產，最受歡迎的是一夜干。

↓いかプレス煎餅 ¥650

即煮的甘酒 ¥150

⓵ 呼子プレス商会

在朝市閒逛著不期然聞到一股淡淡的甘酒味，看著熱騰騰的甘酒，喝了一口後，身體瞬間暖和起來。這間小店除了甘酒外，還有超大塊的原隻魷魚燒餅，造型突出之餘也是手信的好選擇。

地 佐賀縣唐津市呼子町呼子3764-10
時 星期一至五09:00-14:00、
　 星期六及日09:00-15:00
休 不定休
電 (81) 0955-82-2515

←↑「Zeela」遊覽船

MAP 別冊 **M30 A-2**

地 佐賀縣唐津市呼子町
時 09:00-17:00(每小時一班)
休 天氣不佳時
金 大人￥2,200、小童￥1,100
網 www.marinepal-yobuko.co.jp
電 (81)0120-425-194　泊 有
交 JR唐津站大手口巴士站乘昭和巴
　 士約30分鐘，在呼子下車即到

② 輕鬆遊七ツ釜
Marinepal遊覽船

若果遊人想更近距離看看七ツ釜的話，推薦大家參加這個40分鐘的船河，遊人可以選乘由呼子出發的遊覽船，深入海中的洞窟，看海蝕洞窟中的積層玄武岩和斷層。

❸ 一試難忘海中餐廳
呼子本店 海中魚処 萬坊

這間海中餐廳位處海中心，有點像昔日香港仔的海鮮坊，客人泊好車後，沿着棧橋步到入口就可到達。店內十分通爽，裝修雅緻，設有魚缸和魚棚，新鮮生猛海鮮就在眼前，海鮮即叫即做，最貼心的是有中文餐牌，方便遊客，令人驚喜的魷魚刺身，十分黏口有嚼勁，特別的是吃剩的魷魚刺身可用來做天婦羅或鹽燒。

↑ 鰤丼ぶりコース ¥3,300
魚肉加上芝麻很香口，刺身多得蓋過飯。

MAP 別冊 **M30 A-2**

地時	佐賀県唐津市呼子町殿ノ浦1944-1 11:00-16:00; 星期六日及假期 10:30-17:00
休	星期三、不定休
網	www.manbou.co.jp
電交	(81)0955-82-5333　泊 有 Marinepal遊覽船碼頭駕車約5分鐘

遊人之後可以到半開放式燒烤場地即場享用！

半開放式燒烤場

MAP 別冊 **M30 A-2**

❹ 惹味海鮮BBQ
呼子台場みなとプラザ

佐賀最有名的當然是海產，各位遊人逛完呼子朝市，可以沿著海岸步行約15分鐘到呼子台場みなとプラザ，來一客豐富的海鮮燒烤！場內有手信賣店，另有售賣新鮮海產的商店大漁鮮華：生蠔、活魷魚、帶子、鮑魚、大蝦等，客人可以即場揀喜歡的海鮮，其中有新鮮的魷魚，即點即做刺身，然後和已付款的海鮮拿到另一邊的半開放式燒烤場地享用。

地時	佐賀県唐津市呼子町呼子1740-11 09:00-17:00； 星期六日及假期 09:00-18:00
金	BBQ¥2,000起；另會收¥200/人 的開爐費
網	tairyousenka.jp/tenpo/index. html
電交	(81)0955-82-3331　泊 有 JR唐津站乘車約20分鐘； 呼子朝市步行約16分鐘

WOW! MAP

3　4

在天首閣可看到唐津灣美景

5 鶴展翅之英姿 唐津城

遠觀唐津城的天守閣猶如鶴首，兩旁廣闊的松原：東面的虹之松原和西面的西之浜松原，就有如拍翼的翅膀，因此唐津城亦有另一個美名叫「舞鶴城」。

MAP 別冊 **M31 B-1**

地	佐賀県唐津市東城內8-1
時	09:00-17:00(最後入場16:40)
休	12月29至31日
金	大人¥500、中小學生¥250
網	karatsujo.com
電	(81)0955-72-5697
泊	有
交	JR唐津站轉巴士約20分鐘後，唐津城入口下車步行約7分鐘。

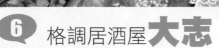
かなぎ一夜干し七輪 ¥700

↑唐津Q鯖のしめ鯖 ¥2,500
經特別加工的鯖魚可以安全生吃，是唐津獨有的美食。

↑就算是個室亦光亮

6 格調居酒屋 大志

這間和創居酒屋環境明亮，設有個室，就算大夥兒到來也很適合。甫坐下店員先幫忙下了飲品的單，然後送上一碟精緻美味的前菜（按人頭收費），點了一客辣味炒意粉和特色的七輪燒一夜干。燒得熱烘烘的炭爐，放上小魚乾烤至焦香，味道惹味帶嚼勁，是小酌一杯的好配搭。

MAP 別冊 **M31 A-1**

地	佐賀県唐津市吳服町1798
時	18:00- 23:00(L.O.22:00)
休	星期二、不定休
電	(81)0955-74-0107
註	店內會收取會人約¥400的餐前小食費用
交	JR唐津站步行約5分鐘

↑精美的前菜按人頭收費，每天都不同

5

6

WOW! MAP

237

店內以木色為主調，環境舒適。

↑手作りギョーザ ¥600

好食 編者推介

❼ 町家的美味晚餐
Hanaはな家

走進這間café說真的是被它町家的建築所吸引－已有八十年歷史的古民家，前身是牙科診所，店內保留了昔日的格局。來一客簡單的生雞蛋飯、煎餃子和推介的手作Pizza，估不到味道驚喜，尤其那道手作Pizza，餅皮香脆厚薄適中，芝士黏口味濃，配上新鮮的番茄，很是惹味；而那家煎餃子外皮薄帶焦香，中間的豚肉生熟度剛好。

はな家オリジナルピザ ¥1,000

MAP 別冊 **M31 A-1**

地 佐賀県佐賀県唐津市中町1868番地 1F
時 11:30-23:00（居酒屋 17:00-23:00）
休 不定休
網 nakamachicasa.com/hana.html
電 (81)0955-74-2454
交 JR唐津站步行約3分鐘

❽ 晚上宵夜好去處
大八車

抵食 編者推介

這間居酒屋是由古民家改裝而成，內裡的裝修很有民居味道，店內以木造的桌椅為主，特別的是天花板放了一輛昔日的手推車車轆，也掛滿了古舊裝飾，來的大多是本地熟客。居酒屋的賣點是新鮮刺身盛合和炸物，尤其它的刺身，肉質彈牙，很有鮮味。另有一款炸物大八すりみ天：大八炸魚餅，內裡有混合蘿蔔絲、糯米和魚肉，咬在口中很黏，有咬口。

↑刺身盛り合わせ ¥1,680
刺身鮮甜，最讚是Toro，很甜又爽口！

MAP 別冊 **M31 A-1**

地 佐賀県唐津市中町1833
時 17:00-00:00
休 星期日、不定休
電 (81)0955-73-0533
泊 有
交 JR唐津站步行約5分鐘；唐津大手口巴士總站步行約1分鐘。

↑每到深夜，會有大班捧場客。

WOW! MAP
7　8

走進松原好像另一個世界

⑨ 特定名勝
虹の松原

自駕遊MAPCODE 182404 192 *63

走在唐津灣沿海，遊人會看到沙灘長着延綿4公里的黑松林，由曲折的海岸線伸延至浜玉町，約有一百萬株，是日本三大松原之一。

MAP 別冊 **M31 C-1**

地交 佐賀県唐津市松南町　泊 有
JR虹之松原站下車；
或唐津站駕車約10分鐘。

⑩ 大開眼界
曳山展示場

曳山在日文的意思是指巨型的花車，每年的11月唐津就會舉行秋季例行大祭，人們會高舉這些巨型的花車在街上巡遊。若果遊人不能參與祭典，也可到曳山展示場看看這些保存完好的

曳山，外型有鯛魚、獅子和龍等，其中最巨型的更長達7米。

MAP 別冊 **M31 A-1**

地 唐津市新興町2881-1　時 09:00-17:00
休 12月第一個星期二及三；12月29-31
金 15歲以上¥310、4-14歲以上¥150
電 (81)0955-73-4361　泊 有
交 JR唐津站徒步3分鐘

MAP 別冊 **M30 B-3**

地 佐賀県唐津市菜畑
3609-2
時 11:00-15:00
休 星期四
電 (81)0955-74-3213
交 JR唐津站步行約12分鐘

↑塩らぁ麵 ¥680

⑪ 魔鬼拉麵教主
らぁ麵むらまさ

甫入店內就發現它的店主來頭一點也不簡單，店主佐野先生是「支那そばや」店主，被冠以「ラーメンの鬼」(拉麵之鬼)，亦曾在「新橫浜拉麵博物館」經營，試過第一天就賣了630碗的紀錄！拉麵用料是用玄海當地的新鮮食材，配上自家製的麵條，彈牙加上清甜的湯底，令人食指大動！

9

10

11

WOW! MAP

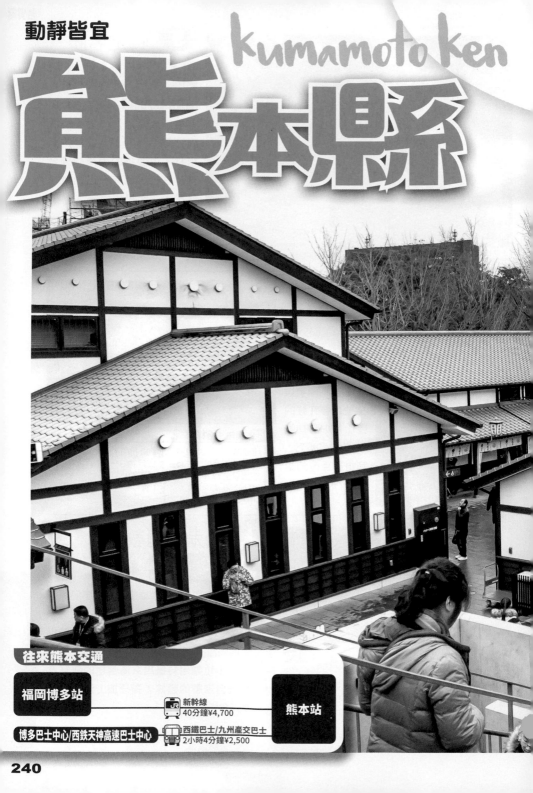

動靜皆宜

熊本縣

kumamoto ken

往來熊本交通

| 福岡博多站 | 新幹線 40分鐘¥4,700 | 熊本站 |

| 博多巴士中心/西鉄天神高速巴士中心 | 西鐵巴士/九州產交巴士 2小時4分鐘¥2,500 |

熊本縣地大物博，有熱鬧的熊本市上通及下通，喜歡shopping 和美食的自遊人，大可以留2日1夜逛個夠；而最令人嚮往的當然是躲到黑川溫泉，隨心所欲地浸個秘湯，什麼也不做，什麼也不想，靜靜地聆聽森林間的歌聲，讓身心靈過一個奢侈的寧靜假期。

熊本縣旅遊資料

來往熊本縣的交通

熊本位於福岡縣的南面，可算是九州的中央，交通四通八達，無論由宮崎到熊本還是由福岡到熊本，都有 JR 或長途巴士接駁，十分便利。

■ JR/九州新幹線

每天由福岡的博多站都有多班的新幹線開往熊本，最快只要 33 分鐘。由鹿兒島中央站直達熊本站，最快只要 43 分鐘。

■ 長途高速巴士

a. 福岡天神至熊本

西鐵有巴士來往福岡至熊本，由博多巴士中心途經天神巴士站及熊本的通町筋，終站為熊本交通中心，全程約 2 小時，費用大人單程為 ¥2,500。

🌐 www.nishitetsu.jp

b. 福岡空港至熊本

如果由福岡空港開出，經熊本的通町筋，終站為熊本交通中心。全程約 2 小時，費用單程為 ¥2,500。

🌐 www.nishitetsu.jp

c. 福岡空港至黑川溫泉

福岡空港每天有 4 班來直接來往黑川溫泉的高速巴士，全程時間約為 2 小時 15 分鐘，起點由博多巴士總站開出，途經天神巴士中心及福岡空港國際線，到達黑川溫泉，車費成人單程為 ¥3,470。

網 www.nishitetsu.jp

d. 鹿兒島至熊本

預約網址

鹿兒島每天也有「きりしま號」來往熊本，每天有 8 班，途經熊本的水前寺公園、味噌天神、通町筋等地，然後到達熊本交通中心，車程約 3 小時 27 分鐘，單程為 ¥3,900，大家可以參考以下網址及預約：

網 www.highwaybus.com

熊本縣內交通

■熊本市內

a. 周遊巴士

熊本市內有周遊觀光巴士，外型可愛，途經櫻町巴士中心、熊本城和縣立美術館分館等主要觀光地，約 20 至 30 分鐘一班，每程大人只要 ¥180，小童 ¥90，而一天乘車券都只是 ¥500（小童 ¥250）。

網 www.shiromegurin.com

b. 市內電車

市電差不多覆蓋市內大部份觀光點：本妙寺、熊本博物館、熊本城、傳統工藝館及水前寺成趣園等人氣景點，想知詳細路線及時間可參考以下網址：

網 www.kumamotodentetsu.co.jp

■熊本市－阿蘇火山（火山口周邊 2 公里範圍禁止入內）

由熊本市至阿蘇是最多遊人途經的路線，大家想便捷一點的可以乘 JR 九州橫斷特急，由 JR 熊本站到阿蘇站，只要 1 小時 18 分鐘，單程車費為 ¥2,910。若果不趕時間的話，可以選乘熊本交通中心出發的巴士，時間約 1 小時 30 分鐘，車費只需 ¥1,130，同樣到達阿蘇站。

旅遊資訊

熊本市觀光手冊

有不同地區的景點、歷史、交通、節日、住宿、天氣及店舖資訊。(日文、繁體中文或英文)

網 kumamoto-guide.jp/tw

黑川溫泉觀光旅館協同組合網站

提供黑川溫泉街觀光、天氣、交通和溫泉旅住宿預約等資訊。(日文或英文)

網 www.kurokawaonsen.or.jp

阿蘇市觀光協會網站

提供阿蘇地區觀光活動、交通、節日及住宿等資訊。(日文、繁體中文或英文)

網 www.asocity-kanko.jp

■ 熊本縣節日

時間	節日	內容	地點
3月中旬	阿蘇神社の火振り神事	健壯男丁利用舞動的火炬祈求五穀豐收	阿蘇神社
3月下旬	本妙寺櫻燈籠	本妙寺櫻花盛開，會有夜間點燈	本妙寺參道一帶
8月上旬	火の國まつり	有大型巡遊及舞蹈表演，也有煙火大會	熊本市中心街
8月19-20日	火の山祭	阿蘇最大的夏祭，有大型巡遊及煙花大會	阿蘇內牧溫泉
10月第一個星期六	黑川溫泉感謝祭	晚間在溫泉街有巡遊及太鼓表演	黑川溫泉
10月上旬(10月3日-11日)	おくんち祭	青井阿蘇神社例祭	青井阿蘇神社

熊本市

Kumamoto

必見！
熊本城

熊本市可算是繼福岡市第二熱鬧的城市，遊人最常到的當然是市中心的上通町及下通町，街上匯聚了食買玩多間店舖，有古老懷舊的小店、別具一格的咖啡店、潮流時尚的時裝店，也有熊本最出名的馬肉刺身店，喜歡逛街的朋友，大可以盡情閒逛。

往來熊本市交通

福岡市	自駕	1小時50分鐘¥3,210	
博多站交通中心	西鐵巴士/九州產交巴士	約2小時28分鐘¥2,500	熊本站
JR博多	JR新幹線	約40分鐵¥4,700	

↓修復工程對高層瓦礫與鯱瓦、地下室石垣等建築融合了最新防震技術。

① 逾400年名城
熊本城

慶長12年（1607年）由加藤清正以茶臼山為中心建造的熊本城，屬日本三大名城之一。熊本城在400多年來屢次成為日本歷史的重要舞台，亦歷經戰火、火災，以及在2016年的熊本大地震，震後天守閣一度關閉，現已修復完畢，重新開放，讓熊本城再次接待遠道而來的觀光客。

←飯田丸五階櫓在熊本地震中嚴重受損，邊緣位置僅存一列石垣支撐角樓重量，令它免於倒塌，因此被譽為「奇蹟的一本石垣」。

↑→從窗戶往外看，可見到滴水瓦上印有加藤家的桔梗紋圓形瓦當。

↓天氣好的時候，天守閣可遠眺阿蘇火山的風景。

MAP 別冊 **M08 B-1**

地	熊本県熊本市中央区本丸町1-1
時	09:00-17:00 (最後入場 16:30)
休	12月29至31日
金	成人¥800、小童¥300
網	castle.kumamoto-guide.jp
電	(81)096-352-5900　泊 有
交	熊本站乘市內電車，約10分鐘後在熊本城・市役所前下車。

WOW! MAP

1

② 江戶城下町
桜の小路

櫻之小路位於熊本城的西南側，遊人在這個重現江戶時代熊本城的城下町裡，可找到來自熊本縣各地的23間餐廳、特產店和小食店，逛完熊本城不妨到來感受當地的飲食文化、歷史和傳統的魅力。

場內有很多熱食的攤位很受遊人歡迎。

MAP 別冊 **M08 B-1**

地	熊本県熊本市中央区二の丸1-1-2
時	09:00-19:00(12月至2月至18:00)；餐廳11:00-19:00(各店不同)
休	各店略有不同
電	(81)096-288-5577
網	1592.jp
泊	有
交	熊本市電於熊本城/市役所前下車，步行約5分鐘；熊本城周遊巴士至桜の馬場城彩苑下車。

②a 本地赤牛料理
阿蘇庭 山見茶屋

來自阿蘇高森町的山見茶屋，提供阿蘇種植的新鮮蔬菜，以及赤牛和馬肉等豐富食材。「赤牛」是在阿蘇地區放牧的日本褐牛，肉質扎實脂肪均勻，要嚐到牠的獨特口感，可試試這裡的招牌赤牛丼和溶岩燒赤牛：赤牛丼上放著帶焦香的半熟牛肉，溶岩燒赤牛則以赤牛的3種不同部位，配合特製熔岩石燒烤，溶化的牛油滋滋流出，略帶韌勁的牛肉帶出肉身濃香，美味非常。除牛肉之外，店內亦有提供馬肉刺身和烤馬肉。

↓ あか牛丼 ¥1,637
丼飯中央的溫泉蛋模仿阿蘇火山口，牛肉則是嶙崎的溶岩。

↑ 赤牛的特點在於脂肪少而均勻，入口帶濃郁牛香。

↑ 熊本あか牛溶岩焼き膳 ¥2,273

地	桜の小路, 4
時	11:00-18:00 (L.O.18:00)
休	年末
網	yamami-cyaya.com
電	(81)096-327-9293

2

2a

WOW! MAP

熊本縣資料

熊本市

阿蘇

黑川溫泉・人吉

2b 優質綠茶專賣店
お茶の泉園

「泉園」在九州八代市450米高的泉町自設茶園，是一家茶園直營的茶葉店。熊本城店除了售賣茶葉、茶粉之外，還有和菓子、茶皂等以茶製作的加工品。另外亦提供各種茶味雪糕和飲料。

地 桜の小路, 15
時 09:00-18:00
網 ochanoizumien.jp
電 (81)096-288-0015

←いずみ茶「香」
¥864/100g
清新的玉綠茶茶葉茶質高價廉，是店內的人氣商品。

←練乳かき氷 ¥400
使用可食用的抹綠茶與蜂蜜製成的刨冰，甘香茶味伴隨著紅豆和煉奶香甜。

↑食べるお茶
¥864/100g
取用自家茶園種植的茶葉製成粉，可用於熱水或冷水沖泡，亦可加入食物及甜品使用。

2c 湧々座 〔わくわく座〕

遊人可以透過觸覺、視覺和聽覺等遊戲，穿過時空隧道，回到昔日的熊本，又或換上古裝，體驗江戶時代的人民生活。

↑館內仿照了昔人熊本城的原貌

←遊人最喜歡的變身環節是免費的

地 桜の小路, 1
時 09:00-17:30(湧々座入館至17:00)
休 12月29至31日
金 大人¥300；中小學生¥100
網 www.sakuranobaba-johsaien.
jp/waku-index/
電 (81)096-288-5600

2d 旬彩館

旬彩館是一間頗大的手信店，這裡集齊了過百款熊本及鄰近縣份的人氣物產，當中館內最受歡迎的有：人吉球磨產的地酒、銘菓和肥後的傳統工藝品。當然少不了有萌熊做噱頭的手信。

→阿蘇牛奶士多啤梨蛋糕¥648

←熊本限定人氣No.1米燒酎¥1,296

地 桜の小路, 9
時 09:00-19:00(12月-2月至18:00)
網 shun-josaien.jugem.jp
電 (81)096-312-2622

2e 五木屋本舖

這間豆腐老店，承傳了深山中五本村 800 年
來沿用的方法保存豆腐，而這種特製的豆腐味
道鮮味，更稱為山中的海膽。店內有不同味道
的豆腐：燻製豆腐、
味噌製的硬豆腐等，
有的更只要常溫保存
便可，是
另類的手
信。

↑不到此店還不知
有那麼多款豆腐

←山うにとうふ
オリジナ ¥710
山海膽豆腐，可拌飯
或作下酒小菜。

地 桜の小路, 16
時 10:00-18:00
網 itsukiyahonpo.co.jp
電 (81)096-288-5500

3　巨型熊本熊坐鎮
SAKURA MACHI
櫻町熊本

→可愛的熊本熊是
遊人的打卡熱點。

是熊本市內最大的購物商城，場內集結時尚品
牌、生活百貨、餐廳食肆和超級市場，地庫一
樓連接熊本市的櫻町巴士轉運站，而頂樓建有
休閒設置和咖啡店的空中庭園，以及仿照細川
家花園建設的櫻町花園，園內種滿櫻花、貝利
氏相思、紅梅、山茶花和楓樹等在不同的季節
輪流盛放的植物，四時均可觀賞不同景致。

→天台花園的 2 樓
露台可遠遠眺望熊
本城、阿蘇火山等
觀光景點。

MAP 別冊 **M08 B-2**

地 熊本県熊本市中央区桜町3番10号
時 10:00-20:00
網 sakuramachi-kumamoto.jp
電 (81)096-354-1111
交 乘熊本市電車「花畑町」站下車
步行約3分鐘、「辛島町」站下
車步行約1分鐘

2e　3

WOW! MAP

4 金黃香脆炸豬扒

勝烈亭 新市街本店

1975年創業至今的炸豬扒專門店「勝烈亭」，不獨成為tabelog評選為「百大炸豬扒名店」還曾獲米芝蓮推介，每天吸引大批國內外的食客慕名光顧。店家多年以來堅持只取用經他們檢驗的優質豬肉，裹上以特選粗麵包糠製成的粉漿炸至酥脆，豬扒外層乾爽薄脆，內裡質地粉嫩細膩，不乾不柴，輕嚼更見肉香，叫人禁不住大嘆美味！

↑ 芝麻先研磨成粉（粗幼度可自行控制），再加入和風或洋風豬扒醬。

↑ 豬扒可選軟嫩的腰內肉（ひれかつ）或有嚼勁的里肌肉（ロース）。

↑ 各式醬汁對應不同食物，最有名的招牌豬扒醬是右二的「元祖洋風」醬。

→ 海老とひれかつ膳 ¥2,145
炸蝦與炸豬扒（腰內肉）套餐一次可試齊店內兩款招牌炸物，豬扒外脆內軟，口感細膩，而大大隻的炸蝦肉質出奇爽彈，蝦頭蝦尾酥脆至極，蘸上他他醬更添滋味。

MAP 別冊 **M07 A-3**

地 熊本県熊本市中央区新市街8-18
時 11:00-21:30 (L.O.21:00)
休 12月31日至1月2日
網 hayashi-sangyo.jp/shop/shop-1
電 (81)096-322-8771
交 乘熊本市電車「辛島町」站下車，步行約兩分鐘

以討厭咖啡聞名的三島由紀夫曾經到訪，對這裡的咖啡讚不絕口。

⑤ 用一生做好一杯咖啡
珈琲アロー

在熊本市中心有一間全店只賣一款咖啡的奇店「Coffee Arrow」，由逾80歲的咖啡匠人八井巖於1964年創立，他了解到現今許多咖啡豆因烤過頭，令咖啡豆釋出有害物質，苦澀味道亦因此而來，經反覆研究、試驗，終於製作出只提煉咖啡豆有益成份的「琥珀咖啡」。琥珀咖啡豆香撲鼻，入口清麗且有一抹回甘在舌尖上縈繞不散，恰似一陣千帆過盡的淡然韻味。

↑琥珀色の珈琲¥600
琥珀咖啡色澤澄明如琥珀，香氣帶烘過的麥香與豆香，入口淡雅雋永。

MAP 別冊 **M07 A-2**

地 熊本県熊本市中央区花畑町10-10
時 11:00-18:00；星期日12:30-18:00
網 www.coffee-arrow.jp
電 (81)096-352-8945
交 乘熊本市電車「花田町」站下車，步行約3分鐘

↑八井先生笑說自己皮膚光滑的秘密來自每星期喝上30-40杯琥珀咖啡。

↑琥珀色の珈琲豆
¥5,000/500g
由多個國家的咖啡豆輕烘，呈小麥金黃。

→店內的陶杯是一種被稱為「天草之水之平燒」的陶器，已經使用了超過48年。

WOW! MAP

❻ 秘製關東煮
天草瓢六

→特上にぎり¥2,970
提供時令食材製作的壽司，採訪當日有入口即化的拖羅、香甜海膽，而包著蔥的生馬肉壽司則嚼勁十足，新鮮富肉香。

結合活魚料理老店「天草」與關東煮店「瓢六」，售賣在熊本縣天草新鮮捕獲的時令海鮮刺身、壽司以及新鮮馬肉，同時提供有60多年歷史、以九州醬油和昆布浸泡的美味關東煮。值得留意的是餐廳非常受歡迎，若然沒有預約，建議在下午6時前到達，以免餐廳滿座。

←店內名物是創業以來不曾改變味道的關東煮。

→關東煮（おでん）¥220/種
圖為白蘿蔔（大根）、豆腐（厚揚）和馬筋（筋）。

MAP 別冊 **M07 A-2**

地 熊本県熊本市中央区花畑町10-18 , Hanabata Planet Building 1F
時 17:30-23:00；星期五、六至24:00
休 星期日（如遇假期則星期一休息）
網 ama-kusa.com
電 (81)96-325-6444
交 乘熊本市電車「花田町」站下車，步行約兩分鐘

❶ 清淡系雞湯拉麵
マルイチ食堂

「大王雞」是日本體型最大的雞之一，從明治至大正年間成為食用雞，昭和時期曾一度滅絕，後來經熊本縣農業研究中心重新研究而得以恢復。這間拉麵店便以這種味道濃郁的雞製成的雞湯作招徠，全店只提供雞湯拉麵「天草大王塩ラーメン」，湯底以自百分百天草大王雞熬煮4小時，添加極富蛋香的溏心大王雞蛋、豬皮爽彈的厚切叉燒，以及一少撮紅辣椒絲，吃起來清爽美味，是豬骨拉麵外的好選擇。

↑除了曾獲2018年米芝蓮推介外，日本拉麵王兼美食評論家石神秀幸亦曾到此簽名，是美味的保證。

↑天草大王塩ラーメン¥900
麵底可選粗捲麵（ちぢれ麵）或細直麵（ストレート麵）。

MAP 別冊 **M07 A-2**

地 熊本県熊本市中央区下通1-5-21, 有楽丁ビル1F
時 19:00-03:00
休 不定休
網 ippuku-ramen.net/maruichi
電 (81)096-355-1109
交 乘熊本市電車「花田町」站下車，步行約4分鐘

WOW! MAP

6　　7

❽ 江戶時代肥後鄉土料理
青柳本店

1949年營業至今的老字號料理店，廚師根據1803年和1817年的熊本古籍《料理方秘》和《歲時記》重現出江戶時代的武士食譜，如馬肉刺身和馬肉壽喜燒、芥末蓮藕、一文字蔥、糫子汁小鍋和豆腐味噌漬等，亦可提前預約「本丸御膳」午市或晚市套餐，一次過品嚐多款懷古肥後藩料理。

←↑和王すき焼き ¥1,800
（一人小鍋）
採用四級以上的黑毛霜降和牛，肉質軟嫩富濃郁牛味。

→ひともじのぐるぐる ¥600
一文字蔥形態優美，搭配香醋味噌醬汁提升味道層次。

←からし蓮根 ¥800
芥末蓮藕是熊本的鄉土名物之一，據說是為了體弱多病的肥後藩主所研發的營養料理，蓮藕洞中釀入芥末、味噌和蜜糖再油炸，味道頗為刺激。

本丸御膳（午餐）¥4,400

MAP 別冊 **M07 A-2**

地 熊本県熊本市中央区下通1-2-10
時 11:30-13:30、17:00-22:00
網 aoyagi.ne.jp
電 (81)096-353-0311
交 乘熊本市電車「熊本城・市役所前」站下車，步行約3分鐘

↑逢星期三晚上均會有女子舞團「花童」表演以熊本民謠為主的日本舞。

WOW! MAP

⑨ 熱鬧商店街
上通り下通り

想逛熊本最熱鬧最時尚的商店？各位一定要來上通町，這裡雲集了大大小小過百間商舖：鞋店、衣飾店、古玩店、café及手信店等，應有盡有，要逛完所有店舖，都要大半天，有很多特色小店，有別於大型商場的連鎖店。

MAP 別冊 **M07 B-1**

地 熊本県熊本市上通町
時 10:00-20:00(各店不同)　休 各店不同
網 www.kamitori.com
泊 有
交 乘熊本市電車，在通筋町水道町下車

⑩ PARCO旗下複合式商場
HAB@

2023年4月開幕的HAB@替代在熊本扎根30年的PARCO，成為一座樓高11層的綜合式商場，B1樓至2樓是餐廳和商店，而3樓至11樓則是星野集團酒店OMO5。值得一提的是場內每個樓層的休息空間均置有由本地家具藝術家設計的椅子，例如B1石春形狀的雪松木雕刻木櫈、1樓以小國杉製作的長椅等。

MAP 別冊 **M07 A-2**

地 熊本県熊本市中央区手取本町5-1
時 11:00-23:00
網 hab-at.parco.jp
交 乘熊本市電車「通町筋」站下車，步行約兩分鐘

⑩a 扭蛋中心
#C-pla (B1)

在全日本各地均有分店的扭蛋專門店，店面看似不大，但亦提供了超過900款扭蛋任君選擇。店中央更貼心設置3個模型場景方便客人與公仔拍照。

時 10:00-20:00
網 toshin.jpn.com
電 (81)95230282

→ 貼上標籤的扭蛋機代表它是店內獨家的扭蛋。

↑ 一套5款的虛無貓 ¥200，令人不也自覺想到人生有多虛幻。

10b 個性生活用品
Standard Products (B1)

屬DAISO旗下、2021年開創的平價家品品牌Standard Products，主打以親民價格提供一系列用時具備實用性、個性和質感的日常用品，例如有人手製作的冷榨洗面皂、以傳統鍋燒法製成的環保洗衣液、可畫在浴室和玻璃窗上的水溶性畫筆等，以創意為日常生活上更添樂趣。

↑キットパス ¥1,000，成分主要是米，是一種可用於玻璃窗或鏡子等光滑表面，用水擦拭後即會消失的水彩顏料，兒童也能放心使用。

↑手工洗顏石鹼 ¥500，來自米子市的手工冷製皂，製作時間約需一個月。

時 10:00-20:00
網 standardproducts.jp

←Milk Cream Puff ¥270
→ 店內設有小小的堂食空間，非常貼心！

↑ASO Milk ¥320 品牌最受歡迎的牛奶，可選冷或熱。

10c 牛奶直營店
阿部牧場 (1f)

來自阿蘇的阿部牧場曾獲國際味覺賞三星，是九州地區數一數二的高質牛奶牧場。位於HAB@的分店提供採用牧場鮮奶製作的乳酪、軟雪糕、布甸、蛋捲、泡芙和斑戟等甜點，店內的鮮果Gelato也是熱門選擇。

時 12:00-20:00
網 asomilk.com
電 (81)096-278-8800

253

←場內地下不時擺放期間限定的展覽或特賣攤檔

11 便利商場 **Carino**

位於下通的商場Carino經重新裝修,由地下1樓至地上3樓進駐了各種咖啡店、百元商店和藥妝店,當中以熊本縣內最大的書店「蔦屋書店 三年坂」最受歡迎。

MAP 別冊 **M07 A-2**

地 熊本縣熊本市中央区安政町1-2
時 10:00-21:00 (各店不同)
網 www.carino.co.jp/shimotori
電 (81)096-322-4141
交 乘熊本市電車「通町筋」站下車,步行約5分鐘

11a 市內最大藝文雜貨
蔦屋書店 (B1-1F)

佔地兩層,蔦屋書店1樓主要售賣各種人氣書籍如雜誌類、文學藝術類,以及最新出版的話題書,而地庫1樓則較多元化,除了出售商業、政治等專業類書籍外,同時亦售有音樂和電影光碟、文具和生活雜貨,當中較為有趣的是售賣各種新舊遊戲卡的區域,最平¥70有交易,最貴的POKEMON絕版卡索價¥160,000,就算只用眼睛欣賞也夠過癮。

↘POKEMON遊戲卡
レッドの挑戦 ¥11,000

→最新兒童繪本一一齊備。

↓美濃和紙製的柴犬信箋 ¥550

時 10:00-23:00
網 www.sannenzaka.jp
電 (81)096-212-9111

→店內一隅設有一座專售遊戲卡的自動販賣機。

11b 美裝網站實體店
@cosme (2F)

由日本美妝網站@COSME化身的實體店，強調店內售賣的化妝品和護膚品均從用家角度出發，透過真實試用和諮詢建立不同「美妝部門」的排行榜，讓消費者可輕鬆找到適合切身需要的美妝用品。

←CANMAKE臥蠶眼影盤 ¥792
一盒包含打底、提亮、陰影和閃亮，打造出細膩臥蠶和閃亮眼妝。

時 10:00-21:00
網 www.cosme.net
電 (81)096-212-9151

11c 百元商店
Can Do (2F)

品牌是日本三大100円店之一，宗旨是希望每天的日常生活因一點小事而變得更加有趣，就算是日復日的重複生活，也總能找到新的發現。Can Do的商品由日常用品、文具雜貨、玩具和小型傢具都通通有齊，定價由¥100起（連稅¥110）。

↑SANRIO角色造型透明密實袋 ¥110

→クッキー抜型 ¥110
可以印出鳥獸、大佛、鄉土玩具等日本圖案的塑膠模具。

↑士多梨蛋糕賀卡 ¥110

時 10:00-21:00
網 www.cando-web.co.jp
電 (81)096-276-6208

↓太平燕コース¥1,480
九平燕套餐包括醋排骨、冷豆腐，還可選白飯或白粥。

⑫ 熊本特色中華料理
紅蘭亭 下通本店

吃慣中餐的華人對日本「中華料理」多少有點抗拒吧？不過只要願意放開心胸，這間紅蘭亭可能會帶來驚喜！1934年創業的紅蘭亭是熊本的老字號中華料理餐廳，招牌菜「太平燕」是一種宴席菜餚，店家遵循百多年前福建移民帶到九州的食譜製作，以百分百綠豆製的粉絲、採用雞骨和豬骨熬成的湯頭，以生曬的福建海鹽調味，最後加入虎皮蛋和其他配料，味清新而又有豐富口感，值得前來品嚐。

→太平燕裡的蝦仁爽口彈牙，肉絲帶香，湯頭濃而不膩。

↓小籠包 ¥400/件
外皮厚湯汁亦少，不過勝在餡內的蟹肉味噌添來鮮鹹滋味。

MAP 別冊 **M07 A-2**

地　熊本県熊本市中央区安政町5-26
時　11:00 - 21:00 (L.O.20:00)
網　www.kourantei.com
電　(81)096-352-7177
交　乘熊本市電車「熊本城・市役所前」站下車，步行約4分鐘

⑬ 九州連鎖家電店
ベスト電器

MAP 別冊 **M07 A-3**

地　熊本県熊本市中央区新市街10-4
時　10:00-20:00　休　1月1日
電　(81)096-352-0050
交　乘熊本市電車「辛島町」站下車，步行約3分鐘

位於新市街下通的Best電器自1953年時已扎根於福岡，是一間專門售賣家庭電器的連鎖店。Best電器熊本店樓高6層，由手機、美容儀、造型風筒、耳機，到花灑、電飯煲、智能馬桶等中至大型的電器都能在此找到。

←RGO-300
UV 無線除蟎機 ¥15,180
具紫外線消毒、高效吸力及雙重濾網的無線手提吸塵機。

→女生必逛的美容家電。

WOW! MAP

12　　13

14 民族服飾及雜貨

PASAR アジアン雑貨

這間主打亞洲民族服飾的小店，尼泊爾的披肩、彩間且色彩繽紛的的斜孭袋和帽子外，還有很多手作的飾物：碎花貓貓布袋、手織的散銀包和五指襪等，價錢由數百円到三千多円左右，喜歡民族款式的朋友，推介！

↑耳環的款式有數十款，設計都是獨一無二的

MAP 別冊 **M07 A-2**

地	熊本県熊本市新市街 3-13 五島ビル1FB
時	10:00-22:30
網	holidays-group.net
電	(81)096-320-8702
交	乘熊本市電車「辛島町」站下車，步行約5分鐘

15 熊本有名的馬肉料理

馬桜

熊本的馬肉在日本國內是相當有名氣的。馬肉含有高蛋白質，熱量較牛及豬肉低三分之二，加上鐵質含量高，所以較其他肉類健康。馬桜的用餐氣氛不錯，令人舒服；點了客蒸馬肉、燒馬肉，還有一個馬肉刺身。那客桜せいろ蒸し，是用木箱盛載的，薄切帶有霜降的馬肉均勻地和野菜放在鍋上蒸，熟透的馬肉略帶嚼感，脂肪味道甘甜；而馬肉刺身其中有用上馬的下前肋肉，口感扎實，有豐富的油甘味，較易入口。

↑特選馬刺し盛り（6種）¥6,400（二人前）

↑蒸熟的馬肉沾上特製合桃汁更能突出馬肉獨有的淡淡甜味！

↑桜せいろ蒸し ¥7,200（二人前）

↑店內座位寬敞舒適

MAP 別冊 **M07 A-2**

地	熊本県熊本市中央区下通 1-12-1 光園下通ビル 2-3F
時	17:00-22:30 (L.O. 22:00)；星期六、日及公眾假期 11:30-15:00(L.O.14:30)
休	不定休
網	www.umasakura.com
電	(81)096-355-8388
交	熊本市電花畑町站下車步行約4分鐘

14   15

↑《早春之雨》是一個鏡像反射空間，一個個銀色反光球體叫人想到滋養萬物的春雨。

16 免費欣賞當代藝術
熊本市現代美術館

2002年開幕的熊本市立現代美術館，位於上通綜合大樓的3樓，面積雖小但卻齊集眾多知名創作者的藝術作品，包括光之藝術家James Turrell的《光之天窗》、裝置藝術家Marina Abramović的《供人類使用的圖書館》、前衛藝術家草間彌生的《早春之雨》和後物派藝術家宮島達男的《133651系列》。此外，館內亦設有常設館「井手宣通紀念畫廊」、可閱讀及舉辦展覽的空間Home Gallery，以及可讓小朋友接觸藝術和培養創造力的兒童遊樂空間。

←《光之天窗》意念來自無論外面下著多大的雨，這裡都總會有湛藍天空，裝置每天晚上七時半開始會逐漸改變燈光顏色。

→設置在入口的是宮島達男的LED裝置藝術，象徵著美術館心跳的光柱，沒有「0」的數字代表沒有真正的死亡，只有永恆的重生。

↑ ARTLAB Market 販售美術館周邊產品，值得一逛。

↑美術館的圖書館內有《Slam Dunk》借閱，非常貼地！

WOW! MAP

MAP 別冊 **M07 A-2**

地 熊本県熊本市中央区上通町2-3, ぴぷれす熊日会館3F
時 10:00-20:00
休 星期二
網 www.camk.jp
電 (81)096-278-7500
交 乘熊本市電車「通町筋」站下車，步行約1分鐘

17 80年歷史咖啡老店
岡田珈琲

創業於1945年的咖啡店在熊本扎根80多年，在當地設有6間分店，每間咖啡店都有多位在手沖咖啡比賽得獎或入圍的咖啡師坐鎮，他們以高超的技術為客人提供純淨而深邃的咖啡滋味，有時甚至會根據顧客的口味調整沖泡方式。店內提供7種風味的咖啡豆，由選豆到烘焙都是自家製作，嚐過喜歡的話不妨到地下的自營商店整包買回家。

↑店內仍然保持著昭和時代的喫茶店風格。

→為保持質素統一，店內由咖啡豆、烘焙食品、甜品和咖哩均由中央工房統一製作。

←自家製ヤップルパイ（蘋果批）¥1,350甜品套餐包飲品一杯。

MAP 別冊 **M07 A-2**

地 熊本県熊本市中央区上通り1-20
時 10:00-19:00
休 不定休
網 okada-coffee.com
電 (81)096-356-2755
交 乘熊本市電車「通町筋」站下車，步行約兩分鐘

18 本地人宵夜秘店
ラーメン赤組

拉麵湯頭以國產豬骨與黑芝麻油熬煮而成，味道濃郁而沒有油膩感，軟硬適中的直細麵與厚薄適中的叉燒，最後灑上青翠香蔥、木耳絲，以及秘傳的焦蒜油增加風味，一碗濃鬱美味的豚骨拉麵便告完成了！

↖よくばりラーメン¥880
中文直譯為「看起來不錯的拉麵」，拉麵內有叉燒肉、雞蛋、芽菜、醃筍等6種豪華配料。

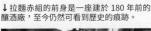

↓拉麵赤組的前身是一座建於180年前的釀酒廠，至今仍然可看到歷史的痕跡。

揚げ塩ホルモン ¥450

MAP 別冊 **M07 B-2**

地 熊本県熊本市中央区上通町7-29
時 11:00-23:00 (L.O. 23:00)；星期五至日及假期 11:00-24:00 (L.O. 23:30)
網 www.akagumi.jp
電 (81)096-325-8766
交 乘熊本市電車「通町筋」站下車，步行約6分鐘

WOW! MAP

17　18

⑲ 每日鮮製蕎麥麵
上乃裏通り雪花山房

飲食是一種藝術，至少在蕎麥麵店雪花山房是這樣。他們的老闆在京都學習日式料理的過程中迷上蕎麥麵，回到熊本決心製作即日製的現煮蕎麥麵，從挑選蕎麥籽、磨粉、揉搓都由他親手主理，而配搭蕎麥麵的醬汁因應冷食和熱食亦會作出微調，冷麵湯加入乾香菇以去除雜味，熱麵湯則會加入沙甸魚和鯖魚令湯汁更濃鬱，對些微差異都一絲不苟，絕對值得一試。

↑鴨汁ざる蕎麥¥2,100
蔥和鴨肉的鮮味完美融入高湯，鴨似入口飽滿柔軟不失彈牙，而蕎麥麵煙韌帶麥香，蘸著鮮鹹醬汁，風味絕佳。

煮過蕎麥的蕎麥水混合醬汁同喝，又是另一番風味。

←老闆煮麵的動作俐落，沒一絲多餘動作，強烈建議坐吧檯欣賞。

MAP 別冊 **M07 B-2**

地 熊本縣熊本市中央区上通町7-22
時 11:30-14:30 (L.O.14:00)、17:30-21:30 (L.O.21:00)
休 星期三
網 www.sekkasanbo.com
電 (81)096-327-5078
交 乘熊本市電車「通町筋」站下車，步行約6分鐘

↑由於去貨快，基本上全部饅頭也即烤即賣很新鮮。

MAP 別冊 **M07 A-2**

地 熊本縣熊本市上通町5-4
時 10:00-19:00(售完關門)
休 星期二
網 www.houraku.co.jp
電 (81)096-352-0380

⑳ 湧出來的美味
蜂樂饅頭

店門沒有特別裝修，可從窗口看到師傅專心地現烤饅頭，帶點日本街頭小吃的風味。蜂樂店只賣饅頭，每個¥110，只有兩味道：黑色的紅豆餡和白色的菜豆餡，餡料全都來自北海道和100%日本國內製造的純蜂蜜，絕無任何雜質。饅頭皮薄餡多，甜度適中，有香濃的蜂蜜味，當你咬一口時，內裡的紅豆餡簡直會爆出來一樣呢！

WOW! MAP

19

20

21 拉麵老店
こむらさき

1954年（昭和29年）開店，是熊本人個個通曉的拉麵老店。店內的拉麵屬熊本老派拉麵，豬濃骨湯混合清甜雞湯熬成醇厚湯頭，配具嚼勁的自家製細麵、叉燒、木耳、筍和芽菜，最後加入店家秘製的蒜片，風味十足。

←拉麵（おみやげラーメン）¥580、蒜片（にんにくチップ）¥480

↓王樣ラーメン ¥800
奶白湯頭味道濃郁但出奇地少油，原來是因為師傅謹遵初代店長「製作健康美味湯底」的訓示，去除豬骨和雞骨湯頭的浮渣和多餘油分。

MAP 別冊 M07 B-1

地 熊本県熊本市中央区上通町8-16
時 11:00-16:00(L.O. 15:30)、
　 18:00-22:00(L.O.21:30)
休 年末年始
網 komurasaki.com
電 (81)096-325-8972
交 乘熊本市電車「通町筋」站下車，步行約6分鐘

22 二手好貨
古書汽水社

日本的閱讀風氣頗盛，連帶二手書店也甚有人氣。這間書店的店主曾在東京二手書店古書音羽館和舊唱片行タイム工作，2016年決定在此開設屬於自己的小店，售賣繪本、文學、藝術和漫畫等書籍，以及二手黑膠碟和文具雜貨，喜歡藝術及文學的朋友不妨前來尋寶。

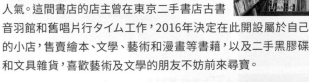

↑第一次遇到村上春樹寫的童書！

MAP 別冊 M07 B-1

地 熊本県熊本市中央区城東町
　 5-37，ピュアーズ夢大ビル
時 11:00-21:00
休 星期三
電 (81)096-288-0315
交 乘熊本市電車「通町筋」站下車，步行約6分鐘

WOW! MAP

21　　22

23 直送海產
天草海食まるけん

這間餐廳是用天草直送的海產：海膽、八爪魚、吞拿魚、三文魚籽和鮮蝦等……點了一款海鮮丼，厚切的吞拿魚，鮮甜又沒有渣，鰹魚爽甜，美味得很。

→刺身丼 ¥1,620
刺身丼的份量及鮮度都令人滿意

←うにコロッケ ¥200
炸海膽可樂餅酥脆甘甜

→店內保留了傳統食堂的裝修

MAP 別冊 **M08 B-1**

地 熊本県熊本市中央区二の丸1-1-2
時 11:00-15:30、17:00-19:00
休 不定休
網 kaimaru.com
電 (81)096-319-5073

24 花80年才建成
水前寺成趣園

被指定為國家級的名勝公園，是360多年前由肥後藩主細川忠利用了足足80年才建成的公園。園內有散步小徑，在池邊也有小橋連接。

園內有出水神社

MAP 別冊 **M09 D-3**

地 熊本県熊本市水前寺公園8-1
時 3月-10日07:30-18:00；11月至2月08:30-17:00
　（最後入場為關門前30分鐘）
金 大人¥400、中小學生¥200
網 www.suizenji.or.jp
電 (81)096-383-0074　泊 有
交 熊本站乘市電約25分鐘，後在水前寺成趣園前下車
　步行約3分鐘

（資料由客戶提供）

集食買玩於一身的綜合大型商場
Amu Plaza Kumamoto

『Amu Plaza熊本』是JR熊本車站鄰近的大型商業設施，約有170間店舖；包括衣食住等專賣店、酒店和戲院。此外，還有位於改札口前方的「肥後好物市場」，集結了各款手信和當地美食，以及集合了充滿個性的居酒屋「車站步行108步橫丁」等，讓遊客能夠細味熊本的地方特色。成為了熊本觀光各式各樣的重要交流中心。鄰近車站，可在旅程結束前一次過購買手信，而不需要在旅途中攜帶大型行李。省時方便。

←肥後好物市場內的「天外天」熊本拉麵人氣店於 1989 年創立。每日限量供應，售罄即止，讓人一試難忘。

↑「冒險之森」從一樓到七樓的巨大挑空空間，高達 10 米的瀑布和翠綠的樹木，讓人聯想到熊本的壯麗自然景觀。

↑肥後好物市場內的熊本時令彩館售賣代表熊本的名菓、特別產品和潮流商品等流行精品。還有馬刺身、熊本拉麵、球磨燒酎、熊本熊商品等

MAP 別冊 **M08 A-3**

地 熊本県熊本市西区春日3-15-26
時 Amu Plaza 熊本 10:00-20:00
　（餐廳11:00-22:00）
　肥後好物市場 9:00-20:00
　（餐廳11:00-23:00）
　車站步行108步橫丁
　11:00-24:00
　※各店舖營業時間有異
休 不定休
網 www.jrkumamotocity.com/amu
電 (81)096-206-2800
交 JR熊本站直達；市電熊本站前；
　從熊本機場駕車45分鐘

↑ 6F 的阿蘇おやまカレ是一家專門提供阿蘇熊本地區美味食材和愛心滿溢的咖哩和咖啡的專門店！商場內唯一一家可以品嚐到阿蘇紅牛咖哩和紅牛丼飯的店舖

← Amu Plaza 熊本 _1F 的阿部牧場出品的【真正牛奶】是世界三星認可的絕品甜點，口感豐富、濃郁和甜甜的滋味。

↑ 6F 的みのる食堂是由 JA 全農推出的餐廳，供應與熊本當地時令食材一同烹煮成石釜飯。還有熊本當地時令新鮮蔬菜和水果的自助沙拉吧，也是很受歡迎的。

WOW! MAP
Amu Plaza Kumamoto

→「お茶の泉園」售賣自家茶園出產的茶葉，是本地知名的茶屋。

←藥妝店「drug1」提供多種藥品、化妝品和日用品。

25 不可錯過的一站式手信中心
肥後よかモン市場

位於JR熊本站閘口外的肥後橫田市場，聚集了約60間包括百元商店、藥妝店、售賣熊本土產的紀念品店，本地知名餐廳如馬肉專門店菅乃屋、老字號Cafe岡田咖啡、居酒屋炉端燒き酒湊等亦在此進駐。

MAP	別冊 M08 A-3
地時網交	熊本県熊本市西区春日3-15-30 商店 09:00-20:00； 餐廳 10:00-22:00（*各店不同） www.jrkumamotocity.com/amu/floor JR熊本站內相連

太平燕◆熊本拉麵和蒜油等都是富本地特色的手信。

北斗のくまモト拳 ¥1,200
熊本熊化身成《北斗之拳》的拳四郎，推出熊本限定的香甜豆蓉饅頭。

25a 本地特色土產
銘品蔵熊本 [1F]

「銘品蔵」是一個由JR九州株式會社營運的土產手信店，在全九州已有17間分店。熊本站的分店提供豐富多樣的商品可供選擇，包括熊本熊造型年輪蛋糕、JR懷舊列車模型、熊本拉麵老店黑亭的拉麵等，離開熊本前好好把握掃手信的機會吧。

時 07:00-21:00
電 (81)096-351-3187

25b 熊本名物拉麵
天外天 [1F]

獲日本食評網選為「百名店」的拉麵老店，總店創於1989年，味道不容小覷。拉麵湯頭混合豬骨和雞骨熬製，配上大量濃烈蒜粉，入口濃鬱而不油膩，叉燒香軟、溏心蛋滷得入味，配上細麵，口味經典。

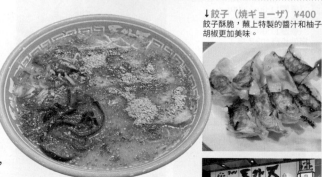

↓餃子（燒ギョーザ）¥400
餃子酥脆，蘸上特製的醬汁和柚子胡椒更加美味。

↑拉麵（ラーメン）¥900
看似油膩的拉麵湯底出奇清爽，濃郁帶中鹹香，蒜粉增添了味覺層次。

WOW! MAP
25

時 11:00-22:00
電 (81)096-342-6856

26 味道傳承60年
熊本拉麵黑亭 本店

說到熊本最有名的拉麵店,不得不提這間開業逾半世紀的「黑亭」。黑亭由初代店長平林武良及妻子絹子於1965年熊本市二本創立,至今由他們的女兒作為三代目繼續經營。黑亭的特製拉麵採用大量低脂肪的豬頭骨製作,加入秘製的特色焦香蒜油,配搭純麵粉製的自家中粗麵,整體味道意外地溫和平衡,一抹濃鬱蒜香畫龍點睛,獨特滋味叫人難忘。

雞蛋拉麵(玉子入りラーメン)¥1,030
加入兩顆新鮮雞蛋,吃時可先嚐原味湯頭才戳破蛋黃。烤至脂香四溢的叉燒和芽菜,融合了黑亭拉麵的最佳特色。首先享受湯的純味,然後將蛋黃用湯匙敲碎,與麵條和其他配料一起享用。

↓秘製焦蒜油是黑亭的一大特色,對湯頭有提鮮作用。

MAP 別冊 **M08 A-3**

地	熊本県熊本市西區二本木2丁目1-23
時	10:30-21:00 (L.O.20:30)
網	kokutei.co.jp
電	(81)096-352-1648
交	乘熊本市電車「二本木口」站下車,步行約4分鐘

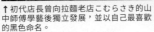

↑初代店長曾向拉麵老店こむらさき的山中師傅學藝後獨立發展,並以自己最喜歡的黑色命名。

27 經典熊本滋味
黑龍紅 本店

湯頭是一碗拉麵最重要的元素,黑龍紅的拉麵湯底加入大量本地蔬菜和海鮮,先用大火將豬肉熬至見骨,接著小火慢熬,去除多餘脂肪,留下來的都是鮮味與膠原蛋白精華,湯汁因而鮮味濃鬱而不失清爽,粗直麵和醇厚的豬里肌叉燒鮮鹹美味,難怪受到不少本地人的熱捧。

叉燒拉麵(チャーシュー麵)
¥1,110
湯頭偏油不過勝在味道夠濃郁。

↓厚切豬里肌叉燒的肥豬肉幾乎入口即化,喜愛肉香的朋友必試!

MAP 別冊 **M08 A-3**

地	熊本県熊本市西區春日2-5-7
時	11:00-15:0、17:00-24:00
休	星期日
網	sites.google.com/view/kokuryukou
電	(81)096-353-0929
交	乘熊本市電車「二本木口」站下車,步行約兩分鐘

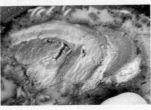

26　27

WOW! MAP

阿蘇
Aso

必見！草千里ヶ浜

很多遊人來九州旅行就是為一睹阿蘇火山的面貌，阿蘇火山區內，大家除了可以乘吊車近距離感受火山的震撼外，其實附近也有不少值得一看的博物館及有趣動物園，有小朋友同行的遊人，更可以欣賞一場令人開懷大笑的動物 show 或小豬賽跑。玩累了也可找一間特色的茶屋或餐廳，吃一頓熊本獨有的鄉土料理。只要你放慢腳步，就會感受到那份城市中少有的大自然氣息。

往來阿蘇交通

熊本市	自駕 約1小時10分鐘		阿蘇站
熊本交通中心	九州橫斷巴士 1小時36分鐘 ¥1,530		阿蘇站前

① 一望無際大草原 草千里ヶ浜

自駕遊MAPCODE 256457 510 *18

在沿途的海報或相片常常看到在遼闊草原上有一個湛藍的湖，湖邊有三數隻牛或馬在悠閒休息，又或以黃昏日落做背景，有人騎着駿馬在湖邊蹓躂，這些相片中的主角就是阿蘇的草千里ヶ浜。草千里ヶ浜是盆地狀的草原，標高1,140米，有烏帽子岳（登山禁止中）和中岳圍繞。每到春秋兩季，遊人不時會看到一群群放牧的牛羊在湖邊吃草。

MAP 別冊 M11 A-2

地 熊本県阿蘇市草千里ヶ浜　電 (81)096-734-1600
泊 有　交 在阿蘇站駕車約35分鐘

↑展望所可觀賞草千里や中岳的美麗景觀。

② 大自然的威力 阿蘇火山博物館

阿蘇火山博物館位於烏帽子岳及杵島岳之間，是日本具規模的火山博物館之一。在館內可看到阿蘇火山區域的地形，也有阿蘇火山的模型。在遊覽的過程中可以在高4米闊30米的大螢幕中，感受迫真的影像和音響，更了解當地的自然生態、火山的形成，以及火山區獨特的自然景觀。最特別的是館內設有兩台攝錄機，可看到中嶽火山口的即時狀況。

↓參觀完博物館，可買阿蘇四季的明信片。

MAP 別冊 M11 B-2

地 熊本県阿蘇市赤水1930-1　時 09:00-17:00(最後入館16:30)
金 成人¥1,100、12歲或以下小童¥550　泊 有
網 www.asomuse.jp
電 (81)0967-34-2111
交 阿蘇駅前乘巴士約30分鐘，在草千里阿蘇火山博物館前下車。

↑在博物館1樓的遊客中心介紹有關阿蘇的自然資訊和徒步旅行等旅遊資訊，免費入場。

1　2

WOW! MAP

③ 綠色小山丘 **米塚**

自駕遊MAPCODE 256545258*60

傳說米塚是由當地的守護神建磐龍命用豐收的米堆砌而成的，中間凹陷的地方是由於當時發生飢荒，守護神為了救濟飢民而將米堆上的米掏出而成的。這個圓錐型的小山丘高度只有50米，附近不准人接近，遊人在阿蘇登山公路時駕車便可看到。秋天時米塚會呈金黃色，活像一個烤焦的布甸。

MAP 別冊 **M11 A-2**

地 熊本縣阿蘇市永草 註 地震龜裂禁止進入，建議遊人遠觀
泊 有 交 在阿蘇站駕車約20分鐘

④ 動物明星阿笨阿占
阿蘇カドリー・ドミニオン

動物明星又怎會只限於在猿まわし劇場看到，在カドリー・ドミニオン有另一班久經訓練的動物明星爭相和大家見面呢！在動物園中，遊人可以零距離和各動物接觸：鸚鵡、貓、猴子、駝鳥，就連蛇都可以親手摸摸，最適合大膽的朋友，當然最受歡迎的是動物show：企鵝表演和猴子表演等。而最刺激的是有小豬賽跑比賽，只要看看牠們的跑姿，包大家所有煩惱一掃而空！

園內的羊駝是另一個人氣明星。遊人可摸摸牠拍照。

阿笨和阿占的公仔是必買item

→ 有牠們嘜頭的朱古力波¥650

也有大黑熊和企鵝等動物

MAP 別冊 **M11 B-2**

地 熊本縣阿蘇市黑川2163
時 夏季09:30-17:00
　(星期六、日假期至17:30)
　冬季10:00-16:30
休 12月至2月星期三
金 成人¥2,600、中、小學生¥1,400、
　3歲或以下幼兒 ¥800
網 www.cuddly.co.jp
電 (81)0967-34-2020
交 在JR阿蘇站步行約20分鐘

5 獲獎餐廳
Bayern

這間位於阿蘇Farmland旁的德國餐廳レストランバイエルン自設農場及工房，全用上阿蘇大自然的資源，出產新鮮製作的牛扒、豚肉和腸仔，尤其推薦切片的火腿和腸仔拼盤：煙燻過的火腿和配上黑椒的牛肉腸，肉質鮮嫩，豚肉腸更充滿肉香，再配上自家製的麵包沾橄欖油，很是滿足的一餐。

↑場內還可以暢飲德國啤酒¥1,200

MAP 別冊 **M11 A-2**

地	熊本県南阿蘇村大字河陽5580-13
時	09:00-16:00
網	www.aso-njf.jp
電	(81)0967-67-4186
交	阿蘇Farmland步行約2分鐘

↑餐廳於2008年曾獲國際肉食製品的金獎

←推介大家的火腿及腸仔拼盤 ¥2,000
スライスソーセージと腸詰めの盛り合わせ（2 人份）

6 捧腹大笑
阿蘇猿まわし劇場

喜歡看小動物表演的朋友記得來阿蘇猿まわし劇場，這裡有一班經過訓練的明星猴子，在台上可表演出高難度的動作，又或詼諧有趣的表情，牠們不只聽懂得工作人員的指令，更多時候和工作人員合作無間，做出令人捧腹大笑的舉動，牠們站在台上的風采絕不比歌手和明星遜色！一到假期，會有很多遊客到來專誠捧場呢！

←表演的猴子十分聰明，和工作人員默契十足。

MAP 別冊 **M11 A-2**

地	熊本県南阿蘇村下野793
時	11:00、13:00（每月隔週日有第3場14:30）
金	大人¥1,300、中高生¥1,000、小學生¥700
網	www.asomonkey.com
休	星期三至四
電	(81)096-735-1341　**泊** 有
交	JR赤水站駕車或乘的士約5分鐘

7 守護人民生活
阿蘇神社

阿蘇神社為全國450間阿蘇神社的總社，它是建於公元前200多年前，社內供奉了12個神明，是守護當地居民的重要神祇，也是肥後國主要的信仰中心。境內有一棵松樹，據說可以帶來好姻緣。

阿蘇神社建於200多年前

MAP 別冊 **M11 B-1**

地 熊本縣阿蘇市一の宮町宮地3083
時 09:00-17:00
網 asojinja.or.jp
電 (81)0967-22-0064　　泊 有
交 JR宮地站步行約20分鐘

05.05. 京花

25歲までには
結婚 できますように♡

←不少人都會來此求姻緣

店內最多的是不同質地及款式的手帕

7a 丹波屋

丹波屋是表參道上很受女士歡迎的一間小雜物店：浸溫泉用的毛巾、印花小手帕等，其中最人氣的是一種不可思議的手帕，當它是乾燥時是一款花式，而當它遇到水時，就會變成特別的款式，很多客人都因為好奇而買下。

→神奇小手巾只要 ¥300
就可滿足大家的好奇心

地 熊本縣阿蘇市一の宮町宮地1857-1
時 08:00-19:00; 星期六日及假期
　 09:00-18:00
休 不定休
電 (81)0967-22-0115
交 阿蘇神社步行約2分鐘

阿蘇水基巡りの禮

達人教室

走在阿蘇神社的表參道，不時會看到遊人拿著三四個水樽到處盛水，或有遊人直接在湧水處喝泉水，這是因為表參道上有一個叫水基巡禮。最有趣的是每一個泉眼都會有一戶人家認養，更會改上有趣的名字，例如：文具店前的泉水叫文豪之水、而肥前銀行的就叫金運之水，遊人不妨邊走邊試試各種清甜的泉水吧！

←喝下文豪之水是否會有多些墨水

⑧ 名水百選
白川水源

自駕遊MAPCODE 256251 560 *55

白川水源是阿蘇代表的湧水，其清澈的透明度和優質度屬一級河川，味道甘甜，它可以稱為日本最好喝的水，湧水的溫度約14度，且為軟水，附近有不少的水池也利用湧水來飼養熱帶魚。

MAP 別冊 **M11 B-3**

地	熊本県阿蘇郡南阿蘇村白川
泊	有
交	南阿蘇鐵道阿蘇白川站步行約15分鐘

遊人會把泉水裝走

水中清得見底，屬於一級河川

⑨ 在田園間午餐
そば処ほおずき

坐在ほおずき手打そば中用餐很有竹林深處人家的感覺，最有名的是手打的蕎麥麵。試了一客牛肉熱湯蕎麥麵，伴著熱湯的麵條爽滑彈牙，牛肉煮得軟脆，蕎麥的味道較淡，在牛肉和熱湯的提味下，則帶有淡淡的牛肉汁味道。

あか牛南蛮そば ¥2,500

MAP 別冊 **M11 B-3**

地網	熊本県阿蘇郡南阿蘇村3890-3 soba-hozuki.net	休泊	星期三、四 有
時電	11:30-14:30 (81)096-762-8140		
註交	要留意如果麵賣完就會關門 南阿蘇鐵路中松站駕車3分鐘；阿蘇白川站駕車約7分鐘		

⑩ 另類BBQ
高森田楽保存會

看着一串串的食物微微烤焦，店內也散發着香味。

MAP 別冊 **M10 A-3**

地時	熊本県阿蘇郡高森町上色見2639 11:00-15:00
休網電	星期二　泊 有 dengaku-hozonkai.com (81)0967-62-0234
交	南阿蘇鐵道高森站 乘的士或駕車約7分鐘

高森田楽保存會保留了自鎌倉時代的鄉土料理，很有古時田樂料理的風味，主要的食材為芋頭、豆腐、蒟蒻和鱒魚等，各食物用竹籤穿起，再沾上味噌或其他醬汁，然後放在爐邊用炭火慢慢燒熟，在店內可聞到陣陣香味，燒好的食物可以依客人的口味，配上飯或團子汁，很有地道風味！

WOW! MAP

黑川溫泉・人吉

Kurokawaonsen・Hitoyoshi

必見！風之舍

黑川溫泉是日本全國最受歡迎排行榜中佔頭三位，位於深山之處，與世無爭的寧靜溫泉鄉，彷彿相隔幾十年再來一次，一切也沒有改變，仍然那麼沉靜安逸，只有縱橫交錯的弄巷和簡簡單單的小店舖，這種安穩的樸素的感覺，就似那淙淙流過的溫泉，要細意傾聽，才能領略到那份淡淡然的味道。

往來黑川溫泉・人吉交通

出發地	交通方式	目的地
阿蘇站	自駕 約40分鐘	黑川溫泉
熊本市	自駕 約1小時50分鐘	黑川溫泉
福岡空港(國際線)	產交巴士/日田巴士 約2小時15分鐘 ¥3,470(預約制)	黑川溫泉
JR阿蘇站	九州橫斷巴士 約48分鐘 ¥1,300	黑川溫泉
JR熊本站	JR鹿兒島本線快速 約2小時 ¥2,580	JR人吉站
熊本交通中心	高速巴士 約1小時30分鐘 ¥2,220	人吉inter

兩款入湯手形各有特色

① 黑川溫泉旅館組合事務所
風之舍

風之舍館內有大量黑川溫泉的旅遊資訊也是販賣入湯手形的地方。入湯手形是黑川溫泉獨有的特色，圓型的木牌上面印有可愛的木刻公仔，每塊售¥1,500，附有3張貼紙，遊人買後可以在黑川特約的溫泉旅館享受3次不同的溫泉，手形6個月內有效，入湯時間由08:30至晚上21:00。最貼心的是客人可同時購買一套男裝或女裝的入浴袋，內有黑川字樣的毛巾呢！

MAP 別冊 **M12 A-1**

地 熊本県阿蘇郡南小国町満願寺6594-3
時 09:00-18:00
網 www.kurokawaonsen.or.jp
電 (81)0967-44-0076 泊 有
交 JR阿蘇站乘九州橫斷巴士往別府方向行50分鐘後，在黑川溫泉下車，步行約10分鐘。

② 和式小雜貨
ふくろく

想買有黑川特色的紀念品？可以來這間很有傳統味道的小店Fukuroku，內裡擺放了浴衣、油紙傘、溫泉手帕、手霜等，很多都便於攜帶，也有和紙及圖案有趣的抹手巾。

舖內很有溫泉街小店的氣氛

→黑川溫泉獨製的手霜

MAP 別冊 **M12 A-1**

地 熊本県阿蘇郡南小国町
　 大字満願寺黑川溫泉內
時 09:00-18:00
休 不定休
電 (81)0967-44-0296 泊 有
交 風之舍步行約1分鐘

←捺染和注染手帕¥1,050 起

③ 日式甜品茶房
白玉っ子甘味茶屋

黃昏時份走在溫泉街，看見有一間透着昏黃燈光的茶房，門外放滿了黑川特色甜品及和菓子，店的甜品顏色鮮艷，份量剛剛好，最適合泡完溫泉後休息一下。主打的甜品有氷白玉、湯上がり白玉、燒き餅ぜんざい等，味道不太甜，白玉是糯米造的，黏黏的口感配上紅豆湯，十分搭襯！

↑湯上がり白玉¥935
團子沾上花生粉後有點像花生湯圓

MAP 別冊 **M12 A-2**

地 熊本県阿蘇郡南小国町黑川溫泉
　 川端通6600-2
時 09:30-18:00(L.O.17:40)
休 不定休
電 (81)0967-48-8228 泊 有
交 風之舍步行約2分鐘

→燒き餅ぜんざい¥860
炸過的團子外脆內軟，口感特別！

WOW! MAP
1　2　3

④ 黑川限定入湯手形豆沙餅

どらどら

木造的小店,內裡售賣各式的甜點,有夾着雪糕的紅豆餅、小蛋糕、和菓子等小巧精緻顏色討好的小食,店內不時都擠滿本地遊客,特色的和菓子有盒裝也有散裝,遊人可試啖味道才買,售價只是數十円至百多円起,是買手信的好地方。

↑ 入湯手形的豆沙餅只售 ¥150

↓ 豆沙餅 ¥200
店員推介的豆沙餅,有抹茶和雞蛋味。

MAP 別冊 **M12 A-1**

地 熊本県阿蘇郡南小国町
　 大字満願寺黑川6612-2
網 kurokawa-kaze.com
時 09:00-18:00
休 不定休　　　泊 有
電 (81)0967-44-1055
交 風之舍步行約1分鐘

↑ 晚餐的肥後牛脂肪較多,肉質軟腍。

⑤ 混浴風呂 旅館奧の湯

在奧の湯的露天風呂會給客人仿如置身郊野浸溫泉的感覺,全館共有3個混浴露天溫泉,全都開放感十足,若果想試的女士,可以在晚間20:00至22:00的女士專用時段試一試。內湯有男女各兩個,設有岩盤浴。全館以和室為主,而和洋室只有8間。晚餐有熊本最有名的霜降馬肉刺身、厚切的肥後牛、新鮮旬魚刺身、當造蔬菜等。

MAP 別冊 **M12 B-2**

地 熊本県阿蘇郡南小国町満願寺6567
金 雙人房 ¥19,800/晚
網 www.okunoyu.com
電 (81)0967-44-0021
交 風之舍步行約7分鐘

WOW! MAP

4　　5

6 美肌溫泉化粧の湯
旅館わかば

這間深受女士歡迎的溫泉旅館Wakaba，最出名是它館內的塩化物硫酸塩泉化粧の湯，露天風呂有庭園景觀，浸後肌膚水潤嫩滑。全館只有15間和室，面向翠綠的山林，晚餐有會席膳及特色的「囲炉裏料理」，提供燒鱒魚、きのこ豆腐、黑毛和牛和霜降馬肉刺身等。

女士熱愛的化粧の湯，具有美化肌膚的功效。

房間可看到青蔥一片

共有13道菜的會席料理，食後很滿足。

MAP 別冊 **M12 B-2**

地 熊本県阿蘇郡南小国町満願寺6431
金 雙人房 ¥26,400/晚
網 www.ryokan
電 wakaba.com
交 (81)0967-44-0500
　風之舍步行約5分鐘

---

7 樹林間浸浴
旅館山河

自成一國的旅館山河，館旁有筑後川流經。女士專用露天溫泉「四季の湯」，佇立在樹林間，不時聽到鳥鳴，而另一混浴露天風呂「もやいの湯」亦是單純的硫黃泉。館內全是傳統和室，也有附設私人風呂的客房，晚餐享用的全是製作精美且食材新鮮的會席料理。

露天風呂在冬天時可看到雪景

晚餐食材不單新鮮，連擺放盡顯心思。

MAP 別冊 **M12 A-1**

地 熊本県阿蘇郡南小国町満願寺6961-1
金 雙人房 ¥24,200/晚
網 www.sanga-ryokan.com　電 (81)0967-44-0906
註 需要6個月前一天預約(如12月3日入住，需要於7月1日預約)
交 風之舍駕車約3分鐘；可預約小国溫泉巴士站接送。

WOW! MAP

6　　7

露天風呂面積不大卻很舒適

⑧ 《男人之苦》拍攝場景 百年旅館
大朗館

日劇
《男人之苦》

《男人之苦》是日本長壽電視劇之一，由1969年拍到1996年，長達48部，而片中其中一集的場景就是在大朗館拍攝。大朗館是一間百年老舖，館內保留了很多歷史悠久的裝飾和傢俱，只有10間和室，3個露天風呂是先到先得的私家風呂，有興趣可逐一嘗試，晚餐利用當地食材做出山里料理，吃得出主人家的人情味。

↑房間小而清雅

←房內的電話仿如玩具般

↑館前有巴士站到達，認住《男人之苦》招牌便可，不過班次不多。

↑↗有不少《男人之苦》的劇照

→館前更放有主角「寅さん」的紙板公仔。

MAP 別冊 **M12 A-1**

地 熊本県阿蘇郡南小国大字満願寺7130
時 雙人房 ¥15,500/晚
網 www.tairoukan.net
電 (81)0967-44-0908
交 風之舍駕車約5分鐘；可預約於黑川溫泉巴士站接送

走遠一點點

人吉

來到熊本縣想找多一點的刺激？大家可以挑戰一下日本三大激流之一的球磨川激流。球磨川激流是泛舟的勝地，它為熊本縣南部球磨川的幹流，河流湍急，沿途也有不少暗礁，十分考船伕的技術，遊人可一邊感受激流的快感，一邊欣賞岸邊的奇山異石。若果想平靜地渡過一個上午的話，也可選擇清流旅程，細心感受球磨川的另一種美態。雖然球磨川位於熊本縣，其實離鹿兒島空港都只是1小時車程，大家可以考慮臨上機前來過最後一「激」呢！

←這就是有名的「蔵一番」醬油

↑遊人可即場買到各式醬油及醬菜

9 醬油製造秘方
みそ・しょうゆ 蔵金田釀造所

釜田釀造所是國內有名釀製醬油的老店子，由開店至今已有八十多年歷史，於平成十七年時其生產的「蔵一番」更獲全國醬油鑑評會頒發的農林水產大臣獎，而全個見學短短的約40分鐘，不只令遊人了解醬油的製造過程，更明白到日本人對自己專業的堅持和熱誠。見學完成後，釜田先生還拿出不同的醬油及醃菜給大家品嚐，介紹不同的味道及製法，給大家上了難忘的一課。

MAP	別冊 M12 B-4
地	熊本県人吉市鍛冶屋町45
時	09:00-16:00
休	年末年始
網	www.marukama.co.jp/factory/index.html
電話	(81)0966-22-3164　泊 有最好電郵預約見學info@marukama.co.jp；以日文為主。
交	JR人吉站 步行約15分鐘

黑川溫泉・人吉

WOW! MAP

9

日本知名溫泉鄉

大分縣

oita ken

往來大分縣交通

JR博多站		特急ソニック 約2小時16分鐘　指定席¥5,940	JR大分站
		特急ソニック 約2小時6分鐘　¥5,940	JR別府站
博多站巴士中心		亀の井巴士 約2小時38分鐘　¥3,250	別府北浜

278

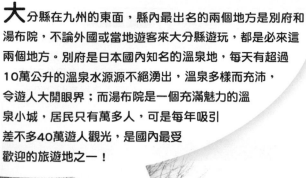

大分縣在九州的東面，縣內最出名的兩個地方是別府和湯布院，不論外國或當地遊客來大分縣遊玩，都是必來這兩個地方。別府是日本國內知名的溫泉地，每天有超過10萬公升的溫泉水源源不絕湧出，溫泉多樣而充沛，令遊人大開眼界；而湯布院是一個充滿魅力的溫泉小城，居民只有萬多人，可是每年吸引差不多40萬遊人觀光，是國內最受歡迎的旅遊地之一！

大分縣旅遊資料

來往大分縣的交通

大分縣位於九州的東面，毗鄰福岡縣，由博多站可乘特色 JR 列車湯布院之森到湯布院，也有不少遊人選擇班次較多的高速巴士。若要到別府同樣也有 JR 和高速巴士直達別府。若果要到偏遠一點的耶馬溪或九重夢吊橋最好還是自駕遊比較方便。

■ JR 博多至湯布院

JR九州 網 www.jrkyushu.co.jp/railway

由博多至湯布院約 3 小時 15 分鐘，車費 ¥2,860。由博多至湯布院約 4 小時 9 分鐘，全車為指定席，單程 ¥4,750，持有九州 JR Pass 可免費乘搭。

大分縣資料

■長途高速巴士

福岡空港至湯布院

西鉄巴士、亀の井巴士及日田巴士每天均有來往福岡(天神)至湯布院站前的長途巴士，價錢為 ¥3,250。

西鐵高速巴士　網 www.nishitetsu.jp/bus/highwaybus/rosen/yufuin.html
電 (81)0120-489-939

福岡至別府

除了湯布院外，福岡博多巴士總站每天也有高速巴士來往別府北浜，車程約2小時45分鐘，單程為¥3,250。

大分縣內交通

別府亀の井觀光巴士

■ 別府8地獄觀光巴士

別府市內的巴士以亀の井バス為主，它有提供別府地獄觀光行程：每天09:20及4:00由JR別府站出發，全程約3小時，成人¥4,000，包了各地獄入場券。

網 kamenoibus.com/sightseeing_jigoku
電 (81)0977-23-5170

別府至湯布院

遊人可以在別府站西口乘36號巴士站出發到湯布院站前巴士站，全程約1小時，單程成人¥1,100，每隔30至50分鐘一班。途經別府纜車、志高湖、城島高原樂園、金鱗湖等地，再到達湯布院巴士站。

網 www.kamenoibus.com

JR中村站至九重夢吊橋

這是一條遊人較常搭的日田巴士路線「九重縱斷線」，途經九重夢吊橋及筋湯溫泉等地，由中村站到吊橋單程成人 ¥500，需時約50分鐘。

網 www.town.kokonoe.oita.jp/docs/2018091900022

旅遊資訊

別府市觀光網頁

提供別府的觀光、天氣、交通、節日、住宿、溫泉等資訊。(日文、中文或英文)
網 www.city.beppu.oita.jp

湯布院觀光網站

有不同地區的景點、歷史、交通、節日、食宿及店舖資訊。（日文或英文）
網 www.yufuin.gr.jp

■大分縣節日

時間	活動	內容	地點
3月下旬至4月上旬的5日間	別府八湯溫泉まつり	別府的大型祭典，有花車巡遊及扇山火祭，市內100所溫泉免費開放。	別府市
4月下旬的假期	湯布院溫泉まつり	有源流太鼓表演，也有巡遊及攤位。	由布院站前商店街
4月29日	耶馬溪新綠まつり	耶馬溪三大祭典之一，有傳統藝能表演及地元食物攤位。	深耶馬溪公共駐車場
5月中旬	由布岳山開き祭	祈求登山者安全，有豬肉湯等免費派發。	湯布院町
7月下旬的星期六	耶馬溪湖畔祭り	有太鼓表演及花火大會。	耶馬溪アクアパーク
7月下旬的3天	別府夏の宵まつり	有花火大會、大型巡遊及攤位。	別府站前通り
8月15-16日	ゆふいん盆地まつり	有大型踊舞及花火大會。	湯布院
8月尾	かっぱ祭り(宮園楽)	沿自300年前的傳統祭典，有鄉土文藝表演。	耶馬溪町大字宮園雲八幡神社

湯布院
Yufuin

必見！
湯の坪横丁

湯 之坪街道獨特的手信小店、瀰漫着香味的麵包店、精緻休閒的甜品店和街角那飄着咖啡香味的café，還有那些洋溢着藝術氣息的博物館和充滿人情味的溫泉旅館，都值得你慢慢細味。

往來湯布院交通

出發地	交通		到達地
JR別府站西口	亀の井巴士 約50分鐘 ¥1,100		JR由布院站前巴士站
博多巴士中心	ゆふいん号 約15分鐘 ¥270	福岡空港　ゆふいん号 約1小時51分鐘 ¥3,250	
JR博多站	JR特急ゆふいんの森号 約3小時15分鐘 ¥2,860		JR由布院站
JR大分站	JR久大本線 約1小時10分鐘 ¥950		

在初秋時份,配上金黃的紅葉,份外美麗。

1 霧中美景
金鱗湖

自駕遊MAPCODE 269359 525 *77

金鱗湖距離湯布院溫泉街約20分鐘步程,周長約400米,是湯布院代表景點之一。湖底終年都有溫泉湧出,由於湖底的溫度高,形成溫差,故此不時會看到白霧籠罩的景色。最特別的是在不同時份,湖景會有千變萬化的景象:晴天的傍晚,湖面粼粼的波浪,有如魚兒鱗面反射,金光閃閃;幸運的話在冬天清晨,更會看到煙霧瀰漫,有如仙境般的美景。

↑ 要欣賞冒煙的湖面,就要在09:00前到達。

MAP 別冊 **M14 C-1**

地 大分県由布市湯布院町川上
時 自由參觀
泊 有
交 JR由布院站步行約20分鐘

↑ 遊人可沿著遊步道欣賞美景。

2 獨享金鱗湖美景
Café La Ruche

Marc Chagall Museum附設的咖啡店Café La Ruche就位於金鱗湖的正前方,如果在初秋的早上到來,可以選擇坐在露天的位置,面對著煙霧瀰漫的金鱗湖來個豐富的早餐。

Morning Plate Set ¥1,400
人氣的Morning Plate Set有煙肉、火腿、奄列、乳酪和蔬菜沙律等,還包二杯飲品。特別的是它的輕食都是用上當地的有機食材,用簡單的料理方式來表現出食物的原味。

↑一邊享受美食,一邊看著冒煙的金鱗湖,很是特別。

MAP 別冊 **M14 C-1**

地 大分県由布市湯布院町川上1592-1
時 09:00-16:30 (L.O.16:00)、星期六日及假期 09:00-17:00 (16:30)
休 不定休
網 cafelaruche.jp
電 (81)0977-28-8500
交 JR由布院站步行25分鐘

③ 湖畔山家料理
龜之井別莊
湯之岳庵

→炭火燒き
ビフテキ丼
¥3,630
九州產的黑
毛和牛略帶
焦香，脂香
隨肉汁四溢。

湯布院的老字號旅館「龜之井別莊」於1921
年創業，改建自昔日用於招待貴賓的別墅，旅
館附設的懷石料理餐廳「湯之岳庵」環境清幽
古雅，明亮的玻璃窗外映著鬱蔥的綠色庭園，
餐館的食材均採用豐後海峽的時令山海食材，
用料上乘的炭火燒九州產黑毛和牛丼和炭火鰻
魚飯都是人氣之選。

←鰻重¥4,000（半條）
現烤炭火鰻魚非常香
口，後悔只點了半條。

MAP 別冊 **M14 C-1**

地 大分縣由布市湯布院町川上
2633-1
時 11:00-22:00
網 www.kamenoi-bessou.jp
電 (81)0977-84-3166
交 JR由布院站步行約25分鐘

④ 九州特產
西国土産
鍵屋

MAP 別冊 **M14 C-1**

地 大分縣由布市湯布院町川上
2633-1
時 09:00-19:00
網 kagiya3301.shop21.makeshop.
jp
電 (81)0977-85-3301
交 JR由布院站步行約25分鐘

一所由龜之井別莊經營的手信
店，不僅提供來自九州的竹工
藝品、陶瓷和玻璃器皿和各式
木製品，亦售有龜之井家傳食
譜製作的調味料及食品，包括
青柚子胡椒、甘酒、柚皮等。

←椎葉の山蜜
¥2,500
採收自宮崎縣椎葉
海拔 800 至 1000
米高的森林花蜜。

→柚子練¥1,000
選用湯布院產柚子在
木炭上慢火細烤，保
留果皮的甘香風味，
味道與一般柚子醬截
然不同。

3

4

WOW! MAP

大分縣資料

湯布院

5 七輪炭火燒
啓修庵

→啓修庵御膳 ¥3,600
可一次過品嚐豐後牛、本地
冠地雞和醬汁醃製的雞肉。

「七輪」的意思指用木炭燒烤的圓形烤爐，是一種日本傳統煮食用具。啓修庵正正就是使用七輪烤爐，食材則選用地元特產豐後牛和冠地雞，還有從本地農場直接購入的蔬菜和炸豆腐，讓食客可以品嚐到大分縣風味。

↑每桌均設有抽油煙管道，減少烤肉油煙和味道。

MAP 別冊 **M14 C-1**

地	大分県由布市湯布院町川上1542-1
時	11:00-15:00 (星期六日晚市17:30-21:00)
休	不定休
網	sumibiyaki-keisyuan.com
電	(81)0977-76-8533
交	JR由布院站步行約15分鐘

6 老爺車大集匯
九州自動車歷史館

館內有多達70多台古今造型Kawaii的汽車：電單車、豪華房車、賽車、消防車和一輛飛機。最古老的有1930年代的日本和歐洲車，也有木炭車，最多的是50至60年代的絕版車，不只顏色、造型和馬力和現今車款也大不相同，各位車迷可以臨走前到小賣店買幾款自己喜愛的迷你車款回家收藏。

↑單看外型，你猜到是Honda的車款嗎？

←博物館門前已泊滿名車

MAP 別冊 **M14 C-1**

地	大分県由布市湯布院町川上1539-1
時	09:30-17:00
休	星期四及不定休
金	成人 ¥1,000、小童¥400
網	ret.car.coocan.jp
電	(81)0977-84-3909
泊	有
交	JR由布院站步行約15分鐘

別府

↑古靈精怪的造型都有

WOW! MAP
5   6

↑湯布院限定手信吸引不少遊人大手購入。

7 一站式食玩買

SNOOPY茶屋
由布院店

花生漫畫是陪伴不少人成長的經典漫畫，在湯布院就有一間集合SNOOPY精品、手信和茶屋的白色建築，甫進店內已經被各式各樣的精緻周邊產品吸引，當中有不少更是湯布院限定商品，例如有紅豆麻糬和饅頭、掛巾、玻璃杯和公仔等，茶屋則提供以大分縣特色食材製作的蛋包飯、班戟、銅鑼燒和芭菲。

↑SNOOPY
漢堡蛋包飯 ¥1,848
充分肉汁的蛋包飯加入來自大分縣的香菇和雜菜，是當店最受歡迎的餐點。

←↑ Roll Stick Chocolat
¥1,296，藏著蛋捲的精緻禮盒打開猶如漫畫書一樣。

↑手づくり最中 ¥1,490
可以自己塗醬的脆餅，每個都是SNOOPY 形狀，非常可愛。

MAP 別冊 **M14 C-1**

地 大分県由布市湯布院町川上 1540-2
時 商店 09:30-17:30；
網 茶屋 10:00-16:30
電 www.snoopychaya.jp
交 (81)0977-75-8790
JR由布院站步行約15分鐘

Tablet Chocolat ¥1,512 印有 4 格花生漫畫的朱古力，有多個有關「愛」的主題。

8 街頭小吃炸肉餅

湯布院金賞
コロッケ

走在溫泉街上想找街頭小吃？可以來這間不時出現人龍的炸肉餅，選了最人氣的金獎炸肉餅，外層炸得鬆脆很是香口，內裡的肉餅綿密又帶點扎實的口感，真的很不錯呢！

MAP 別冊 **M14 C-1**

地 大分県由布市湯布院町川上1511-1
時 09:00-18:00；12月至2月9:00-17:30
休 不定休
電 (81)0977-28-8888
交 JR由布院站步行約15分鐘

金賞コロッケ ¥200

7 8

WOW! MAP

285

⑨ 米菲兔烘焙坊

Miffy Mori no Bakery

靈感來自森林中的烘焙坊，位於湯布院的「Miffy森林麵包工房」以歐式磚牆砌成，散發著一陣陣溫暖的氛圍。店內分成商店和工房兩部分，一邊售賣Miffy周邊家品雜貨，另一邊則提供各種包點和烘焙點心。參觀完兩所商店別急著離開，沿樓梯前往二階閣樓森林，可與Miffy和朋友拍照留念呢。

↓2樓有大量Miffy主題佈景，粉絲萬勿錯過。

←店內名物 Miffy麵包 ¥319

→麵包 Miffy 頭手挽 Tote Bag ¥2,970

← Miffy 造型筷子托 ¥715

MAP 別冊 **M14 C-1**
地 大分県由布市湯布院町川上ソノ田1503-8
時 09:30-17:30 （冬季12/6-3/5至17:00）
網 miffykitchenbakery.jp
電 (81)0977-76-5960
交 JR由布院站步行約15分鐘

---

⑩ 可愛的木造小物

クラフト館 蜂の巣月點波心

走在門前就可以感受到那獨特的玻璃帷幕建築；店名叫「月點波心」，據說是來自白居易的詩句呢！店內主要售賣歐洲風的雜貨和小型的家品裝飾：木製一套的小茶具、木匙羹、木製的小花園連小屋、手作的招財貓公仔等等，仿如一個小型的藝術館一般。

↑利用自然光加上木調，感覺很清新

←招財貓擺設 ¥1,728

MAP 別冊 **M14 C-1**
地 大分県大分郡湯布院町川上ソノ田1507-1
時 09:30-17:30
休 星期三
網 www.8nosu.com/getten
電 (81)0977-84-5850
交 JR由布院站步行約15分鐘

WOW! MAP
9　　10

⑪ 歐式市集
湯布院フローラルヴィレッジ

Yufuin Floral Village 模仿了英國科斯沃的小村莊，小屋都是由磚牆建成的石屋，內裡有交錯的小街道，售賣特色的陶瓷小工藝、可愛的房間小飾物、孩童們的小玩意，難怪深受遊人喜愛！

MAP 別冊 **M14 C-1**

地 大分県由布市湯布院町川上1503-3
時 09:30-17:30
休 各店略有不同
網 floral-village.com
電 (81)0977-85-5132
交 JR由布院站步行約20分鐘

⑪a 貓貓茶屋
CHESHIRE CAT'S FOREST

猶如愛麗絲夢遊仙境的故事般，客人走進這間貓貓café就如進入了夢境般－店內裝修成個小森林一樣，四周都有綠油油的小樹和花花，牆上則以愛麗絲故事的背景作裝飾，各式各樣的小貓就自由自在地穿梭其中：有的懶洋洋地在枱上睡覺、有的挨在客人的包包旁、有的在大家腳旁磨蹭、好動的還會和大家一齊玩樂拍照，雖然入場費包了一杯飲品，可是遊人們都忙著和貓兒們玩樂呢！

←爬在樹頂的小貓有如一隻小老虎

←小貓們都很親人

↑茶屋的佈置很夢幻，很超現實。

時 09:30 - 17:30；12-2月至17:00
金 大人¥800、4歲至小學生¥600、3歲以下免費
網 owls-cats-forest.com/free/cats-cheshire
電 (81)0977-76-5538

WOW! MAP
11

12 藍染商店
藍づくしやす形

藍染是一種以植物或礦物把布料染成藍色的印染工藝，成品會因應染料成份、浸泡時間等因素而有所不同，因此每件作品都是獨一無二的。在湯之坪商店街就有一間老字號商店やす形，以售賣國產藍染產品聞名，有多款染上美麗靛藍的衣飾家品，亦有染色師今和泉信子設計和製作的藍染衣服、袋子和配件。深淺不一的靛藍、柔軟親膚的布料，每一款都美得令人心醉。

↑藍染簾子 ¥28,600（左），¥55,000（右），染料會根據浸泡的時間而創出深淺不一的藍。

↓藍染餐桌墊 ¥1,870

←這座古老的建築曾在熊本大地震中受損，幸好經復修後仍得以保留原有結構。

↑麻質藍染雙色長衫 ¥55,000，優質藍染作品幾乎不會褪色，經得起時間考驗。

MAP 別冊 **M14 B-1**

- 地 大分県由布市湯布院町川上 1079-1
- 時 10:00-17:00
- 休 星期二
- 電 (81)0977-84-2559
- 交 JR由布院站步行約10分鐘

13 可能是最好味的布甸
A la mode 五衛門

這間專門賣甜點的五衛門在湯布院十分有名，單單在湯布院就有3家分店，而最早起家的一間已有12年歷史，雞蛋布甸和年輪蛋糕尤其出名，其中最多人光顧的就是雞蛋布甸，有濃醇的蛋香，不少遊人都會一邊逛溫泉街，一邊買來吃呢！

有淡淡綠茶香的布甸 ¥360

MAP 別冊 **M14 B-1**

- 地 大分県由布市湯布院町大字川上1526-1
- 時 09:00-17:00
- 網 yufuin-goemon.com
- 電 (81)0977-28-2520
- 交 JR由布院站步行20分鐘

WOW! MAP

12

13

14 歐式半熟芝士蛋糕
由布院ミルヒ
Milch

Milch在德文意即「牛奶」，品牌概念源自3位在1971年到歐洲和德國研修的年輕人，他們以100%本地新鮮牛奶製作美味甜點，將在外國嚐到的味道引入湯布院。Milch的招牌半熟芝士蛋糕Käse kuchen熱食蓬鬆香軟，凍食則滑溜濕潤，有截然不同的口感。

→半熟芝士蛋糕
（Käse Kuchen）¥240
三層芝士分別造出蓬鬆、半融和濕潤口感

MAP 別冊 M14 B-1
地 大分県由布市湯布院町川上3015-1
時 10:30-17:30
網 milch-japan.co.jp
電 (81)0977-28-2800
交 JR由布院站步行約10分鐘

15 銅鑼燒名店
鞠智

2008年開業，店名「くくち」取自店主的熊本家鄉菊池市的古城。店內的銅鑼燒是工匠以傳統日式和菓子製法創作，留下少許豆皮的紅豆甜度低，做到甘甜不過膩，麵糰則置在銅盤手工烘烤，近似班戟質感的外皮厚實蓬鬆，無論口感味道都與眾不同，叫人驚艷非常。

↑福岡県産
あまおう¥890
開店之初主打九州的水果製成的手作果醬，當中以福岡特產「甜王」草莓醬最受歡迎。

↑銅鑼燒 ¥297
份量雖然較為厚實大件，但味道卻出奇輕盈淡雅。

MAP 別冊 M14 B-1
地 大分県由布市湯布院町川上3001-1
時 10:00-17:00
網 cucuchi.jp
電 (81)0977-85-4555
交 JR由布院站步行約11分鐘

16 人氣雜貨店 味な蔵

店內有很多湯布院限定的商品：漬物、煙燻的豚肉、柚子味的炭火燒雞粒、豐後牛咖喱包和曾獲廣播電台NHK金獎的黃金可樂餅(¥1,500/10個急凍裝)：外層鬆脆可口，內裡包着入味的牛肉餡和洋蔥，香味十足，遊人可即場買已炸好新鮮熱辣的個裝來吃。

→人氣大分鄉土料理地雞味餅 ¥630/14片
已賣出超過800萬件！

MAP 別冊 M14 B-1
地 大分県由布市湯布院町川上1079-8
時 09:30-17:00；星期六、日至17:30
電 (81)0977-28-8690
交 JR由布院站步行約20分鐘

14　　15　　16

大分縣資料

湖布院

別府

↑凜ーバニラー ¥388
不使用添加劑和色素的香
草布甸，味道濃鬱香甜。

→プリンアラモード ¥1,300
如果喜歡每款都嚐一點的話，不妨點
一份Pudding a la mode。

17 貴族專享甜品
Yurari

來到湯布院這個日本OL最喜愛的溫泉地，當
然少不了女士們最愛的甜點，其中最人氣的可
算是這間鄰近站前的甜品店Yurari，店內最受
遊人歡迎的是當地盛產牛奶同雞蛋做的人氣布
甸，全無人工添加的色素，吃得健康，味道有
香濃的牛奶味，口感幼滑，有如溶在口中的雪
糕般，簡直齒頰留香。

MAP 別冊 **M14 B-1**

地 大分県由布市湯布院町川上
　 3037-12
時 10:00-17:00
休 星期三、四
網 yu-ra-ri.jp
電 (81)0977-28-8111
泊 有
交 JR由布院站步行2分鐘

18 家傳戶曉甜品店
B-Speak

這間由星級溫泉旅館山莊無量塔直營的甜品
店，可說是湯布院無人不曉專賣甜品的小店，
內裡裝修雅緻，凍櫃及櫥窗放滿了琳琅滿目的
精美甜品：味道香甜的忌廉蛋糕、香濃幼滑的
牛奶布甸、自家製的香脆曲奇及和菓子等，它
們不只味道一流，包裝也講究，奉勸各位減肥
中的女生不要走進去！

↑Pロール プレーン ¥1,620
原味P Roll蛋捲鬆軟美味，是店內的人氣no.1。

→英國茶 Earl
Grey味道的芝士
蛋糕 ¥2,376

MAP 別冊 **M14 A-1**

地 大分県由布市湯布院町川上3040-2
時 10:00-17:00
休 不定休(每年2次)
網 www.b-speak.net
電 (81)0977-28-2166
泊 有
交 JR由布院站步行約8分鐘

WOW! MAP

17　18

19 健康冬甩
nicoドーナツ 湯布院本店

提到「冬甩」你會馬上想起那甜膩的糖霜嗎？nico售賣的手作冬甩以國產大豆、16種穀麥粉、富礦物質的三溫糖、不含鋁的發粉、日本雞蛋和奶油等材料製成，單是用料已較一般美式冬甩健康，加上冬甩取用原粒大豆製作，不僅可讓人體攝取更多營養，麵糰的吸油量亦較少，因此有著更輕盈酥脆的口感，箇中美味值得細嚐。

↑原味冬甩(プレーン)¥183、
酸橘梳打(かぼすソーダ)¥486
梳打採用大分縣特產「酸橘」製作，入口生津清爽。

↑二樓以原木為主調，予人溫暖的感覺。

MAP 別冊 **M14 A-2**

地 大分県由布市湯布院町川上
　3056-13
時 10:00-17:00 (售完即止)
網 www.nico-shop.jp
電 (81)0977-84-2419
交 JR由布院站步行約3分鐘

20 人氣地雞拉麵一湯兩食
福助拉麵屋

福助拉麵是一間當地很有名氣的拉麵店，尤其人氣no.1的地雞拉麵，湯底有香濃的雞湯味，加上嫩滑的雞肉，吃的時候加點黑椒和自家製的柚子蓉，味道很讚！想一湯兩食的朋友可點選Kaemeshi Set，把拉麵吃完後，把飯放在湯底內，變成美味的湯飯！

→拉麵屋面積不大，很有小店味道。

MAP 別冊 **M14 A-2**

地 大分県由布市湯布院町川上3052-3
時 11:30-14:00、18:30-20:00 (星期一二只開午市)
休 星期三、不定休　電 (81)0977-85-3536
泊 有　　　　　　　交 JR由布院站步行約3分鐘

好食 編者推介

→地雞拉麵 ¥750
加上黑椒和柚子蓉，
口感清新特別！

WOW! MAP

19　　20

大分縣資料

湯布院

別府

21 本地人推介
たけおTakeo

說到本地居民都喜歡光顧的餐廳，必定非「Takeo」莫屬。這是一家開店逾廿年的和食餐廳，由匠人老闆創作的「たけお丼」由牛肉、山女魚、辛明太子、香蔥、泡菜等9種食材炮製，簡單之中殊見真味，吸引不少食客遠道前來品嚐。

另一款推介是蕎麥沙律，不僅因為它風味絕佳，老闆更會在客人面前即席展現精堪刀功，青瓜幼似銀針、連綿不斷的番茄更薄得透光，色香味俱全，必吃！

↑店中央的圍爐極具古民家風格，可惜現在已暫停使用。

↑蕎麥沙律(そばサラダ)¥750

→老闆手起刀落，在魚缸捉魚後即席生劏。

←たけお丼¥1,200
看似平凡的雜錦丼飯，味道豐富又極為清爽，叫人一口接一口不停追吃！

↑圍爐的沙粒中央的小劇場，大家留意到嗎？

←山女魚塩燒き¥550
即劏即烤的山女魚零腥味，單是用鹽輕輕提鮮便已足夠！

MAP 別冊 **M14 A-2**

地 大分県由布市湯布院町川上2931
時 11:30-14:30、17:00-20:00
休 星期一、四
電 (81)0977-84-5385
交 JR由布院站步行約4分鐘

WOW! MAP
21

（資料由客戶提供）

鹿兒島炸豬排炸物併盤一次過吃到夠

ラーメン侍

從湯布院車站步行3分鐘，便可品嚐到湯布院大排長龍的正宗豚骨拉麵的店鋪。店內最受歡迎的「湯布膳」和「辣湯布膳」套餐，可一次過品嚐到。此外，加入大人氣辣味噌、湯汁相互結合，令湯更加香辣美味。此外，「餃子」和「叉燒飯」都深受台灣和香港人歡迎。

↑可以一次過品嚐到拉麵人氣套餐，使用了自家製麵條、湯布院天然水、大分縣產豬肉和當地新鮮蔬菜製作而成。

↘店內設有吧台和座位，空間寬敞，可以舒適地悠閒享用，非常適合大人數或是家庭聚餐。

←自動售賣機對應多國語言，簡單易用，購票後把食券交給店員便可。

MAP 別冊 **M14 A-2**

地 大分県由布市湯布院町川上 3056−1 モトヤマビル 1F
時 10:30-21:00
休 無休
電 (81)0977-76-5232
交 由布院站步行3分鐘

㉒ 多元化居酒居
やま家

來到湯布院除了傳統的日本料理，想試試新意思？不如到車站附近的「やま家」，小店位置隱蔽，鄰近四代齒科醫院，加上到凌晨才收舖，就算夜半三更都可以來吃，店內裝修簡單，設有吧枱及木桌，各位可點選炭火燒黑毛和牛¥1,980，一碟約有8至9件，薄切的黑毛和牛，肉汁鎖在中間，有很香的牛油味，肉質鮮嫩！另一鐵板燒炒麵亦很香口，價錢合理。

↑炭火燒黑毛和牛 ¥1,980
和牛切得很薄，外層香口中間肉質嫩滑，讚！

MAP 別冊 **M14 A-2**

地 大分県由布市湯布院町川上2934-5
時 18:30-00:00(L.O.23:00)
休 星期二
電 (81)0977-85-5859
泊 有
交 JR由布院站步行約2分鐘

←和風鮮魚刺身 ¥1,300
↓光顧的多是當地人

WOW! MAP

ラーメン侍　22

293

別府

Beppu

必見！
ひょうたん温泉

別府八地獄，每個地獄各有不同名稱和特色，令人大開眼界，若果沒有太多時間的話，也可以揀選其中幾個參觀。除了別府八地獄外，這裡也有別府八湯，是區內出名的溫泉，若果住上一晚的朋友，當然可以逐一慢慢享受。

往來別府交通

JR博多站	🚄	特急Sonic 約2小時 指定席 ¥5,940	JR別府站
JR小倉站	🚄	特急Sonic 約1小時15分鐘 指定席 ¥4,330	
福岡機場	🚌	福岡別府高速巴士 約2小時30分 ¥3,250	別府北浜

百分百溫泉水

① ひょうたん温泉
葫蘆溫泉

「湯雨竹」利用天然竹枝降溫，配合降壓設備及運輸管道，將100%天然泉水帶給客人使用。

葫蘆溫泉是一間擁有室內浴場、露天浴場、蒸氣浴、瀑布浴和砂浴的100%天然溫泉設施。何謂100%？一般溫泉泉源因為太熱，往往會加入自來水降溫，不過此舉卻會令泉水的有益成分大大降低，有見及此，葫蘆溫泉研發了一種結合傳統智慧的竹架台「湯雨竹」，借助天然力量調節水溫至45-50℃供各個浴場使用，同時利用運輸泉水產生的蒸氣轉化成蒸氣浴、砂浴及地獄蒸餐點，讓客人由內到外都可享受百分百的溫泉體驗。

←創始人懷著想讓妻子泡溫泉舒緩身心的願望，於1922年創建葫蘆溫泉，其標誌性的葫蘆形狀源自豐臣秀吉喜愛的形狀。

↓蒸氣桑拿分為45℃（低溫）與54℃（高溫），客人可根據季節和身體狀況選擇。

←利用溫泉蒸氣加熱的別府海濱沙，恰到好處的溫度就算長時間入浴也沒有問題。

縁起の湯

約88℃ 熱溫泉水

家庭地獄蒸 ¥3,500

↑溫泉蛋 ¥80
蛋身愈多白色花斑代表愈入味。

MAP 別冊 M15 A-2

地 大分県別府市鉄輪159-2
時 大浴場09:00-01:00、
　 砂湯 09:00-00:30、
　 商店及餐廳 11:00-22:00
金 大浴場 13歲或以上¥940、
　 7-14歲¥400、4-6歲¥280
網 www.hyotan-onsen.com
電 (81)0977-66-0527
交 JR別府站西口或東口轉乘亀
　 の井巴士，於「地獄原ひょう
　 たん温泉」或「鉄輪」站下車
　 步行約3-6分鐘

WOW! MAP

大分縣資料

湯布院

別府

② 別府的靈魂 地獄巡迴

各地獄分佈不同地方。以JR別府站為起點，乘的士或駕車約10至15分鐘車程，時間有限的朋友可以揀選其中數個鄰近位置的參觀。又或參加亀の井巴士的「別府地獄巡迴巴士團」，大人¥4,000，已包了七地獄的入場券。詳情可參考亀の井バス株式会社的網站。

亀の井バス株式会社
🌐 https://kamenoibus.com/sightseeing_jigoku

↑ JR別府站內的觀光案內所，購買「共通觀覽券」，大人¥2,000（官網有九折優惠券），可在2天內使用。

別府地獄巡迴巴士線路圖

別府駅 → 北浜バスセンター → 海地獄 → 鬼石坊主地獄 → かまど地獄

可在別府駅或北浜バスセンター上車。

← 龍巻地獄 ← 血の池地獄 ← 白池地獄 ← 鬼山地獄

別府地獄巡迴公式網站 / 優惠券 🌐 www.beppu-jigoku.com/discount/index.html

國家指定名勝

2a 海地獄

泉質: 含食鹽酸性泉（有鏽硫酸鐵）
泉溫: 約98度 深度: 至泉脈深200米

海地獄為七地獄中最具規模。由於泉水成份中的硫酸鐵溶解，令泉水呈海藍色。在5月上旬至11月下旬，這裡會開滿熱帶阿馬遜品種的睡蓮，其中「大鬼蓮」可負荷約20公斤的重量，小孩可站在睡蓮上。

MAP 別冊 **M15 A-1**

地 大分県別府市大字鉄輪(かんなわ)559-1
時 08:00-17:00
金 成人¥450、中小學生¥200
網 www.umijigoku.co.jp 電 (81)0977-66-0121
交 JR別府站乘車約12分鐘；乘亀の井巴士約20-25分鐘

WOW! MAP
 2a
 2b
 2c

2b 血の池地獄

泉質: 酸性綠礬泉
泉溫: 約78度 深度: 約30米

血池地獄是日本最古老的天然溫泉之一，其溫泉泥被製成皮膚病藥「血ノ池軟膏」。

國家指定名勝

MAP 別冊 **M15 A-1**

地 大分県別府市野田778
時 08:00-17:00
金 成人¥450、中小學生¥200
網 www.chinoike.com　電 (81)0120-459-554
交 JR別府站乘車約15分鐘；乘亀の井巴士約25-30分鐘

2c 白池地獄

泉質: 含硼酸食鹽泉
泉溫: 約95度

白池地獄的泉水乳白帶藍。館內飼養了亞馬遜食人魚。

國家指定名勝

MAP 別冊 **M15 A-1**

地 大分県別府市大字鉄輪278
時 08:00-17:00
金 成人¥450、中小學生¥200
網 www.beppu-jigoku.com/shiraike　電 (81)0977-66-1577
交 JR別府站乘車約12分鐘；乘亀の井巴士約20-25分鐘。

2d 龍巻地獄

泉質: 含食鹽酸性泉
泉溫: 約105度(噴氣)約150度(地底)

龍巻地獄相隔30至40分鐘就會噴出約50米高的噴泉，景觀奇特。

國家指定名勝

MAP 別冊 **MM15 A-1**

地 大分県別府市野田782　時 08:00-17:00
金 成人¥450、中小學生¥200
網 www.beppu-jigoku.com/tatsumaki
電 (81)0120-459-554
交 JR別府站乘車約15分鐘；乘亀の井巴士約25-30分鐘

2e 鬼山地獄

泉質: 鈉、鹽化物泉
泉溫: 約99.1度

鬼山地獄的泉水呈綠色。由1920年開始飼養了日本少見的鱷魚，因此也稱為鱷魚地獄。

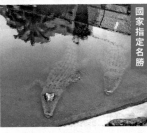

國家指定名勝

MAP 別冊 **MM15 A-1**

地 大分県別府市大字鉄輪625　時 08:00-17:00
金 成人¥450、中小學生¥200
網 oniyama-jigoku.business.site　電 (81)0977-67-1500
交 JR別府站乘車約15分鐘；乘亀の井巴士約25-30分鐘

2f 鬼石坊主地獄

泉質: 鈉、鹽化物泉
泉溫: 約99度

鬼石坊主地獄是個灰色的泥池。地底的溫泉泥會冒出一圈又一圈的大氣泡，有如剃了頭髮的和尚頭。

國家指定名勝

MAP 別冊 **M15 A-1**

地 大分県別府市大字鉄輪559-1　時 10:00-22:00
金 成人¥450、中小學生¥200　休 每月第一個星期二
網 oniishi.com　電 (81)0977-27-6656
交 JR別府站乘車約12分鐘；乘亀の井巴士約20-25分鐘

2g かまど地獄

泉質: 含芒硝弱食鹽泉
泉溫: 約90度

灶地獄附近有不少噴出霧氣的小孔，遊人可以走近吸收溫泉的熱氣，據說對皮膚保濕很有功效。

國家指定名勝

MAP 別冊 **M15 A-1**

地 大分県別府市大字鉄輪621　時 08:00-17:00
金 成人¥450、中小學生¥200
網 kamadojigoku.com　電 (81)0977-66-0178
交 JR別府站乘車約12分鐘；乘亀の井巴士約20-25分鐘

2d

2e

2f

2g

WOW! MAP

地獄蒸的工房到處煙霧瀰漫 ⑥ 側面就是清洗食具的地方 ◎

大分縣資料

湯布院

別府

③ 自己親手作海鮮美食
地獄蒸し工房 鉄輪

來到別府一定要體驗一下親手做地獄蒸料理！「地獄蒸」即是利用地獄溫泉所散發出來的蒸氣把食物蒸熟。如果是蟹、魚、蝦及貝類等海鮮，用地獄蒸只要15至20分鐘便可蒸熟，還可保留海鮮的鮮味。工房內也有鰻魚飯、饅頭、雞蛋等食物可供客人選擇。想要更多選擇的話，可以先到附近食店買自己喜愛的再拿到工房蒸。完食後，記得要把餐具清潔好並放回原處，做個有品格的遊人呀！

自遊人貼士

醒目的自遊人來到工房，記得第一時間登記租爐再慢慢揀食物呀！因為就算是平日，開開地等待時間都要30分鐘呢！建議遊人在等待期間可以到隔鄰的足湯休息一下。

↑ 足湯和足蒸

MAP 別冊 **M15 A-1**

地 大分県別府市風呂本5組（いでゆ坂沿い）
時 餐廳 10:00-19:00 (L.O.18:00)；足湯 10:00-18:00
休 每月第3個星期三
金 地獄蒸し釜基本租金(20分鐘以內)¥400起，食材另計。
網 jigokumushi.com
電 (81)0977-66-3775
泊 有
交 JR別府站西口乘往鉄輪巴士約20分鐘在鉄輪站下車即到

地獄蒸程序

達人教室

1. 遊人先到櫃位登記(可留英文名)

2. 到賣票機選擇所要食材

3. 到地獄釜後，工作人員會教大家穿上隔熱手套及放置食物的方法。

4. 接著他會告知各種食物所需要的時間，再把計時器交給大家。

5. 時間到後就可在店內享受香噴噴的海鮮餐了。

WOW! MAP

3

4 超人氣迴轉壽司
龜正くるくる寿司

說到別府最熱門的迴轉壽司店，本地人必定推薦這家在湯之川口的「龜正」。龜正壽司定價由¥220起，材料不但新鮮，而且款式眾多，罕見食材如瀨尿蝦、蒸蠔、沙猛魚肝、藍鰭吞拿魚、河豚，甚至是大分縣鄉土料理「琉球壽司」都可在此嚐到。不過由於餐廳實在太受歡迎，未開門都已擠滿排隊的食客，接待完第一輪食客之後稀少的食材幾乎已告售罄，建議大家可在10:30左右先排隊留名等位。

角切拖羅(トロぶつ)¥450、
三文魚(サーモン)¥400、
扇貝(ほたて貝柱)¥400

←琉球壽司（りゅうきゅう）
¥165
將竹莢魚、青花魚、鰤魚等魚肉混合醬油、清酒、味醂、生薑等醬料，是昔日漁民為了保存漁獲而製作的醃製料理。

←麵豉湯免費添飲，內有大分縣產的海藻。

MAP 別冊 **M15 B-2**

地 大分縣別府市北中7組
時 11:00-21:00 (L.O.20:30)
休 星期三
電 (81)0977-66-5225
交 JR別府站轉乘龜の井巴士，於「湯の川口」站下車即達
交 JR別府站西口或東口轉乘龜の井巴士，於「地獄原 ひょうたん温泉」或「鉄輪」站下車步行約3-6分鐘

5 親民連鎖童裝 西松屋

相信各位家長對連鎖童裝品牌「西松屋」都不會陌生，它的童裝不但款式多元又高質，涵蓋初生嬰兒至大童尺寸，價格亦相當親民，因而在日本各地大受歡迎。近年西松屋更發展出自家品牌，分別是以品質及功能性為主的Smart Angel，和以日常休閒衣飾為主的Elfindoll。

→Elfindoll
綠色球鞋
¥1,099

→黑色禮服裙 ¥1,189

MAP 別冊 **M15 A-2**

地 大分縣別府市大字鶴見108-1
時 10:00-20:00
交 JR別府站轉乘龜の井巴士，於「湯の川口」站下車步行約兩分鐘

網 www.24028.jp
電 (81)080-4468-6147

WOW! MAP

4   5

6 樸實無華的鄉土料理

甘味茶屋

在實相寺附近有一所深受遊客歡迎的「甘味茶屋」，茶屋四周圍繞著翠綠樹木，日式風格的木桌和榻榻米，配合微黃燈光，予人一種懷舊的氛圍。店內提供大分縣的傳統鄉土美食，當中包括以雜菜豬肉製成的糰子味噌湯、撒上黃豆粉的鄉土菓子黃豆粉寬麵等，此外亦有雜炊、咖哩、飯團、和菓子、紅豆湯和芭菲等食物。

←茶屋芭菲
(茶屋パフェ)
¥520

→店內一隅售賣本地手作。

←黃豆粉寬麵(やせうま)
¥400
當店特製的手作麵糰撒上黃豆粉和糖粉，是一道味道簡樸的傳統甜點。

MAP 別冊 **M15 B-2**

地 大分県別府市実相寺1-4
時 10:00-21:00 (L.O.20:30)
網 amamichaya.greater.jp
電 (81)0977-67-6024
交 JR別府站轉乘亀の井巴士，於「別府総合庁舎前」站下車步行約3分鐘

MAP 別冊 **M15 A-1**

地 大分県別府市明礬5組紺屋地獄
時 09:00-22:00，星期一至20:00；屋內泥湯及蒸し湯至19:30
金 成人¥1,500、中小學生¥1,100、小學生¥600、5歲或以下幼兒¥350
網 hoyoland.net
電 (81)0977-66-2221 泊 有
交 JR別府站前乘車約20分鐘；或乘亀の井巴士約25分鐘，在紺屋地獄前下車

當然要廣闊空間感，還是鼓起勇氣走到露天混浴吧！

7 愛美女士必浸

別府溫泉保養ランド

別府溫泉保養ランド是呈奶白色的，另有一個屋外的鑛泥大浴場，泉內是溫熱的泥湯，不少女士都喜歡將鑛泥敷在皮膚上，皆因這種鑛泥有獨特的美肌效果呢！由於這個是混浴溫泉，一眾女生記得注意啊！

WOW! MAP

6

7

（資料由客戶提供）

每天上演的角色遊行和現場表演◎

↑主題餐廳中可以品嚐到以可愛的角色主題和與活動相關的美食和甜點。

←城堡內是 Hello Kitty 的家。房間內的家具和佈置都非常可愛和華麗！可在 Hello Kitty 「打卡點」打卡或與 Hello Kitty 一起在現場合照，可即時把原創相框連印刷照片帶走留念呢！

WOW! COUPON 優惠

九州Harmonyland

西日本唯一Sanrio角色室外主題樂園

九州大分縣日出町的Sanrio角色主題樂園中，您可以見到Hello Kitty、My Melody、Cinnamoroll、Pompompurin等受歡迎的角色，各種遊樂設施包括有高60米的摩天輪、雙層旋轉木馬、雲霄飛車和卡丁車等。另外，可在園內商店購買原創角色商品、點心以及大分縣的特產等眾多商品。還有可愛的角色主題菜單和與活動相關的美食和甜點。樂園鄰近別府溫泉，駕車約20分鐘便可到達。

© 2024 SANRIO CO., LTD. TOKYO, JAPAN　著作 株式会社サンリオ

MAP 別冊 M15 B-1

地	大分県速見郡日出町大字藤原5933
時	10:00-17:00 (會因應季節有所變動，最後入場時間-關門1小時前)
休	星期三及四(以官網為準)
網	www.harmonyland.jp
電	(81)0977-73-1111
金	Passport ticket通用券3,600円(4歲以上)
交	福岡機場駕車約2小時；大分機場駕車約30分鐘；JR杵築站或JR暘谷站乘巴士10分鐘

---

⑧ 高崎山自然動物園

全山猴子通山跑

就在大分水族館對面的高崎山自然動物園，遊人可以見識到在大自然環境中生活的一群群野生猴子的日常，沿著小小的單軌列車進入公園範圍，先會看到數隻小猴快速在路軌上閃過，甫下車，就會看到數百隻的猴子：有的在大搖大擺走過、有的在樹上叫囂、有的圍在一起看著遊人，場面震撼。

有點震撼吧！

MAP 別冊 M15 B-3

地	大分県大分市神崎3098-1
時	09:00-17:00(最後入場16:30)
金	大人¥520、中小學生¥260、幼稚園以下免費，單軌電車¥110
網	www.takasakiyama.jp
電	(81)097-532-5010
泊	有(¥410起)
交	水族館「うみたまご」步行約3分鐘；JR別府站前乘大分交通路線巴士約15分鐘，高崎山自然動物園前下車即到；別府站乘車約10分鐘

↑猴子排排坐等待列車光臨，很是有趣。

九州 Harmonyland

8

劇場完後，小朋友可以和海象拍照。

9 結合藝術的海洋生態館 親子

うみたまで 大分マリーンパレス水族館

水族館有一個很可愛的暱稱「海蛋」。館內分成五大區域：科學區、海洋區、熱帶區、寒帶區和驚奇區；如果和小朋友同來的話，大家可以先帶小朋友到一樓的科學區，那裡有很多動物造型的玩樂設施，讓他們可以一邊寓學習於玩樂。

←館內的阿蘇海灘可看到海豚在眼前游水

↑ 大群的小魚在深藍的水中，畫面很夢幻。

MAP 別冊 **M15 B-3**

地	大分市大字神崎字ウト3078番地の22
時	09:00-18:00；11月至2月至17:00
休	不定休
金	大人¥2,600、中小學生 ¥1,300、4歲或以上小童¥850
網	www.umitamago.jp
電	(81)097-534-1010
泊	有(付費)
交	JR別府站前乘大分交通路線巴士約15分鐘，高崎山自然動物園前下車即到；別府站乘車約10分鐘

⑩ 別府美食代表
冷麵專門店
六盛 松原本店

據說冷麵在50年代由住在靠近朝鮮邊境的滿洲里日本人傳入，並在盛岡和別府發揚光大。六盛的手打冷麵以小麥粉和蕎麥粉混合製成淺灰色的麵條，並以國產牛肉、北海道釧路產厚葉昆布和羅臼昆布熬製湯頭，具嚼勁的麵條入口順滑，琥珀色的清澈湯底味道濃鬱，厚身的牛肉片質感扎實，混和微微發辣的泡菜，別具風味。

↑特製的「叉燒」以國產牛小腿燉煮而成，口感與滷水牛腱有點相似。

→別府冷麵 ¥890
手工製冷麵口感煙韌，配上酸辣泡菜、香口芝麻和香蔥，味道豐富不失清爽。

MAP 別冊 **M15 B-3**

地 大分縣別府市松原町7-17
時 11:30-14:00、18:00-20:00
休 星期三
網 www.6-sei.com
電 (81)0977-22-0445
交 JR別府站步行約16分鐘

⑪ 人與物的相遇
SPICA雜貨店

店主高野豐寬是土生土長的別府人，小時候家人開設的商店對面有一所裱糊工作坊，他經常看到老闆修補掛軸，日積月累的薰陶令他懂得欣賞舊物的獨特質感，多年後更與妻子在原址開設這間「SPICA雜貨店」。店內售賣來自各地的陶瓷、飾品、食品、玻璃器皿、獨立音樂CD等，亦會不定期舉辦各種藝術家的展覽。

店內的選物的標準是「擁有這樣東西會令你的生活更愉快嗎」。

MAP 別冊 **M15 B-3**

地 大分縣別府市立田町1-34
時 11:00-17:00；
星期六日及假期 10:00-17:00
休 星期三
網 spica-beppu.com
電 (81)090-9476-0656
交 JR別府站步行約12分鐘

→SPICA一隅展示著一系列獨立樂手的音樂，另設耳機可供試聽。

←原石上站著一個孤獨的人 ¥8,880

設計簡約的銅製飾品。

10　　11

WOW! MAP

→店舖另外提供中、英文及韓文菜單，不諳日文也可放心落單。

←小狗吉士忌廉麵包（ワンちゃん）
¥130
可愛的小狗麵包令人不忍咬下。

←紅豆包（あんフランス）
¥130
麵包以鹽提起紅豆的香甜，味道純粹而美味，購買數量為兩個起。

⑫ 大正傳統麵包店
友永パン屋

創自大正5年（1915年）的老字號麵包店，麵包師傅以代代相傳的方法每日新鮮製作和烘焙麵包。購買麵包的客人須先向店員索取籌號及下單表格，一邊排隊一填好心儀的麵包及數量，眾多麵包之中最受歡迎的是分成豆蓉（こし）和原粒紅豆（つぶ）兩種的紅豆包，香軟甜糯的質感配合綿密又有小麥香的麵包，極簡單的材料，竟也能做得如此美味，叫平日港式連鎖店花款多多的「空氣麵包」情何以堪？

MAP 別冊 **M15 B-3**
地 大分県別府市千代町2-29
時 08:00-18:00
休 星期日及假期
網 tomonagapanya.com
電 (81)0977-23-0969
交 JR別府站步行約11分鐘

---

⑬ 天皇御廚餐廳 東洋軒

大正15年（1926年），當時的天皇御廚宮本四郎開設中華料理餐廳東洋軒，他將中式料理融入日式風格，使用日本產的去皮雞腿肉，以特製醬油、蒜和麻油醃製，沾上新鮮雞蛋、麵粉和生粉炸漿，創作出香脆鮮嫩的雞肉天婦羅「とり天」，現時東洋軒已傳至第四代，每天依然吸引眾多海內外遊客慕名前來品嚐雞肉天婦羅。

炸漿蛋液、麵粉和生粉製作，使炸雞的外皮輕巧薄脆，配以大分特產青檸醋醬油和芥末，入口酸香辛辣，更見清爽。

本家とり天定食
¥1,430

MAP 別冊 **M15 B-3**
地 大分県別府市石垣東7-8-22
時 11:00-15:30(L.O.15:00)、17:00-22:00 (L.O.21:00)
休 每月第2個星期二、年末年始
網 www.toyoken-beppu.co.jp
電 (81)0977-23-3333
交 JR別府站步行約8分鐘

WOW! MAP
12   13

14 穿梭於小巷中的特色小店
別府路地裡散步

有別於大城市的商店街，別府的商店街是小小的交錯於弄巷之間，是昔日經過百年時間的洗禮留下來的古舊建築物，由JR站至竹瓦溫泉之間的小路，可看到縱橫交錯的小路、歷史悠久的喫茶店和羽衣溫泉等……都是拍照的好地方。

MAP 別冊 **M15 B-3**

地 JR別府站前至竹瓦溫泉之間的小路
時 10:00-18:00(各店略有不同)
休 各店不同
交 JR別府站步行約5分鐘

15 見證別府半世紀變遷
なかむら珈琲店

創自1949年的Nakamura珈琲店屹立在市內唯一一間電影院的大樓2樓。甫進門口，已經看見滿頭銀髮的中村光站在狹長的吧台後面微笑相迎：「要咖啡還是朱古力？」。在僅有的兩個選擇中選了後者，只見他先開爐微微滾開全脂牛奶，逐少加入可可粉混合成朱古力漿，混合均勻後才加入餘下牛奶，再倒入精緻的骨董茶杯，由沖泡至品嚐的過程都叫人非常享受，喜歡老店氛圍的朋友不妨一訪。

→熱牛奶朱古力 ¥500
全脂牛奶的油脂混合可可粉的香味，入口香滑濃郁。

→中村先生年紀漸長，為免工作量太重，咖啡店只售咖啡或朱古力。

→開業初時的紀錄照現已成為歷史圖片。

MAP 別冊 **M15 B-3**

地 大分県別府市北浜1-2-12, ブルーバード会館, 2F
時 12:00-18:00
休 星期三
電 (81)0977-23-1272
交 JR別府站步行約3分鐘

14

15

WOW! MAP

店內座位少而狹窄，甚有秘店感覺。

16 超隱蔽煎餃店
ぎょうざ 湖月

沿著凋零的銀座商店街轉入後巷般的裏銀座通有一間隱世餃子餐廳，店主親人在滿州學習餃子製法，在昭和22年（1945年）久留米創立，他們的自製餃子皮比一般餃子更薄，餡料採用大分縣名產飛梅豬肉（とびうめ豚）、椰菜、蒜和薑，豬油在煎的過程中滲入餃皮，入口脂香四溢，餃皮酥脆，無論味道和口感都無可挑剔！

鍋烙 ¥600/10件
呈方形的煎餃尺寸迷你，餃皮煎得香脆，一口一隻剛剛好！

除了一般餃子醋，湖月也有提供辣椒油，惟辣度較低，嗜辣者期望不要太高。

MAP 別冊 **M15 B-3**

地 大分県別府市北浜1-9-4
時 14:00-20:00（售完即止）
休 星期一至四
網 kogetu.base.ec
電 (81)0977-21-0226
交 JR別府站步行約5分鐘

---

17 高質本土手作店
別府竹工芸とクラフト
ショップ ICHIZA

→山葡萄六角編織
銀包 ¥30,800起
←清雅素淨的臼杵燒是大分縣的獨有陶藝。

MAP 別冊 **M15 B-3**

地 大分県別府市駅前町12-13, B-Passage
時 09:00-20:00
網 ichiza.net
電 (81)0977-84-7789
交 JR別府站直達

位於JR別府站旁的手工藝品店ICHIZA，專門售賣營別府竹工藝品、小鹿田燒、木製漆器等以天然材料製成的生活用品，同時亦售有價格相宜的日式圖案手帕、文具和民藝玩意。

WOW! MAP

16 17

→吉村小姐
熱情友善

↓其中一款懷
舊名信片¥100

18 別府選物店
select beppu

↑ 店內的小物很適合
女孩子

店舖的建築本身是一間已有百年歷史的古老長屋，木格子的結構，狹長的內裝配以蟲籠窗，散發著淡淡的懷古味道，小店現賣的是市內相關的特色小物：溫泉毛巾、手作洗面肥皂、昔日的舊名信片、自然塗料造的木筷子和溫泉TEE等等；其中最人氣的要算是一系列很有江戶味道的名信片，只要¥100，大家可以買來做手信。而客人亦可付費¥100，到二樓參觀一下在趟門上的繪畫。

←溫泉肥皂¥350

MAP 別冊 **M15 B-3**

地	大分県別府市中央町9-34
時	11:00-18:00
休	星期二、三
網	selectbeppu.thebase.in
電	(81)0977-80-7226
交	JR別府站步行約5分鐘

↑ 內裡亦古色古香

↑ 溫泉是名符其實的庶民溫泉，遊人要有心理準備。

MAP 別冊 **M15 B-3**

地	大分県別府市元町16-23
時	普通浴:06:30-22:30、 砂浴:08:00-22:30 (最後入場 21:30)
休	普通浴12月第3個星期三； 砂浴每月第3個星期三
金	普通浴：成人¥300、小童¥100； 砂浴：¥1,500
網	takegawaragroup.jp
電	(81)0977-23-1585
泊	有
交	JR別府站步行約10分鐘

19 地道湯屋
竹瓦溫泉

喜歡浸溫泉的朋友，記得要來竹瓦溫泉見識一下，這個溫泉早在明治12年(1879)創建，距離現今已有百多年歷史。溫泉館的建築本身已很有歷史痕跡，以木柱及瓦葺為主，內裡的浴池也有唐破風的味道。來這裡浸的以當地人為大多數，都是以體驗庶民風味為主，因為館內設備簡陋，只有浴池及砂湯，不要和溫泉旅館的大浴場相比啊！

18

19

WOW! MAP

湯布院

別府

20 別府站交通方便
駅前高等溫泉

站前高等溫泉是一個公營的溫泉，只要每人¥300就可以入浴，感覺有點像昔日的錢湯，館外的裝修帶有大正西洋建築味，內裡的高等湯可24小時使用，客人要自備浴巾及沐浴用品。

MAP 別冊 **M15 B-3**

地 大分県別府市站前町13-14
時 並湯06:45-22:45；高等湯24小時
休 每年2次大掃除(4月及11日)　金 並湯¥100；高等湯¥300
網 www.owl.ne.jp/beppusotoyu/kotoonsen
電 (81)0977-21-0541　泊 有
交 JR別府站步行約2分鐘

21 老字號天婦羅丼
とよ常 本店

擁有逾90年歷史的餐廳とよ常，多年來堅持採用大分縣產的時令山海食材，是別府市內極具人氣的餐廳。招牌天丼本來只有雜菜天婦羅，但由於客人都會額外追加蝦天婦羅，索性正式加入兩尾炸大蝦，成就名物「特上天丼」。天丼的炸物不僅炸得脆口，沒有多餘油份，澆上帶甜的秘製醬汁更是畫龍點睛，既能提味又不會過於霸道，確實美味。

↑特上天丼 ¥864
丼飯上的炸蝦香脆，肉質爽彈可口，值得一讀的是汁醬份量適中，不會令炸物變腍。

←關竹莢魚及關鯖刺身（関あじ・関さば刺身）¥2,200
取用大分縣捕獲的鯖魚及竹莢魚，鮮度一流。

MAP 別冊 **M15 B-3**

地 大分県別府市北浜2-12-24
時 11:00-21:00 (L.O.20:00)
網 www.toyotsune.com
電 (81)0977-22-3274
交 JR別府站步行約9分鐘

22 大眾烤肉店
焼肉一力

如果你不怕擁擠，而且喜歡親民烤肉店的話，這家「焼肉一力」就非常適合你！餐廳的宗旨是以低廉價錢提供A5等級的大分和牛，因此價錢自開店至今卻未有太大增幅。店內的秘製醬汁自創業以來一直保持著同樣味道，其水果成份更有助令肉質鬆軟而不失彈性。推介食物有脂肪分佈均勻的上等牛里脊和嚼勁十足的牛腸。

特上ホルモン ¥520
牛腸脂香十足，愈嚼愈香甜。

上等牛里脊（極上ロース）
¥1,350

MAP 別冊 **M15 B-3**

地 大分県別府市駅前本町6-37
時 17:00-24:00
休 星期四
電 (81)0977-24-6783
交 JR別府站步行約兩分鐘

別墅曾因附近政府工程而需拆毀部分建築，幸得老闆娘的建築師長子將整座建築以「曳家」方式旋轉90度，令它得以保持完整。

23 古民宅鄉土料理
茶房 信濃屋

大正至昭和時代，大量縣外的商人和文化人流行在別府打造別墅，「茶房信濃屋」的前身就是建於約1928年、屬於田川煤炭老闆的別墅，1966年開始一直是旅館，直到1981年店主石川美巴子從父母手中繼承，並以招待國賓的「鹿鳴館」為藍本，在最少改動下將它打造成餐廳。館內以本地時令蔬菜入饌，人氣餐點是大分鄉土料理糰子湯。

↓糰子味噌湯（だんご汁定食）¥1,100
以麵粉、水和鹽捏成糰子，口感像台式麵疙瘩，配以雜菇、甘筍、芋頭等製成味噌湯，餘韻有一抹檸檬酸香。

黃豆粉糰子（やせうま）¥600

MAP 別冊 **M15 B-3**

地 大分県別府市西野口町6-32
時 09:00-21:00 (星期二、三至18:00)
休 星期四
電 (81)0977-25-8728
交 JR別府站步行約6分鐘

22　23　WOW! MAP

走遠一點點 九重

九重位於阿蘇火山和湯布院之間，不少自駕遊的朋友都會到九重夢吊橋走一趟，感受一下九醉溪的美景，尤其在紅葉季節，更美不勝收。

往來九重交通

JR中村站	巴士 約50分鐘 ¥500	九重夢大吊橋
湯布院	自駕 約35分鐘 ¥3,190	

← 香滑軟雪糕 ¥300 加送甜美笑容二個。

↑ 店內有阿蘇出產的牛奶

MAP 別冊 **M32 A-3**

地 大分県玖珠郡九重町大字湯坪
時 09:00-日落　休 不定休　電 (81)0973-79-2042
泊 有　交 九重IC駕車約40分鐘

㉔ 高海拔的公路休息站
牧ノ戶峠

自駕遊MAPCODE 440 640 158*71

牧ノ戶峠標高1,333米，可看到九重山脈，附近是久住山及星生山的登山口，每到秋夏兩季會擠滿遠足的遊人，在這高海拔的公路休息站內設有小食店，最受歡迎的是冰淇淋，香滑可口，也有名信片及各式各樣的紀念品。

牧場內有一湖泊，有小鴨悠閒地暢泳。

遊人可體驗餵小牛飲牛奶

㉕ 親親可愛小動物
九重やまなみ牧場

やまなみ牧場有可愛的小動物：白兔、侏儒馬、山羊和鴨子等，小朋友可近距離和牠們親近，也可試試餵小白兔和小牛喝奶。好動的朋友可參加乘馬體驗，由職員引領馬匹，在沙地上散步，就算是初學者也十分安全。玩過後，也可到場內的餐廳或溫泉館休息一下。

MAP 別冊 **M32 B-3**

地 大分県玖珠郡九重町大字田野1681-14
時 3月至11月09:00-17:00；12月09:00-16:00
休 星期三；12月星期二及三；1月日至3月6日
金 入場免費；體驗另外收費　網 www.yamanami-farm.jp
電 (81)0973-73-0080　交 九重夢大吊橋乘車約8分鐘

可愛的白兔是小朋友最喜愛的小動物之一

WOW! MAP

24　25

26 日本第一長
九重夢大吊橋

自駕遊MAPCODE 269 012 404*01

九重夢吊橋是現今日本最高最長的行人專用吊橋，位於海拔777米，站在橋上可看到四周美景，腳下是九醉溪谷。到了橋的中間部份，可以感覺到橋的搖晃！大膽的朋友，可以走在橋上鐵絲網部份，看看腳下的深谷。如果腳軟，不仿遠看360度延綿險峻的景色，分散自己的注意力吧！

MAP 別冊 **M32 A-2**	
地	大分県玖珠郡九重町大字田野1208
時	08:30-17:00；9月至10月 08:30-18:00 (入場券販賣於閉門前半小時停售)
休	天氣不佳
金	大人¥500、小學生¥200、小學生以下免費 (入場費包來回)
網	www.yumeooturihashi.com
電	(81)0973-73-3800
交	湯布院乘車約35分鐘；JR豐後中村站乘日田巴士約25分鐘，於筌ノ口下車步行約5分鐘。

九重夢大吊橋的南面入口觀光案內所步行約5分鐘

26a 震動の滝

自駕遊MAPCODE 440882790*35

走完吊橋，遊人可前往震動之滝展望所，沿路有遊步道只要數分鐘便到，在展望台可看到溪谷中一條長長的瀑布，這條就是震動之滝，其實這個瀑布有分男女，最近展望台的是雄滝，而在吊橋上看到的是雌滝，如果在楓葉季節到來，瀑布的四周會染上深淺不一的紅色，是賞楓的熱選地之一。

26b 天空館1號及2號

大家遊完吊橋參觀過瀑布，可以來附近的「天空館」。1號店主要有手信、土產、特色和菓子及便當，而2號店就有當地盛產的農產品和植物花卉等，其中有出名的九重夢漢堡包，用上縣產的厚和牛扒，配上大塊番茄和雞蛋，滋味無窮！

時 08:30-17:00，7-10月08:30-18:00
電 (81)0973-79-3305
泊 有
交 九重夢大吊橋的南面入口觀光案內所旁

↑天空館1號主要售賣手信和特產小食

↑モモガー ¥550
天空館2號的漢堡包很值得推介，中間的牛肉很juicy，份量也絕不欺場！

WOW! MAP

26

kagoshima ken

鹿兒島縣

往來鹿兒島縣交通

福岡博多	🚄 新幹線さくら 1小時30分鐘 指定席 ¥10,110	
宮崎站	🚃 特急きりしま 2小時 指定席 ¥4,310	鹿兒島中央站
福岡博多巴士中心	🚌 巴士 4小時15分鐘 指定席 ¥6,000	
鹿兒島空港	🚌 空港巴士 58分鐘 ¥1,580	

鹿兒島沒有福岡的繁囂，只有引人入勝的謐靜－在指宿沙灘享受蒸氣砂浴，讓疲倦和煩惱隨汗水揮發；在櫻島兜上一圈，隔岸看看市中心的熱鬧；在霧島的深山，尋找最原始的美景；甚或在鹿兒島朝市，和上了年紀的婆婆閒聊……或者遊人到這裡就是想找回這份沉實的感覺！

鹿兒島縣旅遊資料

來往鹿兒島的交通

鹿兒島位於九州的最南端，九州福岡至鹿兒島的高速新幹線開通，由博多站至鹿兒島中央站最快只要 1 小時 19 分鐘。

■ 新幹線

九州新幹線，每天平均有 35 班列車來往博多至鹿兒島中央站，全程 1 小時 30 分鐘，單程指定席的費用 ¥10,110，遊人亦可利用全九州的 JR Pass。

網 www.jrkyushu-timetable.jp/sp

■ 長途高速巴士

福岡至鹿兒島

每天有二十多班長途巴士「櫻島號」來往福岡至鹿兒島，全車為指定席（要預約），上車可選博多站或天神站，而鹿兒島的下車站則為鹿兒島中央站，車程約4小時15分鐘，單程為¥6,000。

西鐵高速巴士

網 www.nishitetsu.jp
網 (81)0120-489-939(九州巴士預約中心)

鹿兒島縣內交通

鹿兒島空港鄰近霧島，離市中心約 36 公里，巴士約 1 小時車程，車費為 ¥1,580。

市內電車

起點站由谷山到鹿兒島站共有1系統、2系統和中央駅方面行直通便三條線，全程均一收費，大人¥170，小學生以下¥80。由早上06:00分開始至尾班車22:40分之間運行，每隔約5至15分鐘就有一班。

🌐 www.kotsu-city-kagoshima.jp

市內City View觀光巴士

由早上8:30至下午17:30，由鹿兒島中央車站出發，車程約80分鐘，大人每程¥230，小學生以下¥120，也有提供One Day Pass，大人¥600，小學生以下¥300，主要途經觀光點：天文館、Dolphin Port、鹿兒島碼頭、明治維新館、西鄉隆盛銅像和仙巖園等景點。

🌐 www.kotsu-city-kagoshima.jp/tourism/sakurajima-tabi/

↑ 大家要留意不同的巴士造型行走的路線也不同，上車前要check 清楚呀！

櫻島巡遊巴士

各遊人如果想遊櫻島的話，可搭乘以下島內巡迴巴士，最早一班9:30由櫻島港出發，尾班則16:30出發，大人¥120至¥440；小童¥60至¥220；也有一天乘車票大人¥500；小童¥250，可於車上或櫻島遊客中心購買。

🌐 www.sakurajima.gr.jp/access/local-bus/000760.html

旅遊資訊

鹿兒島縣觀光聯盟

有不同地區的景點、歷史、交通、節日、食宿及店舖資訊。（日文、繁體中或英文）

🌐 www.kagoshima-kankou.com

霧島的觀光網頁

提供霧島的觀光、天氣、溫泉住宿、交通和節日資訊。（日文）

🌐 kirishimakankou.com

■ 鹿兒島縣節日　🌐 www.kagoshima-kankou.com/event/

時間	活動	內容	地點
1月1日	天孫降臨九面太鼓元旦奉納	在凌晨時份有2次供奉儀式	霧島神宮
1月第二個星期日	油菜花馬拉松	在指宿市舉行全國最早的馬拉松比賽	指宿市
農曆1月18以後的星期日	初午祭	傳統節慶，給馬帶上裝飾隨音樂起舞	霧島神宮
農曆六月	六月燈	市內的神社掛上彩燈，設有夜攤	鹿兒島市內
7月中旬	祇園祭	有神輿巡遊及表演	鹿兒島市內
7月下旬	霧島高原太鼓	各地有名大鼓聚集霧島作表演	霧島市
8月	錦江灣夏季花火大會	是九州最大的煙火表演	鹿兒島市錦江灣
8月下旬	南九州神樂節	在霧島神宮表演神樂舞	霧島神宮

鹿児島市

Kagoshima Shi

必見！
屋台村

「薩摩國」是鹿兒島在德川幕府之前的屬地。現今的鹿兒島市融合古昔：有潮男潮女喜愛的天文館通、適合一家大細的 Dolphin Port⋯⋯ 隨着路面電車穿梭，讓遊人體會古老與現代的和諧。

往鹿兒島市交通

鹿兒島空港	空港巴士 58分鐘 ¥1,580	鹿兒島中央站
鹿兒島中央站	市內電車 6分鐘 ¥230	天文館通

←周末前屋台總會擠滿客人，好不熱鬧。

❶ 體驗地道氣氛的最佳地點
鹿児島屋台村

鹿兒島站前這個屋台村於2014年開幕，集結了廿多家不同的食店，有串燒、拉麵、黑豚餃子和鄉土料理等特色地道食物，若果周末的晚上過來，四周都是鬧哄哄一遍，美食的香味四溢，雖然大多店主都不諳英文，可是對外來的遊客都很是友善，大家可放心融入其中。

MAP 別冊 **M22 A-2**

地 鹿児島県鹿児島市中央町6-4
時 11:30-23:30
休 1月1日休(各店略有不同，詳見網頁)
網 www.kagoshima-gourmet.jp
電 (81)099-255-1588
泊 有(付費)
交 JR鹿兒島中央站東口
　 步行約5分鐘

❶a 八木男 [no.18]

店主用上大隅半島的地道食材：茶美豚、地雞、無農藥的野菜等，食客可放心食用，其中，店主推介的茶美豚是鹿兒島有名

的品牌豚肉，是用茶和木薯來飼養的，所以肉質帶甘鮮，比其他的豚肉有更多的維生素E，點了一客炸茶美豚和餃子鍋。酥炸的茶美豚，外層鬆化，內裡則保存了鮮嫩的肉質，豚肉味濃，而熱騰騰的餃子鍋配上新鮮野菜，湯底鮮甜又健康，在寒冬中很是溫暖。

時 11:30-14:00、17:00-23:30
休 每月第1及3個星期一

↑桜島美湯豚 ¥1,500

② 最熱鬧街道 天文館通

天文館通是鹿兒島市中心最大的購物區，又稱為明時館，在藩政時期曾作觀測天體曆法。現今的天文館通連同附近的文化通、にぎわい通り和はいから通り等數條街道，遊人可以找到特色的土產店、食店、咖啡廳、潮流衣飾、和菓子店和各式的雜貨小店，大家不妨花點時間尋寶。

→入夜後天文館通更見熱鬧

MAP 別冊 **M23 B-2**

地 鹿兒島市東千石町14-5	時 11:00-20:00(各店不同)
休 各店不同	網 www.or.tenmonkan.com
電 (81)099-225-1859	泊 有(附近有付費停車場)
交 鹿兒島中央站步行約15分鐘；市電天文館通站下車即到。	

↓造型有趣的五指襪 ¥1,000/3 對

↑店內全是女生的貼身小物

②a 女孩貼身小物
tutu anna

一間走可愛路線專營女孩們襪子、內衣和家居衣飾的店子，由基本的舒適家居服：睡衣、毛毛襪和短褲子到有點性感的內衣，最人氣的還是過百款式的襪子，有專為穿高跟鞋、靴子而設的特別款式，十分貼心，可以慢慢逛。

MAP 別冊 **M23 B-1**

地	鹿兒島縣鹿兒島市東千石町13-12
時	10:00-20:00
休	1月1日
網	www.tutuanna.jp/shoplist/detail/208
電	(81)099-222-1600
交	鹿兒島市電天文館通站步行約2分鐘

②b 買鹿兒島特產
池畑天文堂

這間主打縣內物產的小店，是遊人必到之處，內裡的特產品和零食有很多選擇：黑豚味噌、一夜干、西鄉隆盛燒餅、各式的燒酎和醬油等，價錢不貴，大家可在此入貨。

↑角落有一個架放了縣內有名的調味料

↑其中一款較特別的是 柚子味辣油 ¥700

MAP 別冊 **M23 B-1**

地	鹿兒島縣鹿兒島市東千石町14-5
時	10:00-19:30
電	(81)099-226-5225
交	鹿兒島市電天文館通站步行即達

317

裝修有點像卡通片中的古老城堡

↑瑪格麗特（マルゲリータ）
¥1,280
是以窯洞高溫烤製，是那不勒斯披薩的代表美食。

2c 走進時空交錯的魔法城堡 **居酒屋PINA**

踏入 PINA 感覺猶如走進了百年前的歐洲，磚石砌成的牆壁、鏽跡斑斑的大鐘、帶點歷史的牆壁刻畫……點了一客真鯛と岩のりの炊き込みご飯，它用上貴價的真鯛來焗，加上些岩鹽，帶出真鯛的鮮甜，魚的外皮帶焦香，鍋底的飯帶點飯焦香，是一道很令人欣賞的炊飯。而另一道溫菜バーニャカウダ，同樣用鑄鐵鍋，客人要趁鍋裡尚有餘溫時，加入小碟中的蒜蓉橄欖汁拌勻，很是惹味。

MAP 別冊 **M23 B-1**

地 鹿児島県鹿児島市東千石町8-12
時 17:00-02:00
電 (81)099-210-7739
交 鹿兒島市電天文館通站步行約5分鐘

店內有各式的和菓子，裝修也很舒適。

MAP 別冊 **M23 B-1**

地 鹿児島県鹿児島市呉服町1-1
時 09:00-19:00
休 1月1日
網 www.festivalo.co.jp/tenpo/
tenmonkan.php
電 (81)099-239-1333
交 鹿兒島市電天文館通站步行
約2分鐘

2d 可能是全九州最好味的蕃薯撻
天文館Festivalo
天文館フェスティバロ是售賣人氣和菓子蕃薯撻的總店，這裡的蕃薯是用鹿兒島有名的薩摩芋做，帶點甘甜，又香香的，面層燒得焦焦的，很受遊人歡迎。

→其中最人氣是這個唐芋
レアケーキ ¥1,250/5 個

店內的環境舒服

2e 私房feel的樓上café **Orto Kitchen**

這間位於天文館通的樓上 café，以木色為主調，坐近窗邊的位置，可看到天文館通繁華的街景。點了一客有機通菜意粉配沙律，味道清爽帶甜，和著意粉和豚肉吃，很清新。簡單的沙律有當造的南瓜和薯仔，是一個很健康的選擇。

MAP 別冊 **M23 A-1**

地 鹿児島県鹿児島市東千石町7-10第一米沢ビル2F
時 19:00-03:00 (L.O.02:00)
電 (81)099-227-0132
休 星期二；另有不定休
交 鹿児島市電天文館通站步行2分鐘

↗意粉較乾身，但勝在健康 ¥1,500 起

↑White Bear ¥920
屬店內 1 階的限定甜品。

←店內的白熊有多個變奏，當中以右邊的經典「白熊」（¥740）最受歡迎。

2f 天文館熊出沒注意？
天文館むじゃき

大白熊是店內的巨型刨冰，一大盤雪白的刨冰淋上香濃的煉奶和蜂蜜，再配上五彩繽紛的水果，刨冰很鬆軟，牛奶味也很香甜。

MAP 別冊 **M23 B-2**

地 鹿児島市千日町5-8
　 天文館むじゃきビル 2F
時 11:00-19:00
網 mujyaki.co.jp
電 (81)099-222-6904
交 市電天文館通站步行約5分鐘

3 在鹿兒島親親可愛樹熊 〔親子〕
平川動物園

平川動物園以非洲大草原做背景，由1984年起引入澳洲的樹熊開始人氣大升，當天看到的樹熊大都懶得趴在樹上睡覺，只是偶爾斜眼看看玻璃外的遊人，雖然它們較靜態，可是胖胖的樣子很惹人喜愛；園內另有超過141種動物：長頸鹿、犀牛、水豚、小熊貓和北極熊等，入口處亦有小型遊園地，內有數款機動遊戲。

MAP 別冊 **M22 B-2**

地	鹿兒島縣鹿兒島市平川町5669-1
休	12月29日至1月1日
網	hirakawazoo.jp
泊	有
交	JR谷山站前乘2號巴士約20分鐘，於平川動物園下車；鹿兒島中央站駕車約30分鐘

時	09:00-17:00（最後入園16:30）
金	大人¥500；中小學生¥100
電	(81)099-261-2326

↑大小朋友都玩得很開懷

↓如果剛巧碰到工作人員餵食，可以一睹動物們進食的有趣神情。

鹿兒島縣資料

4 得獎「熊襲鍋」
南洲館

黑豚餐廳在天文館找到不下數10間，可是要吃最好的就要來「南洲館」，因為其中一個菜式「熊襲鍋」曾獲2006年文化祭的美食大獎！吃「熊襲鍋」有點似打邊爐，先將鮮菜放在鍋中，然後把特選的黑豚肉放在菜上，吃法特別。入口的肉質較鮮嫩，黑豚在吸了湯底後，肉汁豐富，而蔬菜吸了豚肉的香味，帶點肉汁的香膩。

1. 把用鰹魚和野菜做的湯底加熱

2. 把野菜放在湯上

3. 將薄薄黑豚鋪在菜上

5. 吃完黑豚後，師傅會把拉麵極速撒在湯底，讓麵條吸收了豚肉精華後給客人享用。

↓ 使用最高級的「かごしま黒豚」，在發貨前60天飼餵飼甘藷（蕃薯）飼料，因此豬肉肉質具有獨特甜味。

MAP 別冊 M23 B-1
地 鹿児島県鹿児島市千石町19-17
時 11:00-14:00；17:00-21:30
網 www.nanshukan.co.jp
電 (81)099-226-8188
註 需於兩天前預約
交 市電朝日通站步行約5分鐘
休 不定休
泊 有

上山的路一片翠綠，同樣值得欣賞。

5 看盡市中心夜景
城山展望台

自駕遊MAPCODE 42036128*03

城山公園乃明治維新最後的決戰地，也是在南北朝時因建有山城而命名。登上這標高107米的小山丘，遊人可以盡覽鹿兒島市的全景，最佳的觀賞時間為黃昏日落、華燈初上的時段。

MAP 別冊 M22 A-1
地 鹿児島市城山町22
網 www.panorama-yakei.com/46/shiroyama/nightview/guide.html
交 市電水族館口站步行約8分鐘；前往櫻島的碼頭步行約1分鐘
時 24小時
泊 有

鹿兒島市

指宿市

WOW! MAP

仙巖園內四季有不同景緻

❻ 《篤姬》拍攝地天下名園
仙巖園

日劇
《篤姬》

仙巖園運用了中國庭院的建築，同時結合了日式庭院的設計，融合了中日的文化，而眼前的櫻島和錦江灣就像庭內的假山和池塘，人工的建築和大自然融和一體，難怪出名的連續劇《篤姬》也在這裡取景。遊人若參加御殿散策更可以嚐到傳統的抹茶和甜點。

↑ 園內的千尋巖，是由3,900 名工人雕刻而成。

仙巖園在春天的時候，一片青蔥。

MAP 別冊 **M23 A-3**

地	鹿兒島市本吉野町9700-1
時	09:00-17:00　　休 三月第一個星期日
金	庭園散策大人¥1,000、中小學生¥500；御殿大人¥1,500、中小學生¥750
網	www.senganen.jp
電	(81)099-247-1551　　泊 有
交	鹿兒島中央站駕車約20分鐘；市內循環巴士仙巖園站下車即到

---

❻ₐ 島津家的文化館藏
尚古集成館

集成館於幕末時代 (1923) 由第 11 代藩主島津齊彬所建，前身為西式工廠，現已變為有超過1 萬件展品的博物館，收藏著大炮、薩摩文化、昔日的機器工場和薩摩切子（玻璃製品）。

地	鹿兒島市本吉野町9698
時	08:30-17:30
金	大人¥1,000；中小學生¥500（和仙巖園共通）
網	www.shuseikan.jp
電	(81)099-247-1511
泊	有

❻ᵦ 舊鹿兒島紡織所技師館
異人館

建於 1867 年的異人館原為英國紡織所技師宿舍的洋樓，外型充滿西方建築的特色，在戰爭期間也曾擔當醫院、學校等用途。

↑ 異人館的外型帶點英式的味道。在日文中「異人」是解作外國人。

地	鹿兒島市本吉野町磯9865-15
時	08:30-17:30
金	大人¥200；中小學¥100
電	(81)099-247-3401
泊	有

WOW! MAP

（資料由客戶提供）

鹿兒島炸豬排炸物併盤一次過吃到夠
とんかつ黑田

在鹿兒島吃炸豬排的話，無論是豬里肌還是豬腰肉，還有各種不同口味的炸肉餅和炸物，也可一次過品嘗。作為炸物併盤定食專門店，對每樣質量都非常講究。黑豚肉經過一段時間熟成後，在低溫下悉心烹飪，麵包糠則由專業工廠開發。炸物併盤套餐會按各款炸物所需不同時間炸成，保證能在最美味的狀態下逐一品嚐每一道炸物。

▲精選鹿兒島產米在釜中煮成的白飯，店家使用三個不同的釜輪流煮飯，提供最新鮮煮好的白飯。

←炸物併盤(特上)
¥2,700
雞胸肉串燒、黑豬梅花肉、豬里肌肉、肉餅、是日炸魚、炸大蝦

MAP 別冊 **M22 A-2**

地 鹿兒島縣鹿兒島市中央町1-4牧ビル 1F
時 午餐11:00-15:00(L.O.14:30) 晚餐17:00-22:00(L.O.21:30)
休 星期三
網 www.instagram.com/tonkatsu_kuroda
電 (81)099-297-4333
交 JR鹿兒島中央站步行5分鐘

必試地道鹿兒島拉麵
鹿児島拉麵
我流風天文館本店

→黑豚拉麵 ¥1,400
把用作壽喜燒的黑豚腩，沾上鹿兒島醬油及味噌甜辣醬，帶出黑豚的滋味

WOW! COUPON 優惠

鹿兒島拉麵店「我流風」於1972年創業。店內的黑豚拉麵、餃子和烤叉燒拉麵等都非常受歡迎。除了麵和湯底很講究外，對肉類也非常重視。所有配料，包括黑豚肉和燒豬肉，都是即叫即煮，保持美味狀態。鹿兒島拉麵，配合肉類非常美味。烤豬肉每天花10小時製作，厚切口感更豐富。店舖深受當地和國內外旅客的喜愛。來到鹿兒島必試的地道拉麵。

↓黑豚餃子(5隻)
¥400
搭配拉麵絕佳

MAP 別冊 **M22 A-2**

地 鹿児島縣鹿兒島市東千石町14-3
時 11:00-22:00(L.O.21:30)
　 星期五六至24:00(L.O.23:30)
　 星期日至21:00(L.O.20:30)
休 不定休 電 (81)099-227-7588
交 市電天文通步行1分鐘

（資料由客戶提供）

↑黑豚香料咖哩 ¥450

とんかつ 黑田　　我流風天文館本店

走遠一點點

1 睡着了的活火山 **桜島**

不管你在市內任何角落，只要面向錦江灣，就不時看到櫻島火山的裊裊輕煙。櫻島可算是鹿兒島的象徵，距離鹿兒島只有4公里，目前還是一座日本少見的活火山，它是由北岳、中岳和南岳所組成，全島面積約有77平方公里。原本是一個孤島，後來在1914年爆發時，與大隅半島連起上來。島上有最大的蘿蔔、被火山岩埋沒的鳥居、散步道、遊客中心和足湯等，很值得大家乘渡輪到來遊玩。

MAP 別冊 **M23 B-3**

地 鹿児島県鹿児島市桜島
網 www.sakurajima.gr.jp
電 (81)099-223-7271(櫻島渡輪)
泊 有
交 鹿兒島乘市電在櫻島棧橋，步行約5分鐘到櫻島碼頭乘15分鐘船即到。

往來櫻島交通

| 鹿兒島中央站 | 🚃 市內電車 15分鐘 ¥170 | 水族館口 | 👣 步行 5分鐘 | 櫻島輪船碼頭 | 🚢 渡輪 15分鐘 ¥200 | 櫻島 |

8 踏單車休息站
溶岩なぎさ公園

溶岩なぎさ公園遊步道約長2.5公里，全程來回約90分鐘。可以通往鳥島展望台，沿路可以看到海岸，步道的終點為由火山爆發所形成的岩原。有時間的朋友可以當作健行。公園內有長100米的免費足湯。

足湯時間早上9時至日落

MAP 別冊 **M23 A-3**

地 鹿児島県鹿児島市桜島横山1722-3
泊 有 交 櫻島港步行約10分鐘

WOW! MAP

7 8

↗荒炊の定食(普通) ¥780
甜味的味噌汁，配白飯吃一流！

↑餐廳外的道之站可買到櫻島手信

↑客人可享錦江灣美景

→黑蒜¥1,300/60g

↑海鮮丼(普通) ¥880
另附有前菜及味噌湯。

⑨ 海鮮料理

道の駅たるみず

道之站內一間專門吃海鮮料理的餐廳。面對著優美的錦江灣醉人景色，一邊享用新鮮的刺身料理，真的是人生一大享受！當天點了海鮮丼，刺身用的鮮魚全是當天的捕獲，垂水產的間八魚的魚肉厚切而鮮嫩，帶有淡淡的魚香，又有豐盈的脂肪香，三文魚籽飽滿又帶鹹鮮。另點了一客荒炊的定食，用地道的味噌汁煮魚頭，帶出魚頭的鮮甜，肉質嫩滑，推介！

MAP 別冊 M23 A-3

地 鹿兒島縣鹿兒島市垂水市牛根麓1038-1
時 賣店 09:00-19:00; 餐廳 10:00-17:00;
　　溫泉 13:00-20:00
網 mitinoeki-tarumizu.com
電 (81)0994-34-2237
泊 有
交 櫻島港駕車約25分鐘

⑩ 特產店

道の駅桜島

想買櫻島特產？可以到櫻島道之站，這個道之站除了有當地的新鮮蔬果：島上最大的蘿蔔和最小的蜜柑。而櫻島的蜜柑更是出名清甜，也可試試用蜜柑造的雪糕。若果想將美味帶回家，可以買一些櫻島特有的調味汁醬、鮮製果醬、漬物等。道之站內也設有餐廳，大家走到累，可以在餐廳吃一餐用島上當造食材做的料理。

MAP 別冊 M23 A-3

地 鹿兒島縣鹿兒島市桜島橫山町1722-48
時 09:00-18:00
　　(餐廳10:00-14:00)
休 每月第3個星期一
網 www.megumikan.jp
電 (81)099-245-2011
交 櫻島港步行約5分鐘

9

10

WOW! MAP

指宿市
IBUSUKI

必見！
西大山站

離鹿兒島只有50公里的指宿，沿岸酒店不時都見到遊客悠閒的躺在沙堆中，體驗蒸氣砂浴，頭頂插着一把把色彩鮮艷的小傘，非常有趣。大家可以走到池田湖，在春天大片油菜花田中尋找傳說中的水怪。走累了，到唐船峽公園吃一碗名氣十足的流水麵，好不寫意啊！

往來指宿市交通

鹿兒島中央站	JR指宿枕崎線普通列車 1小時5分鐘 ¥1,020	指宿站
	JR指宿枕崎線普通列車 1小時17分鐘 ¥1,130	山川站

① 水怪出沒注意
池田湖

池田湖是九州最大的湖泊。在湖畔可看有薩摩富士山稱號的「開聞岳」，湖中有身長2米，直徑50厘米的大鰻棲息，一年四季湖畔都可看到七彩的花田－初春的油菜花和夏天的波斯菊等，湖畔可划船或垂釣。傳說湖中經常有鯉魚被剖開一半，令水怪傳聞越傳越盛！

→傳說池中有水怪

MAP 別冊 **M22 A-3**

地 鹿児島県指宿市池田湖畔　　時 自由參觀
網 www.ibusuki.or.jp/tourism/view/ikedalake
電 0993-26-2211(指宿市観光課)　泊 有
交 指宿站駕車約20分鐘；指宿站乘鹿兒島交通巴士約30分鐘後在池田湖站下車。

站內有大量特產品

② 坐擁池田美景
池田湖旅の駅

在池田湖散步時，大家記得到這個專為遊人而設的旅之站看看。店內有池田湖的天然紀念物－大鰻魚，為數約30條，最重的達20公斤。另一邊廂，大家可嚐到鹿兒島美食：黑豚麵、黑豚咖喱、鰻魚定食及流水麵等。餐廳隔鄰的直賣店有出售薩摩啤酒、漬物、木梳子及當地的小食。

MAP 別冊 **M22 A-3**

地 鹿児島県指宿市池田中濱5268
網 ikedako-paradise.com
時 08:30-17:30
電 (81)0993-26-2211　泊 有
交 指宿站駕車約20分鐘；指宿站乘鹿兒島交通巴士約30分鐘後在池田湖站下車。

→其中一款是黑豚的鼻屎！

③ 貼心足湯
JR指宿站足湯

由鹿兒島搭乘JR枕崎線來指宿的遊人，只要一出指宿車站，就會看到這個站前足湯溫泉，它自2006年起開設，是無色無味的鹽化泉。當天所見不少等車的遊客都趁空檔泡一泡。

站外的足湯最適合候車時享受一番

↑溫泉蛋 ¥50/隻
足湯旁有售賣溫泉蛋，敬請自律入錢。

MAP 別冊 **M22 B-3**

地 鹿児島県指宿市湊1
時 08:00-末班車
交 JR指宿站步行約1分鐘

1

2

3

WOW! MAP

④ 打卡必到最南端之站
西大山駅

西大山是指宿線的無人站，它出名是因為這是日本最南端的車站，小小的車站可遠眺開聞岳，站前有一個精緻的黃色小郵筒，遊人大多在站前打卡，又或到路旁的小店買一張到此一遊的「JR日本最南端の駅到著証明」。最有趣的是站旁長期有一個小攤檔，放著黃色小郵筒的模型售賣！

一早已有不少遊人到來拍照

這個受歡迎的黃色郵筒是真的可以寄信的

MAP 別冊 **M22 A-3**
地 鹿児島県指宿市山川大山602
電 (81)0993-34-0132
泊 有
交 JR指宿站乘約17分鐘到西大山站，下車即到。

↑全店每到午飯時間定必滿座，門外亦見人龍。

⑤ 九州拉麵賽賣量第一
麵屋二郎 指宿站前店

好食 編者推介

麵屋二郎曾於九州的拉麵大賽中，是賣量的第一位！店內以單人座的吧枱為主，座位只要有十多個。午餐點了一客指宿豚骨拉麵，拉麵甫上枱已聞到濃香的豚骨湯，半生的拉麵很有彈性，豚肉燒得焦香，美味得連湯也喝盡呢！

→指宿豚骨ラーメン¥850

MAP 別冊 **M22 B-3**
地 鹿児島県指宿市湊1-9-16
時 11:00-16:00；18:00-02:00(café飲品至17:00)
休 星期二 網 www.menyajiro.com
電 (81)0993-26-4358 泊 有
交 JR指宿站步行約2分鐘

---

⑥ 自古守護薩摩的漁業
枚聞神社

鮮紅的色調很搶眼

枚聞神社位於開聞岳山麓，不論門神、鳥居或拜殿都是以鮮艷的紅色為主，自古以來就保佑交通安全及漁業興盛，至今也有很多從事漁業的居民前來參拜。

MAP 別冊 **M22 A-3**
地 鹿児島県指宿市開聞十町1366
時 自由參觀；寶物殿08:00-17:00
金 免費；寶物殿¥100 電 (81)0993-32-2007
泊 有 交 JR開聞站步行約10分鐘

WOW! MAP

4

5

6

7 指宿特色另類溫泉
砂蒸会館砂樂

來到指宿當然要試試當地特有的砂蒸溫泉。館內利用摺ヶ浜海岸湧出的溫泉，透過地熱令沙灘的砂發出高溫，客人只要穿上浴衣隨意躺在沙上，服務員就會用沙將身體蓋住，大約10至15分鐘感到冒汗就起身，之後大家可以繼續享受室內大浴場或沐浴休息。

MAP 別冊 **M22 B-3**

地	鹿児島県指宿市湯の浜5-25-18
時	08:30-21:00
休	不定休
金	大人¥1,500、小學生以下¥1,000（包浴衣）
網	ibusuki-saraku.jp
電	(81)0993-23-3900
泊	有
交	指宿站乘鹿兒島交通巴士約3分鐘後在砂むし会館站下車；指宿站駕車約3分鐘

8 當地有名流水麵 好食 編者推介
唐船峡そうめん流し鱒乃家

餐廳四周被庭園包圍，環境清幽，用餐時客人只要把一小撮的流水麵放於在「迴轉流水麵機」，待麵條在水機上轉數圈後，把筷子放在水中，滑滑的麵條便會掛在筷子，然後將麵條沾上醬油，配上蔥花和芥末，又滑又冷的麵條很是爽口，清清涼涼，很是美味。

A定食¥1,810
（包了流水麵、岩燒鮎魚和飯團）

窗外綠意盎然

MAP 別冊 **M22 A-3**

地	鹿児島県指宿市開聞仙田80
時	夏11:00-22:00(L.O.21:00)冬11:00-15:00(L.O.14:30)
網	www.masunoya.co.jp
電	(81)0993-32-2084
泊	有
交	JR指宿站駕車約25分鐘；池田湖駕車5分鐘

WOW! MAP

7   8

↑站外有電動單車租借

↑道之站內可一次過買齊指宿特產品

❾ 早上趁墟
道の駅山川港活お海道

這間在09年4月開設的產物館，每朝的8時半至11時在店外約有10檔的朝市，售賣當地新鮮的海鮮、即炸的薩摩雞、生曬的鰹魚和漬物等。而店內也有鹿兒島出產的工藝品、加工食品、蔬果和特產；逛到累也可以到「鶴の港」餐廳吃一回刺身定食或壽司定食，喜歡熱鬧的朋友一定like！

新鮮的海產及曬乾的海產，買乾貨也是不錯的手信。

MAP 別冊 M22 A-3
- **地** 鹿児島県指宿市山川金生町1-10
- **時** 08:30-17:30；食堂11:00-15:00
- **休** 每月第3個星期三
- **網** io-kaido.com
- **電** (81)0993-27-6507
- **泊** 有
- **交** JR山川站下車轉乘的士約5分鐘

❿ 最南端的動物公園
長崎鼻パーキングガーデン

這個距離花卉公園只有300米的長崎鼻公園是薩摩半島最南端的動物公園，早於1966年已經開園，園內共有95種動物－松鼠、黑猩猩和金剛鸚鵡等，每天都有動物表演。

MAP 別冊 M22 A-3
- **地** 鹿児島県指宿市山川岡兒ヶ水1571-1
- **時** 08:00-17:00
- **金** 大人¥1,200、4歲以上¥600
- **網** nagasakibana.com
- **電** (81)0993-35-0111
- **泊** 有
- **交** 在JR指宿站或山川站，搭乘鹿兒島交通巴士（約34分鐘/約22分鐘）在長崎鼻下車。

⓫ 繁花似錦 指宿花卉公園
鹿兒島の公園

花卉公園佔地36公頃，一年四季都開滿色彩豔麗的花卉。園內設有室內庭園、花之迴廊、蝶之館、展望迴廊等不同主題。公園佔地甚廣，持有國際車牌的朋友可租借高爾夫球車輕鬆遊園。在門口的小賣店，有不少的手信和有關水果的特產品售賣，遊人臨走記得買些完熟的芒果布丁回家！

MAP 別冊 M22 A-3
- **地** 鹿児島県指宿市山川岡兒ヶ水1611
- **時** 09:00-17:00(最後入場16:30)
- **休** 12月30日-12月31日
- **金** 大人¥630、中小學生¥310
- **網** www.fp-k.org
- **電** (81)0993-35-3333
- **泊** 有
- **交** 在JR指宿站或山川站，搭乘鹿兒島交通巴士（約33分鐘/約21分鐘）在フラワーパーク(Flower Park)下車。

↑在秋天時份可看到遍地太陽花

WOW! MAP
 9
 10
 11

⑫ 絕景露天風呂
ヘルシーランド露天風呂

HEALTHY LAND是一個綜合的溫泉保養中心，來館的大多是區內居民。中心內有多種溫泉，最多人享受的當然是露天風呂，分和式及洋式的露天風呂，和式的露天風呂可看到雄偉的開聞岳，逢奇數日為女浴，偶數日則換為男浴。室內的大浴場很多元化，有氣泡池、桑拿浴和按摩池。浸完溫泉不妨到中心的餐廳「地熱の里」吃個豐富的定食！

かつおのタタキ御膳 ¥1,660 炸蝦天婦羅香口鬆化。讚！

MAP 別冊 **M22 A-3**

地 鹿児島県指宿市山川福元3292 時 09:30-19:30 (最終入場19:00)
金 大浴場大人¥340、小學生以下¥170；露天風呂大人¥510；小學生以下¥260
網 ppp.seika-spc.co.jp/healthy 休 星期四 電 (81)0993-35-3577 泊 有
交 JR山川站下車，轉乘的士10分鐘在Healthy Land下車。

↑站外也設有燒雞串 ¥200

⑬ 道之站指宿
彩花菜館

特產品款式多，價錢也不貴。

大家要留意這個雖是叫指宿道之站，卻不是在JR指宿站步行可到之距離，若果各位由鹿兒島駕車往指宿，很適合作為中途休息站。站內有新鮮的麵包、曬乾的柴魚、當地種植的蔬果，站外設有涼亭和展望台，自駕遊的朋友不妨一到。

MAP 別冊 **M22 A-3**

地 鹿児島県指宿市小牧52番地4
時 09:00-17:30
電 (81)099-327-9022
休 5月、8月第一個星期三、1月1日
泊 有 網 michinoeki-ibusuki.jp
交 指宿站駕車15分鐘

12 13

WOW! MAP

走遠一點點

溫泉鄉 霧島

第一次聽霧島還以為是一個瀰漫霧氣的小島，來到卻發覺是深山中的一個溫泉鄉，被綠林包圍的小天地。在這裡遊人可以到高千穗牧場和小動物渡過寧靜的下午。

往來霧島交通

鹿兒島空港	機場巴士 1小時42分鐘 ¥660	霧島丸尾溫泉
鹿兒島中央站	JR 1小時 ¥1,550	JR霧島神宮站
宮崎站	JR豐山本線 特急きりしま 1小時20分鐘 ¥4,330	

14 當地最大神社

霧島神宮

距離JR霧島神宮站約5公里的霧島神宮，是南九州最大的神社，同時為霧島地標。神社中祭祀着日本傳說的開國之神「瓊瓊杵尊」。舊社格為宮幣大社，起初在欽明天皇時代建於高千穗峰，後因逃避火山爆發輾轉遷到現在地。

MAP 別冊 **M24 A-3**

地網交 鹿児島県霧島市霧島田口2608-5
kirishima-marche.com
JR霧島神宮站下車，轉乘林田巴士約13分鐘在霧島神宮站下車步行約5分鐘；或鹿兒島空港駕車約35分鐘

時 08:30-18:00
電 (81)0995-78-4001
泊 有

15 溫泉街休息站

霧島溫泉廣場

廣場內有霧氣騰騰的木蒸箱，內裡有人氣溫泉蛋、粟米和溫泉饅頭售賣，不少遊人在溫泉街閒逛時都會光顧一下。隔鄰就是霧島觀光中心。溫泉廣場內有一個小型的溫泉池，遊客可以先在店內買些溫泉蛋，然後在場內的溫泉池自己溫熱來吃，又或到收費的「湯けむりの里・足湯」讓雙腳享受一下。

MAP 別冊 **M24 A-1**

地 鹿児島県霧島市牧園町高千穂3878-114
時 08:30-18:00(各店略有不同)；足湯09:00-17:00 金 免費；足湯¥100/人
電 (81)099-578-4001 泊 有 網 kirishima-marche.com
交 JR霧島溫泉站下車，轉乘林田巴士約30分鐘在丸尾站下車步行約1分鐘；或鹿兒島空港駕車約28分鐘

WOW! MAP

14　　15

神話館的展望台

↑公園內有一架木火車，小朋友可在車上盡情塗鴉。

園內有小火車，大小朋友都可輕鬆遊園。

16 非一般的道之站
霧島神話の里公園

這裡除了是道之站霧島外，也是家庭同樂的遊樂園。園內有外型可愛的小火車，遊人可以坐在小火車上漫遊，又或坐遊覽吊車上霧島山，看看櫻島和錦江灣的美景。

MAP 別冊 **M24 A-3**

地	鹿児島県霧島市霧島田口2583-22
時	09:00-17:00
金	免費；特別設施另外收費
網	shinwanosato.jp
電	(81)099-557-1711 泊 有
交	在霧島神宮前乘林田巴士5分鐘後在橫岳前下車步行3分鐘；或鹿兒島空港駕車40分鐘

↑山丘上有其他的遊玩設施，也設有足湯。

MAP 別冊 **M24 B-3**

地	鹿児島県都城市吉之元町5265-103
時	4月-10月09:00-17:30；11月至3月09:00-17:00
休	12-3月第1及第3個星期二(如遇假期則改星期三休)、不定休
金	免費；體驗費另計
網	www.takachiho-bokujou.co.jp
電	(81)098-633-2102 泊 有
交	在霧島神宮前乘宮崎交通巴士約7分鐘在高千穗牧場站下車步行約3分鐘；或鹿兒島空港駕車約40分鐘

親子

17 賞櫻秘景 高千穗牧場

在霧島著名的高千穗牧場佔地40多公頃，在春天櫻花盛開的季節會看到淡粉紅一片，綿羊在牧場內的青草地上散步吃草，小朋友看到會忍不住走上前追趕，或擠在牠們身邊拍照。

16　17

miyazaki ken
宮崎縣

往來宮崎縣交通

鹿兒島中央站	JR 特急きりしま 約2小時25分鐘 指定席 ¥2,530	
博多巴士中心	巴士 約4小時29分鐘 ¥4,630	JR 宮崎站
熊本交通中心	巴士 約3小時35分鐘 ¥4,720	

面 向太平洋的宮崎縣洋溢着亞熱帶的異國風情，最令人期待的是春季日南海岸子供の國的花卉盛會；情侶或女士們都會到鵜戶神宮，祈求好姻緣；喜歡Shopping的又可以在市中心橘通買個夠；自駕遊的朋友可以在秘景綾の照葉大橋上看原始森林；甚至在夜間一探高千穗神社的夜神樂。宮崎縣的不同面貌就等着你來探索。

宮崎縣旅遊資料

來往宮崎縣的交通

由宮崎站至鹿兒島中央站搭乘 JR 霧島號需時約 2 小時 5 分鐘，而搭乘鹿兒島中央站前的高速巴士則要約 3 小時 30 分鐘，同時熊本也有高速巴士來往宮崎縣。

■ JR 霧島號　網 www.jrkyushu.co.jp

JR 霧島號每天平均有 20 班列車來往鹿兒島中央站至宮崎站，全程約 2 小時 5 分鐘，單程費用 ¥4,330。

■長途巴士

福岡至宮崎 網 www.miyakoh.co.jp/bus/express/phoenix.html

由福岡博多巴士中心乘約 4 小時 19 分鐘就會到達宮崎站 (需要預約)，單程 ¥6,000。

宮崎縣內交通

■宮崎市至日南海岸

JR

由宮崎站搭乘JR到青島站約要30分鐘，單程為¥380；若要到子供の國，就要在子供之國下車站，約26分鐘車程，費用同樣是¥380。

網 www.miyakoh.co.jp/bus/rosen

巴士

如果由宮崎市中心乘巴士往日南海岸，可以參考以下的時間表，由宮崎站開出，途經橘通、青島、鵜戶神宮等觀光地。

■宮崎市至綾町

JR

乘JR由宮崎站到小林站，然後才轉的士到えびの高原和生駒高原。JR全程約1小時48分鐘，單程¥1,680。可是時間和巴士相比下較長，也要轉線。

■ 宮崎縣節日

時間	節日	內容	地點
1月第二個星期日	青島神社裸まいり	有關山幸和海幸的故事，在神社前的海邊祈禱。	青島神社
3月中旬至5月	宮崎花博	春天花盛開，到處都有各式的慶祝活動。	宮崎縣內各地
4月上旬	宮崎神宮流鏑馬	扮成鎌倉武士的射手一邊騎馬，一邊射箭。	宮崎神宮
10月下旬	宮崎神宮大祭	縣內最大型祭典，有神賑隊和御神幸表演。	宮崎市
10月下旬	綾照葉樹林馬拉松	有5,000位以下市民參加馬拉松	綾町
11月下旬	高千穗神社夜神樂祭	由早上到晚上在境內公開表演共33場神樂	高千穗神社

觀光資料

綾町觀光役場

提供綾町的觀光、天氣、交通和住宿資訊。（日文）

網 www.town.aya.miyazaki.jp/

宮崎縣觀光情報

有島上的水上活動、觀光、交通、節日、食宿及店舖資訊。（日文、中文及英文）

網 www.kanko-miyazaki.jp/

高千穗觀光協會

提供觀光、溫泉、土產、店舖、交通和夜神樂等資訊。（日文）

網 takachiho-kanko.info/

宮崎市
Miyazaki Shi

必見！
橘通り

市內雖然沒有一鳴驚人的摩天建築、沒有刻骨銘心的博物館、也沒有樂而忘返的主題樂園，但你會看到充滿庶民氣息的橘街道、路邊懷舊的玩具店、偶爾經過帶點凌亂的雜貨店、傳出陣陣燒烤香味的小店，再走進簡約的衣飾店，最後在一間偏愛的Café，坐下來細味這個旅程的中途站。

往來宮崎市交通

熊本交通中心		高速巴士 なんぷん号 約3小時35分鐘 ¥4,720	
博多巴士中心		產交巴士 約4小時22分鐘 ¥4,630	**宮崎站**
JR熊本站	新幹線 約56分鐘 ¥6,540	**JR 鹿兒島中央站**	特急きりしま号 約2小時36分鐘 指定席 ¥2,530
			高速巴士 はまゆう号 約4小時2分鐘 ¥5,490

❶ 日夜皆宜
橘通り

這條距離宮崎站西口只有15分鐘步程的橘通，是宮崎市的主街，長約1.8公里的街上有百貨公司、酒店、餐廳、Café和特色小店，部份食肆更營業至深夜，就算凌晨走在街上也有不少食店可以選擇。

MAP 別冊 **M25 A-2**

地 宮崎縣宮崎市橘通東3
交 JR宮崎站步行15分鐘

雞肉嫩滑，肉質也Juicy，加¥50配柚子醬，味道出奇地夾，感覺沒有那麼熱氣！

鐵板燒宮雞
¥1,525（小）
師傅先將雞胸肉放在炭爐上燒，再用燒板上枱。

↑ **プレモル（生啤）¥660**
特製的啤酒杯加上獨特的倒酒方法，令啤酒泡綿密細緻，被譽為「神泡」。

↑ 店內裝潢以和式風格為主

地 宮崎縣宮崎市中央通8-12
時 17:00-00:00(L.O.23:30)
網 www.gunkei.jp
電 (81)0985-28-4365
交 JR宮崎站步行約15分鐘；JR宮崎站乘宮崎交通巴士在橘通3丁目站步行約10分鐘

好食
編者推介

❶ᵃ 炭火燒宮崎雞　ぐんけい隱蔵

這間位於橘通的「軍雞隱蔵」最出名的是鐵板燒宮崎雞，香味十足，店家主力是利用雞的不同部位來烹調，除了功架十足的炭火燒雞外，也有串燒和其他沙律，想試新菜式的朋友，也可以點一個生雞刺身！

WOW! MAP
1

很適合大班朋友暢飲

↑個人很喜歡的赤海老のバケツ盛り

1b 夜貓好去處
みやざき晴夜居酒屋
抵食 編者推介

みやざき晴夜居酒屋地方乾淨企理，當晚點了一客宮崎牛の藁燒きたたき，是用稻草烤成的宮崎牛，三成熟的宮崎牛，外層帶點焦香，內裡的肉質還是粉紅色的嫩紅，嫩而滑的口感沾上醬汁，令人一吃上癮；另一款是赤海老のバケツ盛り，大大隻的赤蝦，用鹽烤得香香的，又嫩又鹹香，好食！再來一客ちきん南蠻，炸得酥脆的雞件，沾上開胃的他他汁，很是滋味。若果尚未夠飽，再來一個雞油飯，飽滿的飯粒吸收了雞油香膩的味道，令人非常滿足。

地	宮崎県宮崎市橘通西3-1-14 ラルーチェビル1F
時	17:00-23:30（LO.23:00）
網	miyazakihareruya.owst.jp
電	(81)0985-64-9003
交	JR宮崎站步行約15分鐘

1c 自家製麵 麵屋勝水
抵食 編者推介

尚未踏入店內已被門前的大燈籠和自家製麵的招牌吸引。店內格局有點像居酒屋，有吧枱及榻榻米兩種座位。主打野菜餃子，餡料是切得細碎的菜絲，蘸上醬油，很香口。此外，採用豐腴豬製作的拉麵「背脂ドロトンらーめん」也甚具人氣。

野菜餃子 ¥490
煎得剛剛好，抵食！

↑環境坐得舒服

↑背脂ドロトンらーめん ¥790

地	宮崎県宮崎市橘通西3-3-33
時	11:00-15:00、17:30-23:00
休	星期日
電	(81)0985-28-7878
交	JR宮崎站步行15分鐘；或JR宮崎站乘宮崎交通巴士在橘通3丁目站步行3分鐘

天婦羅烏冬 ¥429 烏冬很彈牙，抵食！

1d 創業30年宮崎人氣烏冬
きっちょう 橘通店

きっちょう位於熱鬧的橘通，全店只賣烏冬，價錢只由數百円起。清甜的湯頭配上多款的天婦羅、雞蛋或炒牛肉等，烏冬彈牙滑口；如果夏天到來，也可試試夏季限定的冷烏冬，更是爽滑。

MAP 別冊 M25 A-2

地 宮崎県宮崎市橘通西3-3-27 宮崎アートセンタービル1F
時 06:00-00:00
網 www.kitchouudon.com
電 (81)0985-26-8889
交 JR宮崎站西口步行約12分鐘

2 手信特產一次過
宮崎物產館

遊人可以一次過買齊宮崎的特產品：西都市產的柚子胡椒，可以用來沾黑豚肉、宮崎最出名的地雞肉、炭火燒地雞、日向夏的果子布丁、宮崎的芝士蛋糕等，大多價錢實惠，若果想買些特別的，也可以選擇燒酎或薩摩切子等，包你一定揀到心頭好送給朋友！

→ 店內不時有本土工藝品展覽，圖為「佐土原燒展」。

MAP 別冊 M25 A-2

地 宮崎県宮崎市宮田町1-6宮崎県庁8号館1F
時 09:00-18:00
網 www.m-tokusan.or.jp
電 (81)0985-22-7389
泊 有(付費停車場)
交 宮崎縣廳隔鄰步行約1分鐘

WOW! MAP
2

店子其實有一半是販賣新鮮當造水果的

→超大粒的宮崎產士多啤梨 ¥1,000

③ 三十多年新鮮水果製的甜品店

フルーツ大野

創業於昭和57年的大野水果是宮崎市內有名的甜品店，店門前放滿新鮮的水果，點了一客熱帶水果聖代：上層鋪滿士多啤梨、芒果、菠蘿、提子、火龍果、山竹和紅毛丹等，中間滿是忌廉蛋糕，兩種層次的甜，口感豐富。

↑フルーツ大野01＞フルーツパフェ(Fruit Parfait) ¥990

↑巨型的トロピカルパフェ ¥1,580

MAP 別冊 **M25 A-2**

地	宮崎県宮崎市中央通1-22 ばんぢろビル 1F
時	11:00-22:00
網	www.miyazaki-fruit-ohno.com
休	星期日
電	(81)0985-26-0569
交	JR宮崎站步行約15分鐘

↑縣廳仿似一間五星級的酒店般

MAP 別冊 **M25 A-2**

地	宮崎市橘通2-10-1
休	公眾假期及年末年始
電	(81)0985-26-7111(窗口案內電話)
交	JR宮崎站步行約20分鐘；JR宮崎站乘宮崎交通巴士在橘通2丁目站下車，步行約5分鐘
時	09:00-17:00
網	www.pref.miyazaki.lg.jp

④ 人氣新景點

宮崎県庁

宮崎縣廳為什麼會變成人氣景點？全因前宮崎縣成知事為日本搞笑藝人東國原英夫，他致力推動宮崎縣的旅遊事業，到處都可看見其畫像及卡通肖像，於是大家愛屋及烏，連帶他工作的地方也成為觀光景點之一！

WOW! MAP

3 4

日南海岸

Nichinan Kaigan

必見!
鵜戸神宫

這 片面向太平洋，陽光滿瀉的日南海岸，是九州全年擁有最多晴天的地方。當遊人忙着在サンメッセ日南和MoriMori像拍照、擠在兒童王國和鮮花爭妍鬥麗，你可以選擇悠閒地在道之站吃一口橘子冰淇淋，體會到樂活的真締！

往來日南海岸交通

| JR宮崎站 | 🚌 鉄肥至油津巴士
約1小時21分鐘 ¥1,510 | サンメッセ日南 |
| | 🚃 JR日南線(志布志/油津方向)
約28分鐘 ¥380 | JR 青島站 |

鵜戶神宮沿海而建，前往神社階梯的最高點是拍攝這個絕景的最佳位置。

↑ 神宮建在石洞中

① 隱藏大石洞中的海神廟

鵜戶神宮

要往鵜戶神宮朝拜首先要走過815級石梯，這是全日本唯一一座建於洞穴中的神宮，人們自古以來在此祈求漁業、航海、安產，據說這座神宮是山幸彥以鵜羽為妻子豐玉姬命建造的產房，所以不少當地人也稱之為情人廟。

↑ 不少遊客都會買運玉來投擲，測試自己的運氣。

MAP 別冊 **M26 B-2**

地	宮崎縣日南市大字宮浦3232
時	07:00-18:00；4月至9月06:00-19:00
網	www.udojingu.com
電	(81)0987-29-1001
泊	有
交	JR宮崎站乘宮交巴士往日南方向約1小時20分鐘後， サンメッセ日南下車；JR宮崎站駕車約50分鐘

↑「投擲運玉」是神社最有名的祈福活動，據說只要把邊許願邊投擲（男左手、女右手）運玉，並投進「靈龜石」的小坑裡，願望即可實現。

→買玉處

WOW! MAP

343

1

↑站在展望台上仿似站在海中央

↑炸黑豚咖喱飯 ¥1,000
黑豚很鬆化，咖喱亦香口，必試！

② 地中海風情
サンメッセ日南 📷SNAP

主題公園內這7尊背海而立的巨型雕像，是獲得15,000公里以外智利復活節島正式授權複製的Moai Moai像，每個高5.5米，重18噸，每座都代表不同的意思。觀察所得最多人摸的當然是代表財富(右邊第二座)，以及增加愛情運的Moai(左邊第三座)，最有趣的是遊人不甘於用手摸摸他們，而是熱情着緊地抱着它們合照！

MAP 別冊 **M26 B-2**

地	宮崎縣日南市大字宮浦2650
時	09:30-17:00 **休** 星期三
金	大人¥1,000、中小學生¥700、4歲以上¥500
網	www.sun-messe.co.jp
電	(81)0987-29-1900 **泊** 有
交	JR宮崎站乘宮交巴士往日南方向約1小時20分鐘後，サンメッセ日南下車；JR宮崎站駕車約50分鐘

鬼の洗濯板圍繞青島沿岸約8公里的海岸線。

③ 自然奇景
鬼の洗濯板

自駕遊MAPCODE 843103 745 *41

走近鬼の洗濯板可看到烏黑的岩石上滿佈一個個圓形坑洞，它們是經過1,500至30,000年的海水侵蝕而成的海成岩，站在高處看就像洗衫板一樣。

↓日落時份與珠紅色的青島神社合影，份外漂亮。

MAP 別冊 **M26 B-1**

地	宮崎縣宮崎市青島
網	www.miyazaki-city.tourism.or.jp/spot/10137
電	(81)0985-21-1791 **泊** 有
交	JR青島站步行10分鐘；宮崎市駕車約35分鐘。

↑寫上「鴨就宮」的神門牌匾

神社亦有特別的祈願方法

遊人會把願望寫在人型紙上，默想後向人型紙吹一口氣，再把它放進旁邊的水盆中，然後逐分逐分的把水灑在紙上，它會漸漸溶解在水中。而神社的員工每隔一段時間就將水倒進大海，讓神明知道大家的願望，這樣願望便會實現了！

沿路會走過一條掛滿繪馬的橋

4 求愛情秘法 青島神社

青島神社有名是因為它有關愛情的神話故事：山幸彥為了要找回丟在海中的釣魚針，於是在海中不停尋覓，並得到海神的幫助，最後還娶了海神的女兒－豐玉姬做妻子，過着幸福的生活，所以不少的新婚夫妻都會來青島神社祈求婚姻美滿。

↑經過彌生橋即可看到極有氣氛的大燈籠

MAP 別冊 **M26 B-1**

地	宮崎県宮崎市青島2-13-1
網	aoshima-jinja.jp
電	(81)0985-65-1262
泊	有
交	JR青島站步行約10分鐘

5 看看雲 聽聽海
道の駅フェニックス

站內有展望台、小賣店和特產館。不少自駕遊朋友都會買一個橘子冰淇淋坐在3樓的露天展望台，靜靜感受這個充滿南國風情的國度。

MAP 別冊 **M26 B-1**

地	宮崎県宮崎市内海381-1
時	物產館 09:00-17:00、餐廳 11:00-15:30(L.O.14:30)
網	michinoekiphoenix.jp
電	(81)0985-65-2773
泊	有
交	JR宮崎站乘宮交巴士約1小時3分鐘後，道の駅「フェニックス」下車；宮崎市駕車約38分鐘；堀切峠步行約10分鐘

綾町・えびの高原・生駒高原

Aya-cyou・Ebino Kogen・Ikoma Kogen

必見！綾の照葉大吊橋

條長205米，離地142米的佇立在森山中的照葉大吊橋令原本寧靜的綾町，瞬間熱鬧起來，據統計每年大約會有120萬遊人到訪綾町。去完綾町，順道去到えびの高原和生駒高原，這兩個高原是賞花的好地方，由春季到秋季都令遊人趨之若鶩。

往來綾町・えびの高原・生駒高原交通

出發地	交通		目的地
JR宮崎站	宮交巴士 約55分鐘 ¥1,250		**綾待合所**
鹿兒島空港	自駕 約1小時40分鐘		**綾の照葉大吊橋**
宮崎站	自駕 約48分鐘		
JR小林站	巴士 *季節運行 約7分鐘 ¥200	**生駒高原**	巴士 *季節運行 約31分鐘 ¥1,090	**えびの高原**

① 一步一驚心
綾の照葉大吊橋

不要以為在綾町深山好難找到驚險刺激的玩意，只要你走在這條離地142米，長250米的照葉大吊橋，站在橋中央，你就可透過鐵絲網看到腳下綾川溪谷的風景，開始走時或者你會步步為營，其實只要鼓起勇氣走到橋中央，習慣了走在橋上的步伐，然後放眼四周，就可以感受到彷彿凌空駕起，享受被四周茂密的綠林包圍的感覺。

↑ 走過照葉大吊橋後，可以到照葉樹林文化館參觀

MAP 別冊 **M27 A-1**

地 宮崎県東諸県郡綾町大字南俣5691-1	金 ¥350
時 08:30-18:00(10月至3月08:30-17:00)	泊 有
電 (81)0985-77-2055	
交 在宮交巴士總站乘巴士，在綾待合所下車轉乘的士約15分鐘。	

↑ 花之歌內也有高原的特產手信
→ 當天的油菜花田令人置身花海

MAP 別冊 **M27 B-3**

地 宮崎県小林市南西方8565
時 09:00-17:00
金 大人及中學生¥600；小學生¥100
網 www.ikomakougen.com
電 (81)0984-27-1919
泊 有
交 在JR宮崎站駕車約1小時；在宮交巴士中心乘巴士約1小時40分鐘後在生駒高原下車即到。

② 高原美景 生駒高原

生駒高原是一個標高約500米被霧島群山包圍的廣闊山丘。遊人可自駕到這花之站，在這個佔地16萬平方米的高原，全年都可欣賞到不同季節的花卉：杜鵑、罌粟、油菜花、波斯菊、太陽花和最多人期待的薰衣草等。高原中的花之茶屋以霧峰山作背景，也是賞花最漂亮的角度，很多遊人都來一邊喫茶，一邊享受大自然美景。

WOW! MAP

1　　2

↑園內有溫泉設施，大家玩樂過後可以輕鬆一下。

MAP 別冊 **M27 A-2**

❸ 集玩樂體驗於一身

蔵元綾 酒泉の杜

綾町的酒泉之杜是一個結合了體驗、住宿、玩樂的複合式主題區，園內設有葡萄酒釀造所、杉田製菓、餐廳、小食店、溫泉設施和手信店等。

地	宮崎県東諸県郡綾町大字南俣 1800-19
時 休	09:30- 16:30(各設施略有不同) 各設施不同
網	kuramoto-aya-shusennomori. jp/shisetsu
電	(81)0985-77-2222
交	宮崎站(2號乘車場)乘九州巴士約 58分鐘，於酒泉の杜下車

↑あら炊き定食(鯛) ¥1,265

時	10:30- 15:00
網	kuramoto-aya-shusennomori. jp/restaurant/syouyouan.html
電	(81)0985-77-2222

❸a 照葉庵

午餐時份走照葉庵，店內環境明亮舒適，試了一客綾籠膳。綾籠膳有茶碗蒸、肉卷、蒸蛋、料理長每人嚴選的炸物和前菜，款式多樣而精緻。

↓店內環境寬敞

---

❸b 綾自然藏見學館

到這裡參加酒造見學就可以了解到酒是怎樣釀製的，約一小時的過程中，遊人可以知道釀酒的原材料是什麼、原料處理、蒸餾、過濾、存放到包裝等過程。當然結束時還可以試飲到各式酒品呢！

木桶蒸餾機

時	10:00- 15:30
休	星期一、年末年始
電	(81)0985-77-3737
註	見學時間10:30、14:30 預約網站：aya-sizengura- kengakukan.jp/entry

↑原料處理過程

→免費試飲

4 享受滑雪樂趣
えびの高原

自駕遊MAPCODE 376416242*55

由生駒高原駕車約30分鐘，就會來到霧島深山中的えびの高原，春季到秋季都可看到遍地開滿不同季節的花朵，遊人可沿着步道欣賞高原的生態，冬天亦會開放作滑雪場，很受一家大小歡迎。

MAP 別冊 M27 A-4

地 宮崎県えびの市大字末永1495　**泊** 有
交 在JR宮崎站駕車約1小時20分；在宮交巴士總站乘巴士在えびの高原下車。

4a 足湯之站

在えびの高原看花滑雪後，大家可以來到足湯之站。這裡的餐廳可以邊用餐邊欣賞海拔1,200米的韓國岳，四季適宜，各有美態。店內也有宮崎的特產和漬物。臨離開前可以在站外的足湯休息一下呢！

足湯溫度略低，幸好有靚景搭夠。

→Pizza ¥400
←站內也有手信店

地 宮崎県えびの市末永1495
時 09:00-17:00　**電** (81)0984-33-1155　**泊** 有
交 在JR宮崎站駕車約1小時20分；在宮交巴士總站乘巴士在えびの高原下車。

↑有很多高原不同季節景色的相片及海報

↑館內展出火山口噴出的石頭

MAP 別冊 M27 A-4

地 宮崎県えびの市末永1495-5
時 09:00-17:00
網 ebino-ecomuseum.go.jp
電 (81)0984-33-3002　**泊** 有
交 在JR宮崎站駕車約1小時20分鐘；在宮交巴士總站乘巴士在えびの高原下車，步行約2分鐘

5 霧島連山登山起點處
えびの高原生態博物館

在高原漫步前，大多數遊人會先到生態博物館，館內透過影片、相片和模型標本，展示出えびの高原獨特的動植物，讓大家更了解えびの高原的大自然環境。えびの高原生態博物館同時也是登山的起步點，各位如果同時想到訪池めぐり及賽之河原也是在這裡出發。

WOW! MAP
4　5

高千穗

Takachiho

必見！高千穗峽

位於宮崎縣北端的高千穗，是一個充滿傳說色彩同時風景壯麗的地方，鄰近熊本縣，不少遊人都專程來一瀉千里的高千穗峽划船，打着傘在碧綠的河流上晃着。而入夜後的指定節目，就是到高千穗神社欣賞傳統的夜神樂。

往來高千穗交通

JR宮崎站	特急にちりん 約1小時11分鐘 ¥2,880	JR延岡站前巴士總站	宮交巴士 約1小時20分鐘 ¥1,880	高千穗巴士總站
熊本站前	產交巴士 約3小時13分鐘 ¥2,700			

1 天孫降臨之地
天岩戶神社

傳說天岩戶神社是天孫降臨之地，這是位於高千穗峽附近建於岩洞內的神社。天岩戶神社有東本宮及西本宮之分，現在指的大多是西本宮，宮內祭有手力男命、天鈿女命和日子穗穗手見命等。

←西宮設徵古館，遊人可看到出土的石器。

MAP 別冊 **M28 B-1**

地 宮崎縣高千穗町大字岩戶1073舍地1
時 隨意參拜；徵古館08:30-17:00
金 免費；徵古館大人¥150、小童¥50
網 amanoiwato-jinja.jp 電 (81)0982-74-8239 泊 有
交 高千穗巴士中心搭乘巴士在天岩戶社前下車約16分鐘

---

2 夢幻國度
国見ヶ丘雲海

標高500多米的國見ヶ丘，每到秋天至初冬天朗氣清的清晨就可以看到壯觀的雲海。當天天濛光約6時多駕車到達國見ヶ丘，縷縷的雲霧盤纏於山林間，厚薄有致，猶如一幅精緻的水墨畫。

↑不少遊人都專誠清晨到來看雲海及拍照

MAP 別冊 **M28 A-1**

地 宮崎県西臼杵郡高千穗町押方
註 雲海季節，可請附近酒店安排接送到國見ヶ丘；最好時機是要在日出前到達。
電 (81)0982-72-5345 (雲海茶屋)
泊 有
交 高千穗巴士中心駕車約15分鐘

相傳在神話時代，負責照亮天地的天照大神發怒而隱居「天岩戶」洞穴。

3 神樂表演
高千穗神社

「神樂」的日文意思是以舞蹈祭祀古代神明的統稱。每晚8時至9時，高千穗神社都會演出4齣神樂。而在神樂的季節，即每年11月中旬至2月期間，更會從白天到夜晚演出共33齣神樂呢！

→神社內有一棵超過800歲的秩父杉。

MAP 別冊 **M28 A-2**

地 宮崎県西臼杵郡高千穗町大字三田井1037
時 神社自由參拜；神樂表演：20:00-21:00 (19:00開始接受入場，不設預約)
金 神樂表演¥1,000
網 twitter.com/takachihojinja 泊 有
電 (81)0982-72-2413；(81)0982-73-1213 (高千穗観光協会)
交 高千穗巴士中心步行10分鐘

1　2　3

WOW! MAP

大家就是為了看這個360度的高千穗美景

↑遊人可以在車站蓋印留念

↑司機伯伯會把小火車停在橋中央，然後吹出泡泡，很可愛呢！

↑先穿過隧道，有點很夢幻。

4 懸浮半空30分鐘看絕景
高千穗天空小火車

高千穗鐵道的絕景觀光小火車造型可愛，有點似採礦的露天卡車，每次只可乘20位客人，由於最高處為海拔百多米，經過之處全是壯觀景色；沿路小火車先會經過一個田間，周邊全是綠蔭，剎那間穿過山洞，頭上會有星星般的鐳射光在閃爍，突然眼前又豁然開朗，冷不防駕車的伯伯吹出連串的泡泡，看著泡泡在無垠的森林中飄散，構成一幅絕景的圖片。

↑小火車造型可愛，猶如小朋友的玩具。

↑站內展示了昔日高千穗鐵道的相片，展示櫃上有兩頂火車司機的帽子供遊人拍照。

MAP 別冊 **M28 A-1**

地 宮崎縣西臼杵郡高千穗町三田井1425-1　時 09:40-15:40
休 每月第三個星期四、下雨或天氣不佳時停駛；另有不定休
金 入場費¥100；高千穗⇄高千穗鐵橋：大人¥1,300、中小學生¥800、小學生以下¥400
網 amaterasu-railway.jp　電 (81)0982-72-3216
註 可先致電查詢時間　交 舊高千穗鐵道站；高千穗神社駕車約3分鐘

傾瀉而下的瀑布很壯觀

⑤ 心靈加油站
高千穗峽

自駕遊 MAPCODE 330711471*44

未來九州之前，可能已經對高千穗峽很熟悉，因為在不少的雜誌或海報都看過這幅美麗的畫面：高約100米的瀑布，穿過聳立的斷崖，瀉在延綿的峽谷，遊人可沿着步道又或划艘小艇細意感受它的氣勢，這個奇特的大自然景觀估計是由9至12萬年前由阿蘇火山的溶岩形成。在這裡深呼吸，可以嗅到山水混合青草的清新味。

↑遊人拾級而下就可乘船

MAP 別冊 **M28 A-2**

地址	宮崎県西臼杵郡高千穗町三田井御塩井
時	自由參觀；租艇08:30-17:00 (最後租借時間16:30，或會提早結束)
金	租艇 ¥4,100起/30分鐘 (可坐3人)
網	takachiho-kanko.info/sightseeing/18/
電	(81)0982-73-1213 (高千穗観光協会)
泊	有
交	高千穗巴士中心步行5分鐘

九州住宿推介

旅行——就是為了放慢腳步，讓平日疲憊的身心得以休息；而在旅程中找一間舒適的酒店，更是不可或缺的一欄，以下介紹的旅館，不管你是兩小口子或是家族出遊，都可以令大家身體和心得到窩心的療癒。

佐賀縣
——唐津市

1

懷古的日本味道
洋々閣

有120年歷史的洋洋閣現今已傳承到第五代，它建於大正年間，和風木造的建築、滲著檜木香的浴場、四時各有美態的松林、書香處處的閱讀室，到處都散發著古典優雅的味道。最特別的是由於社長大河內和國內有名的陶藝家中里隆是青梅竹馬的朋友，所以在館內設有中里隆及其兒女的展館，展出了其珍貴且價值不菲的作品。館內全是傳統的和室，客人由玄關走到房間，那長長的木走廊兩旁可以看到青蔥的庭園，泡過溫泉後稍作休息或於夜闌人靜時，到屋外的松林散步，好好讓自己沉浸浪漫的大正氣氛中。

↑迴廊兩旁把松園的美景盡收眼底

↑早餐時望著優雅的庭園，是一天的好開始。

↑推開房間的紙門就可看到松園

MAP 別冊 **M31 B-1**

地 佐賀県唐津市東唐津2-4-40
金 雙人房 ¥24,200/晚
網 www.yoyokaku.com/sub2.htm
電 (81)0955-72-7181　　泊 有
交 JR唐津站北口乘巴士(東コース)約5分鐘，於東唐津2丁目下車，步行約3分鐘

WOW! MAP
1

室內泳池環境優雅，要留意的是平日僅限成人使用，兒童泳池逢週末及假日開放。

↑預訂俱樂部房間的住客可以獨家使用5樓的豪華俱樂部，以及免費使用健身設備。

方便購物
Grand Hyatt Fukuoka

福岡君悅酒店與博多運河城相連，集購物、飲食和娛樂於一身。酒店擁有典雅的大堂、時尚的酒吧和餐廳，加上可以讓住客放鬆身心的水療設施、健身室和室內游泳池，客房方面，佈置以低調奢華為主，設有寬敞的豪華浴室，護理用品則採用法國品牌Balmain。舒適的環境和優越的位置兩者兼備。

MAP 別冊 **M03 C-2**

地　福岡県福岡市博多区住吉1-2-82
金　雙人房 ¥21,600起/晚
網　www.hyatt.com/ja-JP/hotel/
　　japan/grand-hyatt-fukuoka/fukgh
電　(81) 092-282-1234
交　福岡地鐵七隈線「櫛田神社前」站
　　下車，步行約4分鐘

↑地庫一樓設有酒吧

WOW! MAP

③

典雅傳統四星酒店

ホテル日航熊本

熊本日航酒店位於熊本市中心地段，距離市電「通町筋站」和巴士站僅兩分鐘步程，酒店毗鄰市內最熱鬧的上通商店街和百貨公司鶴屋，步行到熊本城亦不過6分鐘，地理位置優越。日航酒店的客房以西式為主，風格素淨帶東方色彩，餐廳方面有中華料理、日式和法式食府和咖啡廳，方便住客享受各式美食。

↑酒店的總統套房招待過不少貴賓，日本天皇也曾在此下榻。

↑絕佳的地理位置，親民房價加上職員友善貼心的服務，日航酒店可稱得上是熊本市內的最佳酒店。

→不少住客都會在地下大堂與熊本熊拍影留念。

MAP 別冊 M07 A-2

地 熊本縣熊本市中央區上通町2-1
金 雙人房 ¥18,300起/晚
網 www.nikko-kumamoto.co.jp
電 (81)096-211-1111
交 乘熊本市電車「通町筋」站下車，步行約兩分鐘

WOW! MAP
3

↓豐富的自助早餐

↑甫走進大堂就感愛到度假的氣息

↑很有空間感的二人房

↑設有男女各一的大浴場

❹

感受太陽和海洋的婆娑

THE LUIGAN
Spa & Resort

臨海的THE LUIGAN Spa & Resort是不少當地人度假的選擇，雖然它距離福岡市中心半小時車程，可是感受的卻是大自然謐靜的節奏，沒有城市的喧鬧。大堂以木色為基調配以紫紅、蛋黃和格子，帶點異國風情，房間寬敞舒適；早上在the lounge on the water吃自助早餐時，一邊享受美食，一邊望著大片草地和藍天交接，就仿如在大自然中用餐一般，令人悠然自得。

MAP 別冊 **M16 C-1**

地 福岡県福岡市東区西戸崎18-25
金 雙人房 ¥18,400/晚
網 www.luigans.com
電 (81)092-603-2525　　泊 有
交 JR海の中道站步行約3分鐘；或博多站乘免費
　接駁巴士約40分鐘；或福岡市駕車約35分鐘

戶外泳池會於夏季開放

WOW! MAP

賣店前的休息間可欣賞城市美景

↓大浴場空間寬大

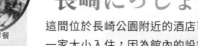
↑豐富自助早餐

↑房間摩登寬敞

MAP 別冊 **M18 B-1**

地 長崎県長崎市西坂町20-1
金 雙人房 ¥16,400/晚
網 hmihotelgroup.com/ryokan-nisshokan
電 (81)095-824-2151　　泊 有(付費)
交 JR長崎站乘的士約15分鐘；或JR長崎站乘免費接駁巴士

⑤

家族出遊注意
長崎にっしょうかん

這間位於長崎公園附近的酒店可以說是很適合一家大小入住，因為館內的設施除了有賣店、大浴場、餐廳外，還設有供小朋友玩樂的遊戲角落、夾公仔機，也有乒乓球桌和自助洗衣設備等，不論是帶著老人家或小朋友，都可以輕鬆出遊。男女各一的大浴場，開放感很強，入夜後泡浸更可欣賞長崎市的夜景。

⑥

歐陸風滿瀉
ホテルヨーロッパ

位於豪斯登堡主題公園內的歐陸酒店，客人可以乘船到酒店進行check in，不只外觀是歐式建築，房間更是豪華優雅，寬敞舒適，每款房間都有不同的主題，高級的套房更有千多呎，窗外更可飽覽運河美景，而且大堂及餐廳都異國風情滿瀉，真令遊人有去了歐洲小鎮旅行的錯覺。

↑餐廳環境優雅

→ Europe Designer room 的房間很有特色

↑房間的傢俱也很有味道

MAP 別冊 **M20 B-4**

地 長崎県佐世保市ハウステンボス町7-7
金 雙人房 ¥30,300/晚
網 www.huistenbosch.co.jp/hotels/he/index
電 (81)0570-064-110　　泊 有
交 JR豪斯登堡站步行約30分鐘；或於長崎空港乘免費酒店巴士到達

特定的房型有開揚露台，可看到福岡市繁華的夜景。

是時候下腳步

アゴーラ福岡山の上ホテル＆スパ

喜愛慢活的朋友定必會愛上Agora Fukuoka Hilltop，佇立在櫻坂站附近的小山上，客人由步進玄關的一刻就可以感受到酒店的貼心：大堂的休憩空間、柔軟舒適的睡衣有不同的顏色供選擇、雅緻的閱讀空間、房間咖啡機的圖片說明書等等，全都是令人窩心的設計。晚餐後站在露台，俯瞰著福岡市繁華的街景，你會特別珍惜眼前那份謐靜而慢活的旅行時光。

↑早餐是半自助式，猶如晚餐般設有主菜和餐飲。

↑大浴場旁邊的樓層並設有健身室

MAP 別冊 **M02 B-3**

地 福岡県福岡市中央区輝国1-1-33
金 雙人房 ¥30,000/晚
網 hilltopresort-fukuoka.com
電 (81)092-771-2131　　泊 有
交 地下鐵櫻坂站步行約15分鐘；JR博多站乘車約15分鐘

WOW! MAP

359

7

↑對比摩登的酒店，還是較喜歡榻榻米房間

8

傳統日式的溫暖空間
雲仙小浜溫泉 春陽館

來到這個小浜溫泉鄉，不難找到一間傳統而有特色的溫泉旅館，而春陽館就是其一。木調的大堂給客人一種熟悉而溫暖的感覺，走過長廊甫打開房門，昏黃的吊燈映照著格子窗，空氣中瀰漫著榻榻米的微香，懷舊的家具和門窗卻不失舒適感，豐富而精緻的和式早餐，更讓客人深深體會到傳統日式溫泉旅館的美好。

長崎縣
—
小浜溫泉

↑露天溫泉

→ 溫泉旅館的和式早餐精緻美味

MAP 別冊 **M19 A-2**

地 長崎県雲仙市小浜町北本町1680
金 二人一房包早餐，每房¥13,000起
網 www.shunyokan.com
電 (81)0957-74-2261　　　泊 有
交 小浜溫泉ターミナル步行約1分鐘；或
　 JR諫早站駕車約40分鐘；或雲仙溫泉
　 駕車約15分鐘

↑附設小賣店

WOW! MAP
8

晚餐可吃上當造的新鮮食材

編紡旅程中的暖心時光
国際観光ホテル旗松亭

在日本旅行大多是說日文，能夠在平戶這間溫泉旅館用廣東話和店家對話，是一種很窩心的記憶吧！除了無障礙的言語溝通外，旅館的設備和空間也很舒適。旅館傳統樸實，房間也明亮潔淨，館內設有餐廳、賣店、大浴場；客人大可以在晚餐前，泡在溫泉中，讓那暖呼呼的溫泉洗滌疲勞，眼前盡是平戶港那美妙曲折的海岸線，讓人心情也平和起來。

↑洋式雙牀房

←要奢華的一點的，更可以住進附設私人風呂的房間

地 長崎県平戸市大久保町2520
金 雙人房 ¥12,618/晚
網 www.kishotei.com
電 (81)0950-22-3191　　泊 有
交 松浦鐵道田平平戶口站乘巴士約15分鐘下車，步行約5分鐘；或平戶站乘車約5分鐘

露天溫泉，景觀開揚

⑩

都市型的溫泉酒店
城山觀光ホテル

鹿兒島縣
鹿兒島市

位於鹿兒島市半山標高108米的城山觀光ホテル，它最有名的為展望溫泉「薩摩之湯」，泉水由地下1,000米抽取的碳酸氫鈉泉，亦稱為美人湯，泡在露天溫泉中可看到櫻島及錦江灣的美景。房間以洋式雙牀房為主，亦有和洋室，而早餐則以自助餐形式。特別的是有一間專賣薩摩工藝品的小店位於酒店大堂，有點像小型展覽館，以黑色為主調，是島津家尚古集成館製作的薩摩手工藝，很有氣派。

MAP 別冊 **M23 A-1**

地 鹿児島県鹿児島市新照院町41-1
金 雙人房 ¥21,450/晚
網 www.shiroyama-g.co.jp
電 (81)099-224-2211　　泊 有
交 JR鹿兒島中央站駕車約10分鐘；JR鹿兒島中央站西口或市電天文館站Tully's咖啡店前乘免費接駁巴士。

⑪

泡美膚白濁溫泉
霧島國際ホテル

鹿兒島縣
霧島

位於霧島溫泉街上的霧島國際酒店，全館有130個房間，以和式及和洋室為主，大部份客室都可看到霧島溫泉街的景色。而酒店最有名的是白濁的美肌溫泉，乳白色的泉水，再配合獨有的泥漿浴，吸引了不少愛美女士到來，而露天溫泉的霧乃湯，四周被森林包圍，浸在泉水中仿如森林浴，令人放鬆。酒店的配套也很齊備，設有便利店、遊戲中心、乒乓球、屋外泳池和Spa等，晚餐更是令人期待的當造會席料理：陶板燒的牛肉、秋季限定的太刀魚、岩燒鮎魚和黑豚餃子等，每道菜都精緻美味，不時不食的刺身，亦甘甜鮮味，好一個令人滿足的晚餐。

MAP 別冊 **M24 A-1**

地 鹿児島県霧島市牧園町高千穂3930-12
金 雙人房 ¥33,000/晚
網 www.kirishima-kokusai.com
電 (81)0995-78-2621　　泊 有
交 JR霧島溫泉站乘巴士約25分鐘，於丸尾溫泉下車，步行5分鐘；鹿兒島空港駕車30分鐘

WOW! MAP

10

11

晚餐後可到天台欣賞夜景

↑雙牀房整潔明亮

12

長崎縣 — 長崎市

打造長崎夜景的浪漫
稲佐山観光ホテル

這間位於小山上的酒店是不少遊人到長崎旅行的不二之選，因為入夜後站在天台上，可看到腳下璀璨亮麗的長崎市夜景。館內設有洋式、和式及和洋式房間、大浴場和賣店等；大人及小朋友的浴衣更整齊地放在電梯旁，讓客人可隨時更換合適的尺碼，可謂十分貼心。

佇立在小山上，到處到綠意盎然。

MAP 別冊 **M18 A-1**

地 長崎県長崎市曙町40-23
金 雙人房 ¥19,855/晚
網 www.inasayama.co.jp
電 (81)095-861-4155
交 JR長崎站(5號)乘往稲佐山巴士約15分鐘，於観光ホテル前下車；或JR長崎站乘的士約10分鐘
泊 有

← 部份房間設有露台，可聽著海浪聲入睡。

佐賀縣 — 唐津市

13

水平線上絕景溫泉
魚半旅館

魚半旅館每個房間都可望到湛藍的海岸。其中最推介的是館內溫泉：位於唐津灣的魚半座享一百八十度的海景溫泉，泡在微熱的溫泉中，看著眼前寧靜無垠的水平線，大家就會了解慢活的旅行，其實是種享受。

↑露天的溫泉盡享唐津灣的美景
←和式的早餐又怎少得即燒的竹筴魚呢？

MAP 別冊 **M30 B-3**

地 佐賀県唐津市浜玉町浜崎1669-55
金 雙人房 ¥19,800/晚
網 www.uohan.co.jp/index.php
電 (81) 0955-56-6234
交 JR浜崎站步行約6分鐘
泊 有

12

13

WOW! MAP

3

九州名勝地區幅員遼闊，要在短短的旅程中享受絕色風光，走遍多個心水旅遊區域，尤其是要到一些較偏遠的區域，或是在短時間內到多個景點的話，交通絕對是關鍵所在。日本的鐵路及巴士系統固然十分完善，但隨著全球衛星定位系統（GPS）的普及，要在九州各個人氣景點輕鬆自在地遊走，甚或享受親子旅遊樂趣，自駕遊確是一個不錯的選擇。

有用自駕旅遊網頁

查閱有關自駕旅遊網站，搜集資料，做好旅遊計劃就玩得更開心滿意。

goo地圖

日文網站，提供簡介及有關景點的地圖編號(Map code)。只需輸入心水路線的起點及終點，便可顯示行車路線。

網 www.goo.he.jp

國土交通省道の駅

設日、英文內容，提供日本全國公路休息站的位置分佈、站內設備與及相關城市的資料。

網 milt.go.jp/road/Mlit-no-Eki/index.html

九州道自駕遊絕妙之處

1 自駕遊免受既定的鐵路和巴士時刻限制，可百分百根據個人心水設計路線。

2 道路設計與香港相若，左上右落，交通規則亦與香港接近，只是路口轉彎與路標有少許不同，容易適應。

3 路牌設計及圖示清晰易明，看不懂日文也不用擔心。

4 各主要的景點及大部份百貨公司、購物商場都設有大型的停車場，有些更是免費的，既方便又划算。

自駕遊出發前準備功夫

駕駛執照

租車者必須持有有效的日本駕駛執照或被認可的國際駕駛執照，方可租用汽車在日本境內駕駛。持有香港駕駛執照人士可到運輸署申請國際駕駛執照，一般情況下可即日取得，收費港幣80元(需要個人照片兩張)，有關資料，請參閱運輸署網頁td.gov.hk或致電熱線2804 2600查詢。

台北於2007年9月21日起實施「雙方駕照互惠措施須知」，台北居民可於台北駐日經濟文化代表處、橫浜分處、那霸分處，台北駐大阪經濟文化辦事處、福岡分處，及社團法人日本自動車聯盟(於各都道府之聯盟事務所設有受理窗口)，申請「駕照之日文課本」，每份新台幣100元，即可於有效期的一年內於日本駕駛汽車。(詳情可查閱www.thb.gov.tw/)

汽車導航GPS入門

越來越多遊人會選擇自駕遊旅行，可是如果初次使用GPS的話，可參考以下簡單的介紹－

註：每間租車公司的汽車導航系統略有不同

方法一：

最常用的是將目的地的電話號碼輸入，然後找出駕駛路線：

1 於輕觸螢幕的主畫面的NAVI メニュー（Navi menu）揀選「電話番號」。(紅圈)

2 然後輸入電話號碼。要留意如身在日本，輸入號碼時也要輸入最前頭的「0」。

3 螢幕會顯示出目的地名稱、距離、行駛距離及提供導航路線；通常系統會找出推介的路線，如果讀者想另一條行車路線，則可揀選「其他ルート」，決定路線後，最後按「ここへ行」開始導航。

方法二：

如果目的地沒有電話，例如是自然景觀、公園等，大家則可以輸入Mapcode來導航。多數的租車公司都會為大家提一些自駕遊小冊子，人氣景點的Mapcode都可以在小冊子上找到，又或讀者們於出發前先在網上找一下。

1 於輕觸螢幕的主畫面的NAVI メニュー（Navi menu）揀選「Mapcode」。(紅圈)

2 然後輸入8-10位數或帶有星號的mapcode。

3 螢幕會顯示出目的地名稱（或周邊）、距離、行駛距離及提供導航路線；通常系統會找出推介的路線，如果讀者想另一條行車路線，則可揀選「其他ルート」，決定路線後，最後按「ここへ行」開始導航。

⚠️注意事項！

1. 雖然一般的GPS都只有日文介面，但很易操作，只要輸入目的地名稱、電話號碼或Map Code，便會引領司機駛至目的地。**本書提供了自駕遊熱門地區各景點、旅館等的電話號碼，希望方便各位讀者。**

2. 導航系統始終是輔助設施，各位自駕人務必以沿路面實際情況為準，留意附近的行人及行車情況。如需操作導航系統或設定新路線，應先把車子停在一旁，選定合適的路線後才開始駕駛，免生意外。

3. 基本上利用GPS已能夠到達全日本各地，無需要知道方向，但為免出錯，建議先查閱本書附頁的地圖，初步了解各地位置，同時帶備租車公司提供的地圖就更理想。

4. 到達需要轉向的路口或高速公路時，GPS系統會顯示特別的資訊，例如路口附近的設施、高速公路的收費等。

自駕遊注意事項

交通安全

雖說日本的道路建設完善，鄉郊地區人口密度又低，大家可盡情享受駕駛樂趣，但建議各位自遊人不要超速，並提高警覺，經常留意周圍的交通及道路環境，以免發生意外。

⚠ 特別注意！

日本與香港駕駛習慣上的最大分別是在燈位轉彎時的優先使用權及有時需要經過火車路軌，請細閱下文及時刻警覺，以免造成嚴重意外。

左轉

日本有很多路口同時容許車輛左轉及行人橫過 (即兩邊都是綠燈)，故在十字路口左轉時，如有行人橫過馬路，必須讓行人先走。

右轉

在十字路口右轉時，即使是綠燈，也要待對面行車線轉為紅燈或讓對面的車輛通過或停定方可右轉。需要右轉時，在兩條線中間等候，待對面行車線沒有車或轉燈時才通過。

經過火車路軌

在火車路軌前，一定要停車確認左右是否有列車，以及如前面有車時，要等前車駛離路軌後一定距離後而自己的車能安全通過後，始可通過；以免發生前方塞車，令自己進退不得而卡在路軌上！萬一真的前後被困，要馬上下車並按動附近的緊急停車掣。

注意野生動物！

日本有不少野生動物如鹿、熊、狐狸、牛隻等的居住地，大家無謂傷害無辜動物，如不幸撞倒牠們，可能會釀成嚴重車禍。

雪地駕駛

日本冬天多雪，下雪時能見度非常低，駕駛時要減慢車速，把暖氣吹向車頭玻璃令雪融化。另外，被冰雪覆蓋的路面極之滑，要預備一段較長的剎車距離、上下斜坡時使用低波行駛、起步及上斜時不要大力踏油門，否則車輪會沿地打轉。冬季租車時，如擔心不夠安全，可加錢租用雪鏈，有需要時可更換，但租車公司一般會換上雪呔。**要留意若已用雪呔，千萬不要在雪呔上加上雪鏈**，否則會抵銷雪呔在冰或雪地上的功能。基本上雪呔是適合在雪地及結冰的路面行駛的。

停車場

大部份景點、食店、旅館等都設有停車場，為方便駕車人士，很多都是免費的。不過，大城市人口密度較高，大多數的停車場均需收費。一般的人手收費停車場與香港的運作模式相若，如使用自助停車場則可以留意以下的介紹。

日本的停車場有時亦同時提供月租服務，留意「月極」(月租)的指示牌，切勿泊錯車。

緊急求助

很多路牌下方會加設一個指示牌，顯示所在地內有關地段的道路事務所或道路情報中心的電話號碼。如遇到緊急情況，可致電給他們，根據指示牌提供確實位置，由他們提供協助。

使用時租停車場

各處景點大都有停車場置施，一般使用現金結算，程序如下：

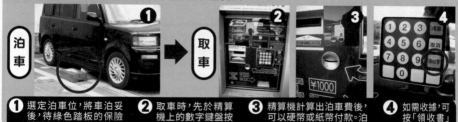

① 選定泊車位，將車泊妥後，待綠色踏板的保險鎖揭起，即可離開。

② 取車時，先於精算機上的數字鍵盤按入車位號碼。

③ 精算機計算出泊車費後，可以硬幣或紙幣付款。泊車保險鎖自動解除。

④ 如需收據，可按「領收書」按鈕。

高速公路、國道及縣道

除一般的市內街道外，日本的快速道路由慢至快分別為縣道、國道及高速度路。縣道及國道連接各大城市，通常為雙線雙程行車，特定地段會有超車地帶。縣道及國道不需收費，車速限制為40-50km/h，途中會有交通燈，所需行車時間較長。留意部份海拔較高的道路會於冬季封鎖。高速道路(自動車道)是連接城市之間最快的道路，一般為兩至三線行車，車速限制約80km/h。高速道路按距離收費，途中有休息站PA (Parking Area)及SA (Service Area)，有洗手間、食店、小賣店、油站等設施。

高速公路

日本幅員遼闊，加上人生路不熟及語言障礙，建議盡量使用完善的高速公路，以最快捷又安全的方法，抵達目的地。

使用高速公路方法：

❶ 於入口選擇「一般」閘口。不要選擇「ETC」。「ETC」類似香港的Auto toll，千萬別走錯。

❷ 在入閘機取票，公路票上印有入閘的地方名。

❸ 於出口同樣選擇「一般」，GPS螢幕會顯示所需費用。

❹ 部份閘口由人手收費，亦有些只設有自動收費機。

加油站

日本各主要旅遊區域相隔頗遠，有時油站距離較遠，而且部份油站晚上休息，故自駕人士必須經常留意汽油存量。日本有兩種加油站，分別是自助形式「セルフ(Self)」及服務形式「スタッフ(Staff)給油」，當中亦會有同時提供兩種選擇的油站。一般來說，出租汽車都適用普通汽油(レギュラー)，如遇上言語不通的油站服務員，只要跟他們說「Regular」便可以。

「セルフ(Self)」自助形式，由閣下自行操作，可一嘗親自入油的滋味。

日本以「スタッフ(Staff)給油」服務形式運作的加油站較多，由油站職員代勞，與香港油站的運作差不多。

ENEOS油站在京阪神名經常可見到，另外還有Shell、Mobil、IDEMITSU等。

道路標誌

日本的道路標誌及交通燈號都十分清楚易明，大部份與香港相近，即使不懂日文，也可輕易憑路牌上的圖案猜到指示訊息。駕駛時，司機應小心留意道路標誌指示，以免駛至彎角、單程路或路口時驚惶失措。大致上，日本的道路標誌指示以不同顏色分類。以下是一些香港較為少見的路標。

一般指示道路標誌
藍底白字，有正方形和箭尖形兩種，為司機指示道路及必須注意設施，以及表示地方距離。

 表示道路的中央或中線，下雨/下雪時特別有用

 可以於路軌上行走

 於上列時間內，可泊車60分鐘

 高速公路

 國道(主要幹線)

 縣道(次要幹線)

收費高速公路標誌
綠底白字，提供有關收費高速公路指示。

利用收費公路或國道，當抵達一個縣、城市或地區邊界時，就會出現一個富有當地特色的路牌

 顯示左轉為自動車道出口，可連接國道12往三笠，另外亦可以到桂沢湖

 顯示左轉可以由「旭川鷹栖」入口進入收費公路「道央自動車道」

 「JCT.(Junction)」為兩條收費道路的交匯處，而常見的「IC(Inter-change)」為收費公路的出入口

警戒指示道路標誌
黃底黑字，大部分為菱形，表示前路有危險或警告，當見到這些標誌時，應該減慢車速及準備停車，避免意外。

 前面有分叉路(Y形路口)

 前面橫過火車路軌

 前面有強力橫風

 小心動物出現

 道路有其他危險

規制指示道路標誌
紅色，即根據當地法律所制定的強制性或禁制性的行為，有圓形、三角形及方形。一般強制性道路標誌以藍色為底色，表示駕駛人士必須遵守路牌的指示。一般禁制性道路標誌為紅色邊，表示禁止駕駛人士進行某種行動。

 禁止在右方超車

上列時間內禁止停車及泊車

上列時間內禁止泊車

 最高速度限制

最低速度限制

 慢車

 停車

單程路，汽車禁止由此駛入

汽車禁止駛入

汽車、行人、單車、電車禁止駛入

地上的標誌
除基本的交通標誌外，路面及行人道上亦有一些需要留意的標誌及符號。

 不可以越線超車

 不可以越線超車

 禁止停車及泊車

 禁止泊車

自駕遊小貼士

1. 於日本駕車時人生路不熟，不宜超速，一來為安全着想，二來高速公路多設有監察攝影機，免被發告票。日本告票的罰款金額頗昂貴，如超速20公里，約罰款￥15,000。另外，如果在設有STOP標誌的地方不停車，也會被罰款￥7,000-￥8,000。自遊人請遵守交通規則，免被罰款呢！

2. 日本大部份的駕駛者都十分守規則，但亦因為這緣故有時會駕駛得較慢，於繁忙的城市路面駕駛宜多留意前車，以免收不住油門發生意外。更要時常留意路上橫過的路人，注重禮讓行人，免損害港人聲譽。

3. 國道及縣道旁有時會設有「道の駅」，即是中途休息站，一般有食店、小賣店、洗手間等設施。此外，城市外圍的國道兩旁，有時會有專為駕車人士而設的連鎖食店、商店、娛樂設施等，是旅途上休息及用膳的理想地點。

日本資訊

九州地理概況

九州是日本三大島之一，它包含了七大縣：福岡縣、佐賀縣、大分縣、長崎縣、熊本縣、宮崎縣和鹿兒島縣，其中福岡為最大的城市，人口有多達140多萬。而位於鹿兒島櫻島亦是一個活火山。九州最出名的美食有宮崎牛、鹿兒島黑豚、福岡拉麵和阿蘇牛奶等。

九州

年曆對照

2018年 ＝ 平成30年

2024年 ＝ 令和6年

語言

官方語言為日語，英文不算通用，九州的百貨公司、大型商場漸多懂普通話的員工。

英語　漢語　日本語

時差

日本時間是**GMT+9**，而香港地區則是**GMT+8**，即日本時區比香港地區快1小時。日本方面並沒有分冬夏令時間。

02:00 香港地區　03:00 日本

電壓

日本使用**100V**兩腳插頭。與香港地區不同，香港遊人請帶備變壓器及萬能插頭。

X ≠ ✓

日本買電器注意事項：

＊日本電器有效使用範圍只限日本國內，購買前要注意是否有國際電壓。

＊部分熱門電器針對旅客推出100V-240V國際電壓的電器，適用於全球國家。

＊日本的電器電壓為110V，旅客需另購變壓器避免發生短路

國定假期

日本國定假期每年或會有改動，以下是一般會列為國定假期的日子：

1月1日	元旦
1月的第二個星期一	成人節
2月11日	建國紀念日
2月23日	天皇誕辰
3月19、20或21日	春分節
4月29日	昭和之日
5月3日	憲法紀念日
5月4日（若這天不是星期日就會定為國定假期，好讓國民有長假期）	綠之日
5月5日	兒童節
7月的第三個星期一	海之日
8月10日	山之日
9月的第三個星期一	敬老節
9月23或24日	秋分節
10月的第二個星期一	運動日
11月3日	文化之日
11月23日	勞動感謝之日

❶ 當國定假日適逢星期天時，翌日補假一天。

❷ 夾在兩個國定假日之間的平日會成為假日。（星期天和補假除外）

❸ 12月25日（聖誕節）不是日本的節日

❹ 12月29日到1月3日期間（年末年始）日本的政府機關和企業都不辦公。

日本本土旅遊旺季

在以下日子期間，日本本土的交通和酒店住宿會較緊張，請盡早預訂。

12月29日 - 1月6日	日本新年
2月5日 - 2月20日	日本大學入學試
4月29日 - 5月5日	日本的「黃金週」
8月中旬	中元節
12月25 - 31 日	聖誕假期

自來水

酒店內如列明有「飲用水」的自來水可以直接飲用。

地震

日本位處地震帶，發生小型地震時，酒店會發出有關廣播並會暫時停用電梯，客人應暫時留在酒店內。如不幸遇上大型地震，請保持鎮定並跟隨本地人到指定的安全地方暫避。

貨幣

日本貨幣為YEN

貨幣兌換率

硬幣 ▼

¥1　¥5　¥10

¥50　¥100　¥500

紙幣 ▼

¥1,000

¥2,000

¥5,000

¥10,000

日圓兌換

出發前找換地點

＊香港各大銀行

　（匯豐旺角分行可直接提領日圓）

＊香港機場出境大堂找換店

❗ 部分銀行及本港找換店需時先預訂日圓，宜先致電查詢。

日本自動櫃員機提款

＊便利店大部份設有自動櫃員機

＊只要提款卡上印有UnionPay、Plus就可提款。

＊每次提款均需服務費，兌換率則以當日的匯率為準。

＊櫃員機更設中文介面，方便易用。

❗ 2013年3月1日起，要先在香港啟動提款卡的海外提款功能，才可在海外提款。

日本兌換

＊國際線航廈內有多間找換店、銀行及7-11 ATM

＊日本各大銀行及郵局

＊日本部份大型電器店

＊當地高級酒店

免稅

＊在日本購物需付上相等於貨物價值10%的消費稅，只可於貼有「Japan. Tax-free Shop」標誌的店舖才可享有退稅服務。

＊辦理退稅者須持有效旅遊證件及購物單據，並於店家提供的「購買者誓約書」上簽名即可。

＊在日本工作的人員及停留期間為6個月以上的外國人不能享有免稅優惠。

＊自2018年4月起，遊人可以不限類別，只要合計買滿 ¥5,000 或以上就可以免稅。

Japan. Tax-free Shop

退稅手續流程

2020年4月起，退稅流程將改為電子化，將不再使用過去的紙本「購入紀錄票」、「購入者誓約書」，只需要提出護照，店家會以電子方式傳送購物紀錄。

香港及台灣觀光資料

九州觀光推進機構
🌐 www.welcomekyushu.jp/kaiin/

九州的觀光網站
🌐 www.japan-i.jp/cht/explorejapan/kyushu/index.html

九州觀光情報資訊－九州之旅
🌐 www.welcomekyushu.tw/

日本觀光局（九州）
🌐 www.japan.travel/tw/destinations/kyushu

Wifi & 通訊

上網卡

如果分頭行動，建議使用SIM卡，最方便的是在香港地區已經可以購買，部分亦可打電話返香港地區，打去當地預訂餐廳及酒店又得，香港地區用戶飛線後更可接聽來電，非常方便！

中國聯通

- 6日通話/上網卡 (HK$118)
- 每日1GB高速數據
- 此卡並提供20分鐘通話(可用於日本及韓國接聽、致電當地、內地及中國香港號碼)及10條短訊（由日本及韓國發送）。

網 www.cuniq.com

AIRSIM無國界上網卡

- 熱門地區低至HK$8/日，NT$30/日。

AIRSIM

地 於香港全線 7-Eleven、Circle K便利店及豐澤有售

網 www.airsim.com.hk

- 只需出發前到 AIRSIM ROAM APP 選購目的地數據套餐及選擇使用日數，到埗插卡，等3分鐘，便可上網。
- 覆蓋日本/韓國/泰國等100多個地區，下次旅行可循環使用。
- 每次購買數據套餐，均送30分鐘通話，可以打電話(目的地及本地，包括固網電話)，香港地區用戶飛線後更可接聽來電。

＊ 特設 24/7 客戶服務支援專人接聽。

自由鳥遨遊SIM

可以重覆使用，用家可根據目的地及旅遊日數在App購買。

- $15/日無限數據 (每日首500MB高速數據)

*留意此卡並不提供語音通話

網 www.birdie.com.hk/tbirdie/zh/travel-to/japan

租用Pocket WIFI

香港地區有多間公司提供Pocket WiFi租借服務，一日租金約港幣80元（每日1GB NT199、日本無限制每日NT229），可同時供多人使用，適合需要隨時隨地上網及打卡的自遊人。

- 按日收費
- 多人共享
- 隨時上網

Telecom
網 telecomsquare.tw/

Wifi Egg 漫遊蛋
網 www.wifi-egg.com/

免費WIFI打電話

有WIFI，裝Apps就可以免費打／聽電話，不必特地買SIM卡，激慳！

Line

skype

WhatsApp

FaceTime

日本電話撥打方法

8 1　　5　　8 8 8 8 8 8 8
└ 日本 ┘ └ 區域碼 ┘ └─── 電話號碼 ───┘
　國家號碼

從香港地區致電日本

0 5　8 8 8 8 8 8 8
└ 區域碼 ┘ └─── 電話號碼 ───┘

從日本境內致電其他區/市

免費WIFI

日本很多地方有免費WIFI提供，只要先上網申請成為會員，就可以在有熱點的地方使用。不過網速不一，也只能在定點使用，適合上網需求不大者。

Lawson free wifi
在日本超過9,000間Lawson便利店，都會提供免費wifi，遊人只要在網站填簡單資料就可使用。

網 www.lawson.co.jp/service/others/wifi/

Japan Connected-free Wi-Fi
在日本有15萬個熱點，覆蓋多個旅遊熱點，包括東京Metro地鐵站，只要下載Japan Connected-free Wi-Fi App並登記資料就可使用，支援多種語言，十分方便。

網 www.ntt-bp.net/jcfw/ja.html

JR KYUSHU Free Wi-Fi
JR九州提供免費WIFI服務，包括博多、小倉、長崎、宮崎、鹿兒島、大分、佐賀站等。

網 www.jrkyushu.co.jp/chines/pdf/jrkyushu_free_wifi.pdf

通訊大比拼

	優點	缺點
免費Wifi	・免費 ・很多商場、車站、便利店都有供應	・需要定點使用 ・網速不穩定 ・下載App或事先登記才能使用
3G/4G Sim卡	・提供多款彈性數據套餐，價錢相宜 ・一人一卡，走散了也不怕失聯 ・附送的30分鐘 AIRTALK 可致電本地及目的地，包括固網號碼	・不支援SMS ・要安裝AIRTALK APP後才能打出及接聽電話
Wifi蛋	・一個Wifi蛋可多人使用	・Wifi蛋需要充電，要留意剩餘電量 ・分開行動就無法使用
國際漫遊	申請快捷方便	・費用最貴

使用日本公共電話

日本公共電話要附有「國際及國內電話」字樣者，方可撥打國際電話，否則只可撥打國內電話。

・付款方法：¥10及¥100 硬幣、信用卡、電話卡
・收費：¥10/分鐘

・電話卡可在酒店、便利店及自動販賣機購買。因應出卡公司不同，撥打方法各異，請參考卡背指示。

漫遊及數據收費

電訊公司一般都有提供漫遊服務，分為日費計劃及按量收費。收費因應電訊公司而不同，實際收費可向各電訊公司查詢。

漫遊服務	收費 (HK$)
致電香港號碼	$13-28.26/分
打出（市內）	$5.87-18.84/分
接聽所有來電	$15.5-20/分
發出短訊	$2.3-11.4/個
數據	$0.14/KB

實用知識

日本郵便服務〒

基於寄艙行李只限20公斤的關係，自遊人(尤其是掃貨一族)有時需要利用郵便服務，分為國際郵便及國際Speed郵便(EMS)兩大種類。

Tips!
郵局有售不同尺寸的紙箱，售價￥100至￥370不等
包裹最重可寄30kg

郵局位置

時	平日09:00-17:00
休	星期六日及公眾假期
網	map.japanpost.jp/p/search/

國際Speed郵便(EMS)	國際郵包
EMS是最方便快捷的郵寄方法，包裹寄到世界各地共121個國家，但郵費最貴。 郵費按包裹重量和目的地計算，若從福岡寄返香港，1kg收費約為￥3,150。	**＊船郵** 郵費最平，但需時最耐，一般要一至三個月時間。 **＊SAL** 國內包裹以船運，國際亦用空運，比船郵快，亦比空郵平。 **＊空郵** 郵費最貴，時間最快只需3至6天

減價月份
一般的商店及百貨公司會分兩次減價，夏季減價期為七月，而冬季期則在一月初。

7月　1月

小費
一般而言，餐廳和酒店已把10%的服務費加在帳單上，客人不需要另外給小費。

輕鬆入境

遊人現在可於入境前到「Visit Japan Web」填寫日本入境表（謹記要填寫日本住宿地址），入境審查與海關申報可於同一網頁填寫，申報妥當後會分別出現兩個QR碼，建議先截圖儲存，方便過關。

日本入境表

• 日本入境表現有中文版，方便遊人填寫，謹記要填寫日本住宿地址，可以先行記底酒店資料。

最新Visit Japan Web
網 www.vjw.digital.go.jp/main/#/vjwplo001

外国人入国記録 DISEMBARKATION CARD FOR FOREIGNER 外国人入国記録としてこのカードをご記入ください。[ARRIVAL]

氏　名 Name	CHAN	TAI MAN
生年月日 Date of Birth	現住所 Home Address	国名 Country name	都市名 City name
渡航目的 Purpose of visit	航空機便名・船名 日本滞在予定期間	CX 524 / 5 DAYS
日本の連絡先	森ホテル～東京都文京区後楽1-2-3	03-5805-2113

裏面の質問事項について、該当するものに✓を記入して下さい。

1. 日本での過去強制退去・上陸拒否の有無
2. 有罪判決の有無（日本での判決に限らない）
3. 規制薬物・銃砲・刀剣類・火薬類の所持

署名 Signature

機場出境保安規定

❶ 手提行李內每支液體容量不得超過100毫升。任何容量大於100毫升的容器，即使並未裝滿，也不能通過保安檢查。

❷ 所有盛載液體、凝膠及噴霧類物品的容器，必須放在一個容量不超過1公升並可重複密封的透明塑膠袋內，而且不顯得擠迫。塑膠袋應完全封妥。

❸ 其他協定請向航空公司了解。

日本旅遊簽証

特區護照持有人可免簽證到日本旅遊，最多可逗留90天。如持有未獲免簽待遇證件者或需要逗留多於90天者可向日本總領事館（簽證部）查詢。

免簽證
逗留
90天

日本國總領事館▼

地 中環干諾道中8號交易廣場一座46樓
時 09:30-12:00/13:30-16:45
休 星期六、日、公眾假期及特定假期
網 www.hk.emb-japan.go.jp
電 2522-1184

日本簽證申請中心▼

自2016年12月起於香港島北角設置了日本簽證申請中心，需要申請日本簽證的遊人可以先在網站預約時間，然後帶備所需文件前往辦理便可。大家要留意不同的簽證，所需的申請文件及費用亦不同，例如：幫工人姐姐申請日本的旅遊簽証，通常都是一次有效之短期逗留簽證，所需審批時間約為十個工作天。

*前往沖繩、宮城縣、福島縣、及岩手縣的遊人可免繳簽証費

地 日本簽證申請中心地址：香港北角電氣道148號16樓3室
網 預約網站：visa.vfsglobal.com/hkg/zh/jpn
電 (852)3167-7033　**電郵：**info.jphk@vfshelpline.com
註 *建議先在網上進行預約

台北及高雄辦理日本旅遊簽證▼

財團法人交流協會台北事務所

地 臺北市慶城街28號一樓（通泰商業大樓）
時 星期一至星期五上午09:15-11:30/14:00-16:00（星期五下午不受理簽証申請，僅辦理發証服務。）
休 星期六、日、公眾假期及部分特定假期
網 www.koryu.or.jp/taipei-tw/
電 02-2713-8000
傳 02-2713-8787

財團法人交流協會高雄事務所

地 高雄市苓雅區和平一路87號南和和平大樓10F
時 星期一至星期五09:15-11:30/14:00-16:00（星期五下午不受理簽証申請，僅辦理發証服務。）
休 星期六、日、公眾假期及部分特定假期
網 www.koryu.or.jp/kaohsiung-tw
電 07-771-4008
傳 07-771-2734
註 管轄範圍：雲林縣、嘉義縣、台南市、台南縣、高雄市、高雄縣、屏東縣、台東縣、澎湖縣。

飛行里數及廉航

自遊人可考慮登記成為各航空公司的會員，累積飛行里數來兌換免費機票。而現在HK Express也可以兌換asia miles。

飛行里數兩大陣營▼

星空聯盟 Star Alliance
網 www.star-alliance.com

亞洲萬里通 Asia Miles
網 www.asiamiles.com

旅遊服務中心

福岡空港國際観光内所▼

地 福岡通博多区青木739福岡空港国際ターミナル
時 08:00-21:30　　**電** (81)092-473-2518

救急錦囊

日本就醫

普通的病症可於藥房購買成藥，而較嚴重的可到診所或醫院就醫。若要就診可先問問酒店，有否就近和懂得以英文溝通的診所或醫院，上網找資料也可。日本醫生多只能用簡單英語，而藥物名稱則沒問題。若是一般小病可往診所（クリニック）、診療所（医院）；而較嚴重或急症，便需要往醫院（病院），甚至是致電119叫救護車。

福岡病院
地 福岡市南区屋形原4-39-1
電 (81)092-565-5534

熊本醫療中心
地 熊本市中央区二の丸1-5
電 (81)096-353-6501

鹿児島医療センター
地 鹿児島県鹿児島市城山町
8番1號
電 (81)099-223-1151

就診程序

❶ 掛號登記
首次登記需要表示「外國觀光遊客」，若不懂得日語的需表明只能用英語。然後填寫個人資料（來自何處、到本區多少日、有何不適等等），並出示護照以核實身份。醫院會發出「診察券」（診療卡）用以紀錄病人資料。

❷ 探熱
日本常用的是玻璃口探探熱針，對幼兒未必合用。父母應於出發往日本前帶備電子探熱針。未能口探便會以腋下探熱。首次登記者或有可能要求驗小便。完成後把探熱針及小便樣本交給護士便可。

❸ 見醫生
護士會帶往磅重及量度高度，才引見醫生，問診後才開藥方。如有必要覆診，醫生亦會安排預約時間。

❹ 付款
診所及療養院多於領藥時付款，多數只收現金。醫院則可以信用卡付款。

❺ 取藥
付款及領收據後可往藥房取藥。緊記保留藥包方便保險索償。

常見成藥

普通的病症可於藥房買成藥便可，日本人也是如此。

傷風感冒藥

（大正製薬 パブロン）

腸胃藥

（胃腸薬
新キャベジン
コーフS)

止痛藥

（EVE A）

保險

在日本，保險公司會直接支付國民的醫療費用，醫生不會給予任何診症文件。「外國觀光遊客」則要付全費。因此必須在醫院的會計部繳費時，向職員申請有關文件，以便回港後向保險公司索償。申請須填寫表格及付上額外費用（請填上英文資料及註明要英文文件），醫院會按所填的郵寄地址寄出文件，約一個月便能收到有關報告。部份香港保險公司會接受憑藥袋及收據資料申請保險索償，因此要妥善保存所有藥袋及收據。

緊急或重要電話

警局：110(日語) 3501-0110(英語)
關西機場警局外國人查詢：072-456-1234
火警及救護：119
醫療情報諮詢服務：(03)5285-8181(日 / 英 / 中 / 韓)
電話號碼查詢：104
日本旅遊咨詢：(0088)22-4800

駐福岡中國大使館

地 福岡縣福岡市中央区地行浜1-3-3
電 (81)092-713-1121
網 http://fukuoka.china-consulate.org/jpn/
交 西錢唐人町站步行約15分鐘

① 打公共電話時，不需要付費，按下緊急用免費服務的紅色按鈕後，再撥110/119即接通。

② 日本各地皆有警局，迷路或有麻煩時可向警察求助。

③ 有急病或受傷時，請向警局呼叫救護車，呼叫救護車是免費的。

遺失證件

為安全起見，隨身攜帶護照及身份證之餘，也應準備一份護照及身份證的影印本。如有遺失，憑影印本可加快補領時間。倘若在國外遺失金錢、護照或其他物品，應先向當地警方報案，索取失竊證明，並即時向中國大使館報告有關情況並請求協助。如有需要可聯絡特區政府入境事務處。

入境處港人求助熱線

網 www.immd.gov.hk
電 (852)2829-3010 (辦公時間)
　　(852)2543-1958 (非辦公時間)
　　(852)1868 (24小時)

澳門人在海外遇上證件問題服務

網 www.fsm.gov.mo/psp/cht/psp_left_4.html#left_3_5
電 (853)2857-3333

報失信用咭

VISA：
0120-133-173(免費)/
00531-44-0022(24小時免費)

MASTER：
00531-11-3886(24小時免費)

AMERICAN EXPRESS：
0120-020-120(24小時免費)/
(03)6625-9100

DINERS CLUB：
0120-074-024(24小時免費)

① 如在境內致電不用撥 "06"

② 在公用電話不需投幣可致電110及119緊急電話

TIPS

親子

若與小朋友外遊，出發前可到自己相熟的診所，購買旅行用藥包，並帶備自己的電子探熱針及食藥用針筒。要留心，若是發燒便不能離境。

① 日本使用玻璃針筒，不宜用於給幼兒餵藥。塑膠針筒一般藥房不會有售，因此切記帶備塑膠針筒。

② 小童藥物必須帶齊

③ 問清楚酒店英文醫院的地址，及有否小兒科，提防小兒因發燒而不能出境。

④ 塞肛用退燒藥效用強，但比較難買，因此要自己帶備。

⑤ 日本醫生多只懂簡單英語，但大多數也懂得藥物名稱。

-福岡空港交通資訊-

遊人到九州旅行，最常到的機場一定是福岡空港。機場的國內線有3個航廈，而國際線則只有1個航廈。自遊人到達國際線後可乘免費接駁巴士到國內線的航廈，然後轉乘巴士或地下鐵到市區。而福岡空港可算是全日本最近市區的機場，因為由空港到博多只要5分鐘的地下鐵，可說是非常方便。

台灣飛機

台北＜＞九州▼

由台灣由台灣桃園機場出發，可乘搭以下航班到九州的福岡、宮崎及鹿兒島：　　　網 www.fuk-ab.co.jp/access/

航空公司	網址	查詢電話
EVA AIR長榮航空(BR) EVA AIR	www.evaair.com	886-2-25011999(台灣)
CHINA AIRLINES中華航空(CI) 中華航空 CHINA AIRLINES	www.china-airlines.com	886-412-9000(台灣)

香港飛機

香港＜＞九州▼

香港飛九州福岡，直達的機程約3小時20分鐘；香港航空也有直飛鹿兒島和宮崎的航班；而香港快運除了直飛福岡外，亦有直飛鹿兒島和熊本空港，航程需時約3.5小時。

航空公司		網址	查詢電話
CATHAY PACIFIC國泰航空(CX)	CATHAY PACIFIC	www.cathaypacific.com	(852)2747-3333(香港)、(886)2-2715-2333(台灣)
HK Express香港快運(UO)	HKexpress	www.hkexpress.com/	(852)3902-0288(香港)

如果要由福岡空港到達其他縣，遊人大多選擇搭乘高速巴士，以下是可以由空港直接乘高速巴士的路線，大部份的高速巴士來回有優惠。如果要乘JR的話，遊人則可以先乘地下鐵到博多再轉乘JR到其他地區。

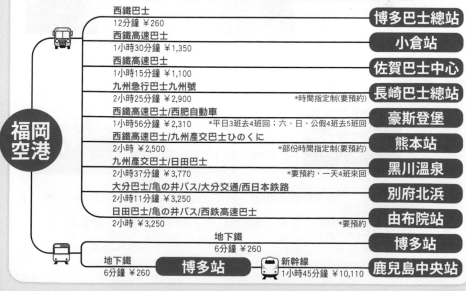

西鐵巴士
12分鐘 ￥260 — 博多巴士總站

西鐵高速巴士
1小時30分鐘 ￥1,350 — 小倉站

西鐵高速巴士
1小時15分鐘 ￥1,100 — 佐賀巴士中心

九州急行巴士九州號
2小時25分鐘 ￥2,900　*時間指定制(要預約) — 長崎巴士總站

西鐵高速巴士/西肥自動車
1小時56分鐘 ￥2,310　*平日3班去4班回；六、日、公假4班去5班回 — 豪斯登堡

西鐵高速巴士/九州產交巴士ひのくに
2小時 ￥2,500　*部份時間指定制(要預約) — 熊本站

九州產交巴士/日田巴士
2小時37分鐘 ￥3,770　*要預約，一天4班來回 — 黑川溫泉

大分巴士/亀の井バス/大分交通/西日本鉄路
2小時11分鐘 ￥3,250 — 別府北浜

日田巴士/亀の井バス/西鉄高速巴士
2小時 ￥3,250　*要預約 — 由布院站

地下鐵
6分鐘 ￥260 — 博多站

地下鐵
6分鐘 ￥260 — 博多站 — 新幹線 1小時45分鐘 ￥10,110 — 鹿兒島中央站

實用交通

✓ 直達博多、祇園及天神等地
✓ 約3-4分鐘一班

福岡市地鐵路線圖

在國內線T2的1樓就是地下鐵的連接點，往返博多、祇園、天神等地。

網 subway.city.fukuoka.lg.jp/

另設可在1天內乘坐福岡市地鐵全線的車票（姪濱站至福岡機場站、中洲川端站至貝塚站、橋本站至博多站），遊人可到在自動售票機購買，大人￥640、小童￥320。

機場巴士

在國際線的1樓及國內線T2的1樓都有巴士的賣票處及候車處。

✓ 到達博多、天神及太宰府等地
✓ 也有到熊本、佐賀、湯布院、別府和長崎等高速巴士
✓ 繁忙時間有可能塞車
✓ 約15分鐘至1小時一班

網 www.nishitetsu.jp/bus/

的士

在國際線1樓及國內線1樓都有。

-九州市內其他交通-

西鐵

福岡除了地下鐵外，也有2條西鐵線，分別是宮地岳線和天神大牟田線，基本票價為￥200。

JR

九州JR覆蓋大部份主要城市，是遊人暢遊全九州的方便之選。

的士

的士▼
普通的士

收費首1,600米￥580，之後每203米或75秒￥50，最多可載6名乘客。

Panda的士

如果懂日文的朋友，介紹你們可以致電預約熊貓的士（Panda的士），它的長途收費比普通的士便宜一半：如果福岡市乘熊貓的士至JR小倉站約72公里，只要約￥9,890，比其他的便宜了七千多円，同時付設觀光的士！若果短途價錢就差不多了。

乘坐的士小貼士

- 所有的士接受現金及信用卡付款，不收取小費
- 的士於深夜時份(22:00-05:00)會收取額外20%附加費
- 車費￥9,000以上的車程有10%優惠
- 由福岡機場往博多站車費約￥1,500

- 如擔心言語不通，可以要求酒店或餐廳代召的士
- 如在車上遺留物件，可致電092-434-5100(09:00-17:00)或到福岡的士協會網站查詢：www.taxi-fukcty.or.jp/lost.html

ICOCA

網 www.westjr.co.jp/global/ tc/howto/icoca

關西ICOCA智能卡，是由JR西日本鐵道所發行的儲值卡，此卡只在關西地區有售，不過使用範圍除了關西地區之外，也包括九州地區，可用於支付交通費用、便利店、自動販賣機、部份食肆及商店的消費。

SUGOCA

網 www.jrkyushu.co.jp/sugoca/buy/index.html

JR九州所發行的交通卡，適用於該公司所屬的部份鐵路路線或部份分段，基本上九州地區的JR、電車、地下鐵、和巴士等均可使用，同時也可用於便利店、自動販賣機、部份食肆及商店。智能卡可在售票機或發卡機購買，金額由¥2,000起，儲值卡面值¥1,500，以及¥500為按金。12歲以下可購買小童卡，金額與成人相同。

SUGOCA的購買方法▼

可於JR九州SUGOCA地區的JR窗口（綠色窗口）或IC對應的自動售票機購買。

SUGOCA增值方法▼

可於適用SUGOCA的自動售票機、加值機、補票機、轉乘補票機等加值。

搭乘列車時，只要觸碰自動驗票閘門機的卡片感應區1秒鐘即可。

→ 可在 IC 對應的自動售票機、加值機、補票機等進行加值。

將交通卡加入APPLE Pay▼

Suica或ICOCA 卡可加入iPhone的「錢包」App：開啟錢包，然後按「加入」，再按「交通卡」，選擇想要加入的交通卡並選擇或輸入增值金額（須用信用卡完成交易），再點「加入」即可，非常方便。

車票售賣機

從售票機上方的路線圖上找出目的地車站及價錢，再到售賣機購買車票便可。如途中需要轉車，而地圖有顯示目的地及價錢，只需購買一張單程票便可。

售票機可以選擇日／英語

1. 選擇購票數量、成人票或是小童票
2. 選擇車票類型，一般會設定為JR Ticket單程票，要購買回數券或其他車票要自行選擇
3. 在螢光幕上按車票價錢
4. 放入硬幣、紙幣或 suica card
5. 取回車票及找贖

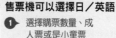

精算機

精算機即補票機。如所買車票面額不足，可到精算機放入車票，它便會自動計算出所需補票價錢，然後再發一張新車票以供出閘。

其他JR車票

JR九州地區鐵路周遊券▼

三款JR Pass可在限期內無限乘搭九州指定地區內的新幹線、特色觀景列車、特急列車的指定席和普通列車等，可以出發前在JAL、ANA、JTB等海外分公司購買兌換券，然後在到達日本後帶同護照在JR窗口兌換成鐵路周遊券；又或直接在福岡國際機場1樓的TISCO旅行情報中心或JR窗口購買。請留意，周遊券包括北部九州、南部九州或九州全區，持票的旅客能在限定天數內（日期不可中斷）自由選擇普通列車、特快列車和新幹線的座位。

網 www.jrkyushu.co.jp/chinese/railpass.html

a. 全九州地區鐵路周遊券

如想乘坐綠色車廂則要另外付費，可使用列車包含下關在內九州區域的普通列車、特快列車、九州新幹線（博多至鹿兒島中央）、西九州新幹線（武雄溫泉至長崎）。

	成人	小童（6至11歲）
3日券	￥20,000	￥10,000
5日券	￥22,500	￥11,250
7日券	￥25,000	￥12,500

*請留意此券不適用於小倉至博多地區的新幹線

b. 北九州地區鐵路周遊券

可在福岡，大分，熊本，長崎，佐賀等九州北部使用，可使用列車包含熊本／三角及大分以北區的普通列車、特快列車、九州新幹線（博多至熊本）及西九州新幹線（武雄溫泉至長崎）。

	成人	小童（6至11歲）
3日券	￥12,000	￥6,000
5日券	￥15,000	￥7,500

*請留意此券不適用於小倉至博多地區的新幹線

c. 南部九州版鐵路周遊券

可在熊本及大分以南區域的普通列車、特快列車和九州新幹線（熊本至鹿兒島中央）。

	成人	小童（6至11歲）
3日券	￥10,000	￥5,000

*請留意此券不適用於小倉至博多地區的新幹線

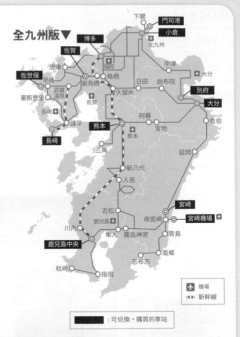

全九州版▼

Sun Q Pass▼

九州有部分地區只可以乘搭巴士到達，所以有一種叫Sun Q Pass的長途巴士券，包括了山口縣的下關和島原至熊本的輪船。遊人可在指定的巴士售票口買Sun Q Pass，又或先在旅行代理指定店買兌換券，然後在九州島內的巴士站售票口兌換成Sun Q Pass。

網 www.sunqpass.jp/traditional

a. 全九州+下關3天/4天周遊券

可乘福岡、佐賀、長崎、大分與熊本5縣＋下關、長門的高速巴士、市區路線公車與船舶（5條航線）

金 3天周遊券 ￥9,000

b. 九州南部

可乘熊本、宮崎與鹿兒島3縣的高速巴士、市區路線公車與船舶（1條航線）

金 3天周遊券 ￥9,000

c. 全九州+下關、長門

可乘福岡、佐賀、長崎、大分、熊本、宮崎與鹿兒島7縣＋下關、長門的高速巴士、市區路線公車與船舶（6條航線）

金 3天周遊券 ￥11,000、4天周遊券 ￥14,000

3天/4天周遊券

*周遊券可連續3天/4天利用，遊人只要在巴士前方和乘車口旁見到貼有「SUNQ 票」的Logo便可，要留意某些路線需要事先預約。

日語速成

問路篇

一番近い（　　　　）はどこですか？
ichiban chikai（　　　）wa do-ko desu ka？
最近的（　　　）在哪裡？

ここはどこですか？
ko ko wa do ko desu ka？
我在哪？

| yak-kyo-ku 薬局 藥房 | byo-u-in 病院 醫院 | ho-te-ru ホテル 酒店 | su-pa スーパー 超級市場 |
| toi-re トイレ 廁所 | konbini コンビニ 便利店 | eki 駅 火車站 | ba-su-tei バス停 巴士站 |

酒店篇

予約した（　　　）です。
yoyaku shi ta（　　　）desu。
我已予約，名字是（　　　）。

荷物を預かってもらえませんか？
nimotsu wo azukat-te mora-e masen ka？
可以寄放行李嗎？

部屋はWIFIを使えますか？
heya wa wifi wo tsu ka e masu ka？
房間有WIFI嗎？

resutoran レストラン 餐廳	chou-shoku 朝食 早餐
yuu-shoku 夕食 晚餐	chuusha jyou 駐車場 停車場
puru プール 泳池	furo 風呂 浴場

餐廳篇

喫煙席／禁煙席をお願いします、（　　　）で。
kitsu-en-seki／kin-en-seki wo o negai shimasu,（　　　）de。
請給我 吸煙區／禁煙區，（　　　）位。

すみません、注文お願いします。
sumimasen, chuu-mon o negai shi masu。
麻煩落單。

（　　　　　）をください。
（　　　　）wo kudasai。
請給我（　　　）。

futari 二人	san-nin 三人
Me nyu メニュー 菜單	o-kanjou お勘定 埋單	go-nin 五人	yo-nin 四人
mizu 水 水	sashimi サシミ 刺身	raa-men ラーメン 拉麵	gohan ご飯 白飯

緊急情況篇

病院へ連れて行てください。
byou-in e tsurete-i-te ku da sai。
請帶我去醫院。

| pasupooto パスポート 護照 | nusumareta 盗まれた 被偷竊 |

（　　　）をなくしました。警察を呼んでください。
（　　　）wo na-ku shima shita。kei-sa-tsu wo yon de ku da sai。
（　　　）不見了。請幫忙報警。

| kouban／hashutsujyo 交番／派出所 警局 |

| saifu 財布 錢包 | nimotsu 荷物 行李 | kaze 風邪 傷風感冒 | hara-ga-itai 腹が痛い 肚痛 | atama-ga-itai 頭が痛い 頭痛 | ne-tsu 熱 發燒 |

WOW! 達人天書系列

最強日本系列

亞洲地區系列

更多新書敬請期待…

自遊達人系列14
九州達人天書

文、編	旺旺 (更新)、Wow!編輯部
攝影	旺旺、卡兒、Ben Ng
創作總監	Jackson Tse
編輯	旺旺、Wow!編輯部
美術設計	Can、玉崎
鳴謝	Global Daily　DAC Group
出版者	WOW MEDIA LIMITED Room 507, Kowloon Plaza, 485 Castle Peak Road, Cheung Sha Wan, Kowloon, Hong Kong

廣告熱線
広告のお問い合わせ
(852)2749 9418
歡迎各類廣告 / 商業合作
wow.com.hk@gmail.com

網址	www.wow.com.hk
f	facebook.com/wow.com.hk
⊙	wow_flyers
電郵地址	wow.com.hk@gmail.com
發行	港澳地區 - 書局 **香港聯合書刊物流有限公司** 荃灣德士古道220-248號 荃灣工業中心16樓 **查詢/補購熱線: (852) 2150 2100**
	台灣地區 **永盈出版行銷有限公司** 231新北市新店區中正路 499號4樓 **查詢/補購熱線: (886)2 2218 0701** 傳真: **(886)2 2218 0704**
廣告	九州廣告代理商

Global Daily
www.gldaily.com
+81-03-6860-7011

Daily Information Kyushu Co., Ltd
+81-92-687-7111

定價	港幣HK$128元
初版	2015年2月
總第59版	2024年6月

誠徵作者

愛自遊行的您，何不將旅行的經歷、心得化成文字、圖片，把出書的夢想變為真實，請將簡歷、blog文章、電郵我們，或者從此你會成為一位旅遊作家呢！立即以電郵與我們聯絡。
wowmediabooks@yahoo.com

多謝您的貼士！

如本書有任何錯漏之處，或有旅遊新料提供，歡迎電郵至：
wowmediabooks@yahoo.com你的「貼士」是我們加倍努力的原動力，叫我們每天都做得更好一點！！

wow.com.hk

Wow!Media編輯部致力搜集最新的資訊，惟旅遊景點、價格等，瞬息萬變，一切資料以當地的現況為準。如資料有誤而為讀者帶來不便，請見諒。本公司恕不承擔任何損失和責任，敬希垂注。

---

wow! 九州達人天書2024-25　　福岡市

クロスライフ博多天神　P158
優惠：網上預訂時輸入優惠碼「TENSHO01」即可享1,500円折扣優惠
地址：福岡県福岡市中央区春吉3-26-30
網址：https://mycrosslife-tenjin.jp/?lang=tw
電話：(81)092-733-0130
有效期限：31st March 2025

¥**1,500**off

---

wow! 九州達人天書2024-25　　福岡市

クロスライフ博多柳橋　P159
優惠：網上預訂時輸入優惠碼「TENSHO02」即可享1,500円折扣優惠
地址：福岡県福岡市中央区春吉1-6-5
網址：https://mycrosslife-yanagibashi.jp/?lang=tw
電話：(81)092-733-3900
有效期限：31st March 2025

¥**1,500**off

---

wow! 九州達人天書2024-25　　鹿児島市

鹿児島ラーメン　P323
我流風天文館本店
優惠：憑券可獲免費烏龍茶一杯
　　　（只限點選拉麵的客人）
地址：鹿児島県鹿児島市東千石町14-3
電話：(81)099-227-7588
有效期限：30th November 2024

Free Drink

---

wow! 九州達人天書2024-25　　福岡市

博多もつ鍋おおやま　P119
KITTE博多店
優惠：憑券惠顧可獲免費醬油雪糕一杯
地址：福岡県福岡市博多区博多駅中央街9-1　KITTE博多9F
網址：https://www.motu-ooyama.com/foreign/chinese/
電話：(81)092-260-6303
有效期限：31st March 2025

Free Ice Cream

---

wow! 九州達人天書2024-25　　湯布院

ラーメン侍　P293
優惠：憑券惠顧可獲免費煮玉子一份
地址：大分県由布市湯布院町川上3056－1
　　　モトヤマビル1F
電話：(81)0977-76-5232
有効期限：31st March 2025

Free Food

---

wow! 九州達人天書2024-25　　日出町

Harmonyland　P301
優惠：Scan QR Code即可享Passport通用券
　　　（原價￥3,600）￥300折扣優惠
　　　（最多5名使用）
地址：大分県速見郡日出町大字藤原5933
網址：https://www.harmonyland.jp/
電話：(81)0977-73-1111
有効期限：31st March 2025

¥**300**off

---

wow! 九州達人天書2024-25　　福岡市

元祖もつ鍋楽天地　P130
天神今泉總本店
優惠：憑券惠顧向店員出示優惠券，即可享免費酸牛雜一碟
地址：福岡市中央区今泉1丁目19-18 楽天地ビル2F
網址：https://rakutenti.com/
電話：(81)092-738-1767
有効期限：31st March 2025

Free Food

九州達人天書2024-25
優惠條款
Terms and Conditions:
- Cannot be used in conjunction with other offers
- Wow is not responsible for any of the products/services
- All disputes are subject to the final decision of merchants companies
- One coupon for 1 person only
- This coupon could not be photocopied

九州達人天書2024-25
優惠條款
Terms and Conditions:
- Cannot be used in conjunction with other offers
- Wow is not responsible for any of the products/services
- All disputes are subject to the final decision of merchants companies
- One coupon for 1 person only
- This coupon could not be photocopied

九州達人天書2024-25
優惠條款
Terms and Conditions:
- Cannot be used in conjunction with other offers
- Wow is not responsible for any of the products/services
- All disputes are subject to the final decision of merchants companies
- One coupon for 1 person only
- This coupon could not be photocopied

九州達人天書2024-25
優惠條款
Terms and Conditions:
- Cannot be used in conjunction with other offers
- Wow is not responsible for any of the products/services
- All disputes are subject to the final decision of merchants companies
- One coupon for 1 person only
- This coupon could not be photocopied

九州達人天書2024-25
優惠條款
Terms and Conditions:
- Cannot be used in conjunction with other offers
- Wow is not responsible for any of the products/services
- All disputes are subject to the final decision of merchants companies
- One coupon for 1 person only
- This coupon could not be photocopied

九州達人天書2024-25
優惠條款
Terms and Conditions:
- Cannot be used in conjunction with other offers
- Wow is not responsible for any of the products/services
- All disputes are subject to the final decision of merchants companies
- One coupon for 1 person only
- This coupon could not be photocopied

九州達人天書2024-25
優惠條款
Terms and Conditions:
- Cannot be used in conjunction with other offers
- Wow is not responsible for any of the products/services
- All disputes are subject to the final decision of merchants companies
- One coupon for 1 person only
- This coupon could not be photocopied

facebook.com/wow.com.hk　　wow_flyers